한국의 고전을 읽는다

2

고전문학 옛소설·옛노래

한국의 고전을 읽는다

2

고전문학 옛소설·옛노래

■ 일러두기

- 이 시리즈는 '오늘의 눈으로 고전을 다시 읽자'를 모토로 휴머니스트 창립 5주년을 기념하여 기획한 것이다. 안광복(중동고 교사), 우찬제(서강대 교수), 이재민(휴머니스트 편집주간), 이종묵(서울대 교수), 정재서(이화여대 교수), 표정훈(출판 평론가), 한형조(한국학중앙연구원 교수) 등 7인이 편찬위원을 맡아 고전 및 필진의 선정에서 편집에 이르는 과정을 조율하였다.
- 이 시리즈는 서양과 동양 그리고 한국 등 3종으로 나누었고 문학과 사상 등 모두 16권으로 구성하였다. 말 그대로 동서고금의 고전 250여 종을 망라하였다. 이 기획의 가장 흥미로운 특징은 각 분야에서 돋보이는 역량과 필력을 자랑하는 250여 명의 당대 지식인과 작가들이 저자로 참여했다는 점이다.

머리말

한국의 고전문학을 읽는다

1

고전은 인생의 단계에 따라 새로운 생각과 느낌을 줄 수 있어야 한다. 유년 시절에 읽은 글을 청년 시절에 읽으면 생각과 느낌이 다르고, 다시 그 장년이나 노년의 나이가 되어 읽더라도 생각과 느낌이 달라져야 한다. 그것이 고전이다. 이 때문에 고전은 한 번 읽는 것으로 끝나지 않는다.

고전은 기본적으로 옛것 중에 전범이 될 만한 것을 이른다. 하필 왜 옛것이라야 고전이 될 수 있는가? 불과 얼마 전에 씌어진 글도 읽을 때마다 새로운 생각과 느낌을 줄 수 있으면 고전이 될 수 있지 않겠는가? 물론 그렇지만 몇몇 사람이 읽어보고 새로운 생각과 느낌이 든다 하여 그 글에 정전으로서의 지위를 부여할 수는 없다. 정전으로서의 지위를 부여하기 위해서는 객관적으로 평가하기 위한 시간적 거리가 필요하다. 이념적인 목적을 가진 몇몇 연구자가 관여하여 정전으로서의 지위를 부여하기 위해 노력할 수는 있지만, 그러한 연구자가 아무리 고전이라 떠든들 읽는 사람의 생각과 느낌을 새롭게 해주지 못한다면 절로 도태될 것이다.

많은 사람이 고전을 읽고 나서 생각과 느낌이 새로워진다는 것은, 고전이 보편성을 지니고 있다는 뜻이기도 하다. 읽는 사람들이 서로 다른 조건을 가지고 있더라도, 모두가 그것이 읽을 만한 것이라고 인정할 정도에 이르려면 그 안에 누구나 공감할 만한 무엇이 있어야 한다. 공감할 무엇은 바로 인류 공통의 체험적인 진실이다. 시간적으로 수백 년, 수천 년 전의 글을 읽거나 공간적으로 수십만 리 떨어져 있는 곳에서 지어진 글을 읽더라도 공감하게 되는 것은 그 글에 인간으로서의 체험적인 진실을 담지하고 있기 때문이다. 고전은 제작된 시대와 공간이 다르기 때문에 오히려 오늘날 우리의 생각과 느낌을 새롭게 해줄 수 있다.

이와 함께 고전은 글을 읽는 사람으로 하여금 과거와 현재의 소통을 통하여 자신의 삶을 반추하게 하는 계기를 제공한다. 고전 속의 과거는 현재 글을 읽는 사람이 처해 있는 환경과 처지에 따라 새로운 의미로 떠오른다. 고전은 보편적인 성격이므로, 특수한 역사적 배경이 크게 중요하지 않을 수 있다. 그러나 고전에서의 과거를 구체화해놓고 현재와 소통시킬 때 더욱 의미가 있다.『일리아드』를 읽을 때 고대 그리스 역사의 미시적인 부분까지 알면 그리스의 과거와 대한민국의 현재를 소통시키는 데 더욱 의미가 있을 것이다.

2

문학은 더욱 그러하다. 문학은 거대한 역사의 틀을 담기보다는 일상의 역사, 심성의 역사 등 미시적인 것을 담고 있다. 고전문학은 과거의 미시적인 것을 토대로 현재와 소통하기 때문에 과거를 잘 알아야 한다. 일반적인 교육을 받은 한국인이라면 『햄릿』의 배경이 되는 영국의 역사보다 『춘향전』의 배경이 되는 조선시대 후기에 대해 더 잘 알고 있다. 더 잘 알고 있는 과거로 현재와 소통하는 것이 더욱 용이할 것이다. 이것이 바로 우리가 한국의 고전을 주목하는 이유이다. 이러한 의미에서 옛사람들이 어떻게 살고 어떻게 생각하였는지 그 과거를 알고 이를 통하여 우리의 현재와 소통하며, 또 이러한 과정에서 독자들로 하여금 지속적으로 생각과 느낌을 새롭게 할 수 있는 우리의 고전문학을 선별해보았다. 전체를 8장으로 나누고 그것을 다시 상·중·하편의 3권으로 나누어 묶었다.

3

여기 중편에서는 한국 고전 문학사를 대표할 만한 작품 13편을 뽑았다. 고금을 통틀어 문학의 대표적인 양식은 소설과 시가이다. 먼저 7편의 소설을 뽑아 하나의 장으로 묶었다. 조선시대 소설은 신분의 상하나 남녀에 관계없이 두루 사랑을 받았는데, 시가 진실한 생각과 느낌을 드러내는 것이라면 소설은 이를 우회적으로 허구적으로 드러낸 것이다. 그러한 점에서 소설은 꿈을 반영한 것이라 할 수 있다. 여기서는 민중, 사대부, 여성 등 다양한 계층의 꿈을 소설을 통해 살펴볼 수 있게 하고자 한다. 단편과 장편, 한문 소설과 한

글 소설, 영웅 소설과 판소리계의 소설 등 다양한 양식을 대표하는 작품을 선별하여 소설의 틀에 따라 이야기의 방식이 달라지는 점도 함께 살필 수 있게 하였다.

　두 번째로 신라의 향가, 고려의 속요, 조선시대의 시조와 가사, 근대의 민요를 대표하는 작품을 하나씩 들어 모두 6편을 묶었다. 옛사람들이 노래를 부르는 의미가 시대에 따라 어떻게 같고 다른지 생각해보기 위해서였다. 노래를 짓고 부른 사람들의 신분과 계층이 서로 다르니 그에 따라 노래가 갖는 의미의 차이에 대해서도 생각해볼 필요가 있다.

4

우리의 고전문학은 어렵다. 고전문학은 현재 우리가 사용하고 있는 언어로 이루어진 것이 아니거나 아예 한문으로 되어 있어 번역이라는 한 단계를 더 거쳐야 하기 때문에 접근하기가 쉽지 않거니와, 이에 더하여 과거 우리 역사의 미시적인 것까지 알아야 온전한 이해에 도달할 수 있다. 이 때문에 일반인이 고전문학을 읽기 위해서는 전문적인 연구자들의 도움이 필요하다. 어설픈 아마추어가 전문가들이 연구해놓은 것을 적당하게 가공하여 읽을거리를 제공한 것으로는 새로운 생각과 느낌을 가질 수 없다. 정전으로서의 지위를 확보하고 있는 고전문학에 대해 최고의 수준을 갖춘 연구자들이 이 책을 엮는 데 참여하였다고 자부한다. 이 책은 우리의 고전문학을 통하여 과거의 우리와 현재의 우리를 소통하고자 한다. 뛰어난 연구자의 도움을 받았기에 이 책이 이러한 구실을 충실히 해낼 수 있을 것이라 기대한다.

2006년 9월
편찬위원을 대신하여 이종묵

차례

《한국의 고전을 읽는다》 2권 - 고전문학 ❶ 옛소설·옛노래

머리말   5

I. 소설에 담은 꿈

01   기이(奇異)로 그려낸 고독과 울분
     - 김시습(金時習)의 『금오신화(金鰲新話)』 / 김종철   18

02   소외된 영웅의 빛과 그늘
     - 허균(許筠)의 『홍길동전(洪吉童傳)』 / 신병주   42

03   독자들, 영원한 승리를 꿈꾸다
     - 『유충렬전(劉忠烈傳)』 / 이창헌   62

04   조선시대 사대부의 꿈과 욕망
     - 김만중(金萬重)의 『구운몽(九雲夢)』 / 송성욱   84

05   웃음과 우화로 엮어낸 민중의 정치의식
     - 『토끼전』 / 정출헌   100

06   사랑의 보편성과 역사성
     - 『춘향전(春香傳)』 / 서지영   126

07   대하소설의 원류(原流)를 찾아서
     - 『완월회맹연(玩月會盟宴)』 / 한길연   142

II. 옛노래에 담긴 뜻

01 죽음의 한계를 뛰어넘는 사랑의 노래
　　- 월명사(月明師)의 「제망매가(祭亡妹歌)」 / 정재영　　　　160

02 몽골에 억눌린 시대의 저항의 노래
　　- 「청산별곡(靑山別曲)」 / 임주탁　　　　　　　　　　　　186

03 이런들 어떠하며, 저런들 어떠하료
　　- 이황(李滉)의 「도산십이곡(陶山十二曲)」 / 한형조　　　　206

04 사대부 가사의 정점
　　- 정철(鄭澈)의 「관동별곡(關東別曲)」 / 조세형　　　　　　224

05 사대부가 노래한 시정 풍속도
　　- 이정보(李鼎輔)의 사설시조(辭說時調) / 신경숙　　　　　248

06 장르를 넘어선 노래, 시간을 가로지른 소리
　　- '아리랑' / 조해숙　　　　　　　　　　　　　　　　　　268

《한국의 고전을 읽는다》 1권-고전문학 ❶ 신화·민담·여행기

I. 신화의 상상력과 상징

01 「창세가(創世歌)」 / 박종성
02 「바리공주」 / 이경하
03 '단군신화(檀君神話)' / 조현설
04 이규보(李奎報)의 「동명왕편(東明王篇)」 / 이지영
05 『용비어천가(龍飛御天歌)』 / 김성언

II. 민담과 야담의 세계

01 「구렁덩덩 신선비」 / 서대석
02 「우렁각시」 / 신동흔
03 서거정(徐居正)의 『태평한화골계전(太平閑話滑稽傳)』 / 박경신
04 유몽인(柳夢寅)의 『어우야담(於于野譚)』 / 신익철

III. 여행기와 세계로 향한 눈

01 혜초(慧超)의 『왕오천축국전(往五天竺國傳)』 / 심경호
02 최부(崔溥)의 『표해록(漂海錄)』 / 조영록
03 신유한(申維翰)의 『해유록(海游錄)』 / 최박광
04 홍대용(洪大容)의 『을병연행록(乙丙燕行錄)』 / 박성순
05 박지원(朴趾源)의 『열하일기(熱河日記)』 / 김명호

《한국의 고전을 읽는다》 3권-고전문학 ❸ 성·사랑·일상

I. 여성의 애환

01 혜경궁(惠慶宮) 홍씨(洪氏)의 『한중록(閑中錄)』 / 정병설
02 『계축일기(癸丑日記)』 / 이순구
03 의유당(意幽堂) 남씨(南氏)의 『관북유람일기(關北遊覽日記)』 / 류준경
04 「덴동어미 화전가(花煎歌)」 / 박혜숙

II. 남녀와 부부의 정

01 조위한(趙緯韓)의 『최척전(崔陟傳)』 / 장효현
02 『운영전(雲英傳)』 / 임치균
03 이옥(李鈺)의 『이언(俚諺)』 / 박무영
04 김려(金鑢)의 『사유악부(思牖樂府)』 / 강혜선

III. 사대부의 일상

01 김시습(金時習)의 『매월당집(梅月堂集)』 / 최인호
02 성현(成俔)의 『부휴자담론(浮休子談論)』 / 이종묵
03 유희춘(柳希春)의 『미암일기(眉巖日記)』 / 문숙자
04 허균(許筠)의 『한정록(閑情錄)』 / 한영규
05 이덕무(李德懋)의 『이목구심서(耳目口心書)』 / 안대회
06 홍양호(洪良浩)의 『북새잡요(北塞雜謠)』 / 진재교

《한국의 고전을 읽는다》 4권-역사·정치

I. 왕조의 기록

01 김부식(金富軾)의 『삼국사기(三國史記)』 / 정구복
02 『고려사(高麗史)』 / 박종기
03 '조선왕조실록(朝鮮王朝實錄)' / 이성무
04 '승정원일기(承政院日記)' / 김문식
05 이긍익(李肯翊)의 『연려실기술(燃藜室記述)』 / 신병주

II. 안타까운 역사, 잊혀진 인물

01 일연(一然)의 『삼국유사(三國遺事)』 / 고운기
02 조희룡(趙熙龍)의 『호산외기(壺山外記)』 / 이성혜
03 황현(黃玹)의 『매천야록(梅泉野錄)』 / 허경진
04 이건창(李建昌)의 『당의통략(黨議通略)』 / 신복룡

III. 국가제도와 시스템 개혁

01 『경국대전(經國大典)』 / 정긍식
02 이이(李珥)의 『성학집요(聖學輯要)』 / 배병삼
03 이수광(李睟光)의 『지봉유설(芝峰類說)』 / 신병주
04 유형원(柳馨遠)의 『반계수록(磻溪隨錄)』 / 정호훈
05 정약용(丁若鏞)의 『목민심서(牧民心書)』 / 박현모

IV. 경제와 산업 진흥

01 박제가(朴齊家)의 『북학의(北學議)』 / 안대회
02 서유구(徐有榘)의 『임원경제지(林園經濟志)』 / 정명현
03 정약전(丁若銓)의 『현산어보(茲山魚譜)』 / 이태원
04 『동국여지승람(東國輿地勝覽)』 / 배우성

《한국의 고전을 읽는다》 5권-문화·사상

I. 여성과 가정

01 소혜왕후(昭惠王后)의 『내훈(內訓)』 / 이숙인

02 안동장씨(安東張氏)의 『음식디미방』 / 정혜경
03 이빙허각(李憑虛閣)의 『규합총서(閨閣叢書)』 / 조혜란

II. 전쟁과 개인

01 유성룡(柳成龍)의 『징비록(懲毖錄)』 / 김석근
02 이순신(李舜臣)의 『난중일기(亂中日記)』 / 박현모
03 강항(姜沆)의 『간양록(看羊錄)』 / 이채연
04 남평조씨(南平曺氏)의 『병자일기(丙子日記)』 / 박경신

III. 과학 그리고 기술

01 허준(許浚)의 『동의보감(東醫寶鑑)』 / 김호
02 세종(世宗)의 『훈민정음(訓民正音)』 / 박창원
03 성현(成俔) 외, 『악학궤범(樂學軌範)』 / 신대철
04 『누판고(鏤板考)』 / 옥영정

IV. 자유로운 사고와 새 문물

01 박지원(朴趾源)의 『연암집(燕巖集)』 / 정민
02 최한기(崔漢綺)의 『기학(氣學)』 / 손병욱
03 유길준(俞吉濬)의 『서유견문(西遊見聞)』 / 정용화

V. 오래된 지혜, 불교와 유교

01 원효(元曉)의 『대승기신론소(大乘起信論疏)』와 『대승기신론별기(大乘起信論別記)』 / 조은수
02 지눌(知訥)의 『수심결(修心訣)』 / 한형조
03 이황(李滉)의 『성학십도(聖學十圖)』 / 한형조
04 이광사(李匡師)의 『두남집(斗南集)』과 『원교집선(圓嶠集選)』 / 심경호

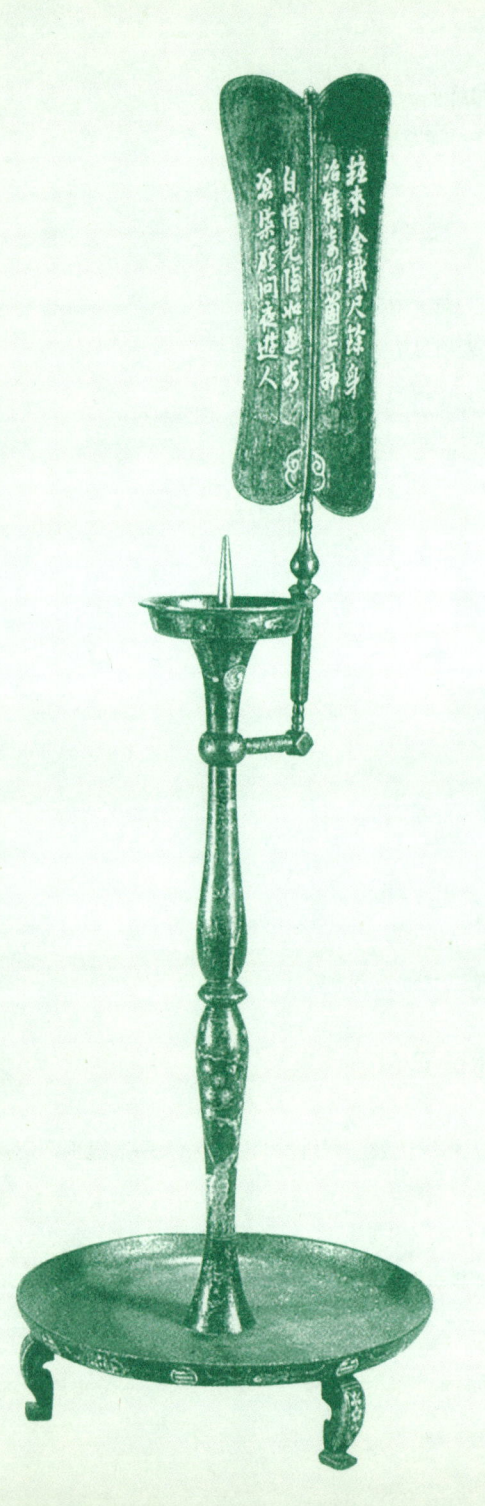

I 소설에 담은 꿈

01 김시습, 『금오신화(金鰲新話)』
02 허균, 『홍길동전(洪吉童傳)』
03 『유충렬전(劉忠烈傳)』
04 김만중, 『구운몽(九雲夢)』
05 『토끼전』
06 『춘향전(春香傳)』
07 『완월회맹연(玩月會盟宴)』

낮은 집, 푸른 담요엔 온기가 남았고
달 뜨자 창에는 매화 그림자 가득하도다.
긴긴 밤 등불 돋우며 향 피우고 앉아선
세상에 없던 책을 한가로이 짓노라.

옥당(玉堂)에서 붓 휘두를 마음 이미 없노라.
소나무 빗긴 창가에 단정히 앉았으니 밤은 정히 깊었네.
차 주전자와 동병(銅甁), 검은 책상이 정갈한 방에서
풍류기화(風流奇話)를 세세히 적어나가네.
— 「갑집(甲集) 뒤에 적다」

김시습 (1435~1493)

본관은 강릉(江陵)이며 자(字)는 열경(悅卿), 호는 매월당(梅月堂), 청한자(淸寒子), 동봉(東峯), 벽산청은(碧山淸隱), 췌세옹(贅世翁) 등을 썼다. 법호는 설잠(雪岑)이다.
서울의 양반 가문에서 태어난 김시습은 어렸을 적에 신동으로 이름난 인물이었으나 1455년 수양대군이 왕위를 찬탈하자 충격을 받고 승려가 되었다. 그는 단종의 폐위에 맞서 절의를 지킨 생육신(生六臣)의 한 사람으로 일컬어지는데, 어그러져 가는 세상을 통분하여 언행과 문학 활동을 통해 그러한 불평한 기운을 거리낌 없이 표출하였다.
유학, 불교, 도교에 두루 조예가 깊어 유학의 저술로는 『태극도설』 — 지금은 전하지 않는다 — 이, 불교 저술로는 『대화엄일승법계도』, 『십현담요해』, 『묘법연화경별찬』 등이 있다. 그는 방대한 시문과 논저를 저술했으나 다 수습되지 못했다. 소설집 『금오신화』 외에 문집으로 『매월당집(梅月堂集)』이 있다.

01

기이(奇異)로 그려낸 고독과 울분
김시습(金時習)의
『금오신화(金鰲新話)』

김종철 | 서울대학교 사범대학 국어교육과 교수

금오산(金鰲山)에서 지은 새로운 이야기

『금오신화(金鰲新話)』의 제목은 "금오산에서 지은 새로운 이야기"라 풀이할 수 있고, 이 제목에서 우리는 많은 것을 알 수 있으며 또 추리할 수 있다. 금오산은 경주 남산을 말한다. 김시습(金時習)은 19세 때 서울의 북한산 중흥사에서 공부를 하다 수양대군이 단종을 폐위하고 왕위에 올랐다는 소식을 듣자 책을 모두 불사르고 강원도 김화로 들어가 뜻을 같이 한 사람들과 함께 한동안 은둔한다. 24세 때인 1458년부터 관서, 관동, 호서, 호남 등지를 유람하다 1462년 잠시 경주 남산의 용장사에 머문 적이 있고, 31세 때인 1465년에 남산에 금오산실을 짓고 6년 남짓 정착 생활을 한다. 제목에 금오산 이름을 쓴 것으로 보아 이 시기에 『금오신화』를 창작

한 것으로 추정한다.[1)]

　신화(新話)란 이름 그대로 새로운 이야기란 말이다. 그렇다면 무엇에 대한 새로운 이야기란 말인가? 소설집에 '신화'란 이름을 쓴 선례로는 김시습도 재미나게 읽은 바 있고, 그 영향을 어느 정도 받은 바 있는 중국 명(明)나라 구우(瞿佑)의 『전등신화(剪燈新話)』를 들 수 있다. "등불의 심지를 잘라가며 불을 밝히고 밤새 읽을 정도로 재미나는 새로운 이야기"라는 다분히 상업적인 제목이다. 김시습이 이『전등신화』를 의식하여 제목을 그렇게 달았는지는 알 수 없으나 당시 국내외에 유행하던 소설과 비교하여 새로운 이야기임을 드러낸 것은 분명하다.

　구체적으로 말해 기존의 이야기에 비해 새로운 이야기란 중국의 당(唐)나라 때 발흥하여 중국은 물론 우리나라에서도 계속 창작되고 향유되어온 전기소설(傳奇小說)들과 비교하여 새로운 이야기란 뜻이다. 『전등신화』역시 전기소설집이거니와 우리나라의 경우 신라시대부터 중국의 전기소설을 수용하여 읽어왔었다. 고려시대 이후로는 전기소설을 포함하여 다양한 이야기를 광범위하게 모은 『태평광기(太平廣記)』가 중국에서 수입되어 읽혔고, 조선시대 이후로는 『전등신화』가 널리 읽혔다.[2)] 중국 전기소설의 수용과 아울러 국내에서 창작도 이루어졌는데, 조선시대 이전의 작품으로는 「최치

---

1) 『금오신화』를 편집·간행한 인물은 윤춘년(尹春年, 1514~1567)이라고 전한다.
2) 1559년에 윤춘년과 임기(林芑)가 『전등신화』를 쉽게 읽을 수 있게 만든 『전등신화구해(剪燈新話句解)』(한문본)를 간행했는데 이것이 근대 초기까지 거듭 출판되어 널리 읽혔다.

원(崔致遠)」,[3] 「조신전(調信傳)」[4] 등의 전기소설을 들 수 있다. 그래서 『금오신화』는 소설사의 관점에서 보면 이런 국내외의 전기소설의 창작과 향유 속에서 등장한 것이다.

『금오신화』에는 「만복사저포기(萬福寺樗蒲記)」, 「이생규장전(李生窺墻傳)」, 「취유부벽정기(醉遊浮碧亭記)」, 「남염부주지(南炎浮州志)」, 「용궁부연록(龍宮赴宴錄)」 등 5편이 들어있다. 그런데 이들이 '갑집(甲集)'으로 묶여 있는 것으로 보아 원래는 작품이 더 있었을 가능성이 있다. 현재 중국 대련(大連)의 대련도서관에 윤춘년이 명종 때에 간행한 것으로 보이는 목판본 『금오신화』[5]가 소장되어 있는데, 여기에 "갑집 뒤에 적다"는 뜻의 "서갑집후(書甲集後)"라는 제목 아래 소설의 창작과 관련한 김시습의 시 두 편을 실어놓고 있어서 이렇게 추정할 수 있다.

『금오신화』는 창작될 당시에는 꽤 알려졌던 것 같으나 그 뒤 널

---

3) 언제 누가 지었는지는 분명치 않다. 실존했던 인물 최치원이 주인공 최치원의 모델이다. 그래서 실존 인물 최치원 스스로 지었다는 주장과 다른 사람의 창작이라는 주장이 맞서 있다. 애초에 『수이전(殊異傳)』에 실렸다고 하나 현재 『수이전』은 전해지지 않는다. 성임(成任)이 1462년에 편찬한 『태평통재(太平通載)』에 『수이전』에 있던 것이 다시 수록되었는데, 이 『태평통재』도 일부분만 전해지고 있다. 다행히 『최치원』은 이인영 선생이 그 전문이 수록된 『태평통재』 잔권을 발굴하여 소개한 것이 있고, 권문해(權文海)가 1589년에 편찬한 『대동운부군옥(大東韻府群玉)』에는 「선녀홍대(仙女紅袋)」라는 제목으로 내용이 일부분 간추려져 수록되어 있다.

4) 일연(一然)이 지은 『삼국유사(三國遺事)』의 '탑상(塔像)' 편 중 강원도 낙산사 관련 기록에 수록되어 있다.

5) 이 목판본은 임진왜란 때 조선에서 일본으로 건너갔다가 다시 중국으로 건너간 것으로 추정되고 있다.

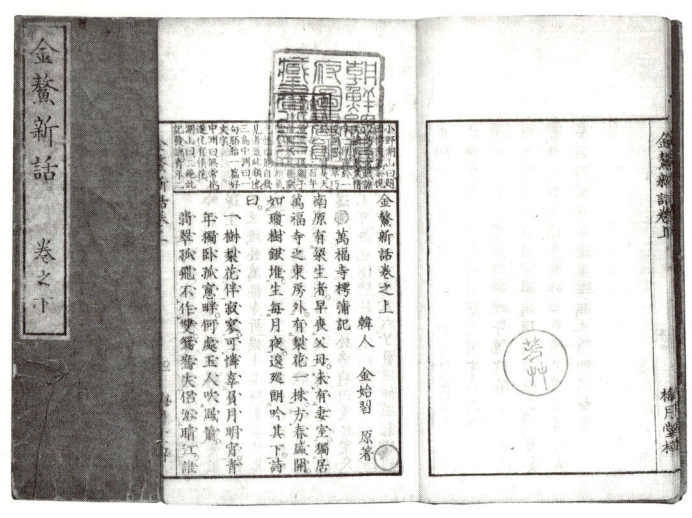

김시습이 지은 『금오신화(金鰲新話)』의 표지와 내용.

리 읽히지 못한 것으로 보이며, 현재 17세기 중엽의 명유(名儒) 김집(金集)의 필사본으로 추정되는 『신독재수택본 전기집』에 「만복사저포기」와 「이생규장전」이 필사되어 있는 것이 현재로서는 유일한 자료이다. 반면 『금오신화』는 임진왜란 때 일본에 건너 간 뒤 1653년 이래 1884년까지 모두 4번 출판되었다. 그 만큼 일본 지식인들의 관심을 지속적으로 끌었던 것이다. 아울러 일본의 전기소설 창작에 영향을 끼쳐 천정료의(淺井了義)의 『도기보오코(伽婢子)』(1666) 속에는 「용궁부연록」의 번안작이 들어있다.

『금오신화』에 수록된 작품들이 우리나라 최초의 소설로 평가받았으나 근래 학계에서는 이 이전에 나온 「최치원」, 「조신전」 등을

22

소설로 보는 견해가 지지를 받고 있다. 그래서 『금오신화』는 현재까지 알려진 소설 자료로 볼 때, 우리나라 최초의 본격적인 전기소설집(傳奇小說集)으로 보는 것이 타당하다. 전기소설집으로는 신광한의 『기재기이(企齋記異)』가 그 뒤를 잇고 있고, 전기소설로는 권필의 「주생전」, 작자 미상의 『운영전』 등이 뒤를 잇고 있다. 이 점에서 『금오신화』는 우리 소설사에서 초기의 주류를 형성한 전기소설의 흐름에서 이해할 필요가 있다. 아울러 영향 관계의 측면만이 아니라 각각의 개별적 특징의 측면에서 중국의 『전등신화』 및 일본의 『도기보오코(伽婢子)』와 비교하여 이해하는 것도 의미가 있다.

「만복사저포기」: 현실 세계 속의 기이(奇異)

전라북도 남원을 배경으로 한 우리 고전소설이 3편 있는데, 모두 명작이다. 「만복사저포기(萬福寺樗蒲記)」와 『최척전(崔陟傳)』 그리고 우리가 잘 아는 『춘향전』이다. 『최척전』은 임진왜란에서 병자호란에 걸치는 긴 전란의 시기에 최척과 그 가족이 조선과 일본 그리고 중국으로 흩어졌다가 다시 만나는 사연을 그린 것이다. 이 세 작품 모두에 등장할 정도로 만복사는 남원 지역의 대표적 사찰이었다. 광한루에서 얼마 떨어지지 않은 남원의 서쪽에 지금 그 터와 유물 몇 점이 남아있어 누구나 답사할 수 있다.

이 만복사에서 벌어진 저포 놀이로 생겨난 사연을 이야기한 것이 「만복사저포기」다. 부모를 여의고 또 장가도 들지 못한 채 만복사에 사는 양생(梁生)은 배필을 구하기 위해 부처님과 저포[6]로 내기를 하여 이기고는 처녀 귀신을 만나 사랑을 이룬다. 처녀는 왜구가 침략했을 때 절개를 지켜 죽은 여성이다. 다음 날 개녕동에 있는 처녀의 집 ― 사실은 무덤 ― 에 가서 3일을 함께 지내고 이별할 때는 그녀와 같은 처지의 이웃 여성들과 시를 주고받는다. 그 이튿날 처녀의 부모를 만나 보련사에서 그녀를 위한 천도재에 그녀와 함께 참여한다. 그 뒤 처녀의 부모로부터 받은 전답과 가옥을 다 팔아 그녀를 위해 재를 올리고는 다시는 결혼하지 않고 지리산에 들어가 종적을 감추었다는 이야기다.

살아 있는 남자와 여자 귀신 사이의 애정은 기이한 일에 속한다. 그런데 김시습은 이 애정을 기이한 일로만 그리지 않는다. 구체적인 시간과 공간 속에서 일어난 실제 사건으로 그렸다. 작중 공간인 남원, 만복사, 개녕동, 보련사 등이 실재하는 곳이고, 고려시대 말 남원 지역은 왜구의 침략이 심해 이성계가 남원 옆 운봉에서 왜구를 크게 무찔러 황산대첩을 거두기도 했던 곳이어서 왜구에 맞서 정절을 지키다 죽은 처녀가 있었을 가능성이 높다.[7] 또 남원이 본관인 양씨가 실제로 있다.

작중 세계의 차원에서도 양생과 처녀는 현실성을 갖는다. 양생은 고독한 인물로 만복사에 기거하고 있으나 처녀와 함께 처녀의 집을 갈 때 마을 사람이 안부를 묻는 것으로 보아 남원이라는 지역 공동

---

6) 정확하지는 않으나 주사위 같은 것을 던져 그 끗수로 승부를 가리는 놀이다. 우리나라의 윷놀이로 보기도 한다.

7) 고려시대 말에 왜구의 겁탈에 맞서 정절을 지키다 죽은 여성들이 『고려사』의 「열전」에 들어 있는 것에서 이를 알 수 있다.

체의 한 사람이다. 처녀 또한 양생이 그녀의 부모를 만나 그 존재와 죽음을 확인하였으므로 정체불명의 귀신은 아니다. 그러므로 양생과 처녀 귀신은 현실성을 가진 존재들인 것이다.

양생이란 인물이 있다는 것, 원통한 죽음을 당한 처녀가 있다는 것은 기이한 일이 아니다. 이 작품에서 기이한 일은 이 두 인물이 만나 사랑을 나누었으며, 그 사랑이 지속되지 못했다는 것과 그 일로 인해 양생이 세상을 등졌다는 것이다. 두 세계에 속한 인물들의 만남으로 기이한 일은 일어나고, 그 결과 이승에 속한 양생의 운명에 결정적인 영향을 끼친 것이다. 양생을 중심으로 보면 기이한 일은 엄연한 현실 속에서 일어났고, 또 현실이었다. 그렇다면 기이한 일이란 현실과 다른 별개의 일이 아닐 수 있지 않을까? 현실 속에는 항상 기이한 일이 있거나, 아니면 기이한 일이 현실의 다른 모습은 아닐까?

저포 놀이를 계기로 양생과 처녀가 만나면서 기이한 일이 생겨났지만 이 두 인물은 모두 분명한 현실적 존재들이다. 물론 양생은 이승의 세계에, 처녀는 저승의 세계에 속해 있어서, 서로 다른 세계에 속하는 두 인물이 만나 사랑을 나누었다는 것이 기이함을 형성하지만 이 두 인물의 현실성은 분명하기 때문이다. 이 경우 처녀의 현실성이 특히 문제인데, 사실 이 작품은 양생과의 만남을 통해 처녀의 사연을 드러내고자 한 것이 본래의 의도로 볼 수 있다. 처녀가 법당에 나타나 부처님께 자신의 사연을 글로써 하소연하는 것도 그렇고, 천도재를 지낼 때 양생에게 이별을 슬퍼하면서 자신의 사연과 심정을 곡진하게 나타내는 것도 그렇다. 청춘의 나이에 억울하게 죽어 남녀 사이의 진정한 애정을 이루지 못함을 한탄하고 또 양생과의 만남이 너무 빨리 끝날 수밖에 없는 운명을 한탄하는 것도 그렇다. 처녀의 이웃 여성들이 읊는 한시가 길게 인용되고 있는 것도 이 작품이 처녀, 또는 처녀와 유사한 처지에 있는 여성들의 한스러운 사연을 드러내고자 했음을 잘 말해준다. 다시 말하면 인간으로 태어나 정상적인 환경에서 스스로 추구하는 바를 이루지 못하고 불의에 죽은 것은 그 당사자에게도 원통한 일이지만 그러한 일이 일어난 세상에게도 언젠가는 풀어야 할 짐인 것이다.

한편, 양생은 이러한 처지의 여성을 만나 짧은 기간 동안 사랑을 하고, 운명적으로 헤어지는 체험을 하면서 두 가지 의미 있는 변화를 보인다. 하나는 처음 만났을 때는 그저 처녀의 자태에 반하고, 배필을 만났다는 사실에 즐거웠지만 그녀의 진면목을 알고는 이승과 저승을 넘어서 진정으로 그녀를 사랑하고 또 높이 평가하게 되었다는 점이다. 그것이 그녀의 무덤을 찾아가 장례를 치루면서 쓴 제문에 잘 나타나 있다. 다른 하나는 양생이 처녀가 떠나간 후 다시는 결혼을 하지 않고 지리산에 들어가 약초를 캐며 살다가 종적을 감추었다는 점이다. 이 결말의 의미는 매우 함축적인데, 처녀와의 사랑과 이별이 그의 삶에 결정적인 사건이 되었음을 보여주는 것이다. 이 사건을 통해 양생은 진정한 사랑이란 무엇인가에 대해 깊이 인식했다고 할 수 있고, 양생이 사라지는 결말을 통해 작가는 진정한 사랑을 이루기에는 현실이 얼마나 불합리한가를 보여주었다고 할 수 있다.

「이생규장전」: 사랑의 열망이 빚어낸 기이(奇異)

만약 「만복사저포기」의 처녀가 생전에 양생과 만나 애정을 이룬다면 어떤 과정을 거쳤을까? 그 가능한 양상을 보여주는 것이 「이생규장전(李生窺墻傳)」이다.

이생(李生)이 담 너머로 처녀를 엿본다는 제목의 이 작품은 이생과 최씨의 사랑을 그린 애정소설이다. 이생은 고려의 국학(國學)에 다니던 학생이었고, 최씨는 귀족의 딸이다. 당시 송도 — 지금의 개성 — 사람들은 이 두 사람을 최고의 남녀로 손꼽았다. 둘은 부모의 허락 없이 사랑을 나누는데 눈치를 챈 이생의 부친이 그를 울산으로 쫓아 보낸다. 상사병으로 죽을 지경이 된 최씨 집안에서 사정을 알고는 적극 청혼하여 둘은 결혼한다. 이생은 벼슬을 하고 두 사람은 행복하게 사는데, 공민왕 때 홍건적이 침략해 와 피난 가던 중 최씨는 겁탈하려는 도적에 항거하다 죽고 이생만 살아남는다. 그러나 최씨의 집에서 이생과 최씨는 재회하여 여러 해 동안 두문불출하고 오직 서로 사랑하며 지낸다. 그 뒤 환생의 기한이 차서 최씨는 사라지고, 뒤이어 이생도 세상을 떠난다는 이야기다.

죽은 부인이 환생(幻生)하여 남편과 살았다는 것 자체는 기이한 일이다. 이것은 「만복사저포기」의 사연과 일맥상통한다. 그런데, 이 작품에는 두 주인공이 만나 사랑을 이루는 과정이 작품의 전반부를 형성하고 있다. 이 전반부의 두드러진 특징은 여성이 애정의 성취를 주도한다는 데 있다. 「만복사저포기」의 처녀도 그러하지만 최씨는 더욱 적극적이다. 이생은 두 사람의 밀회가 누설될까봐 걱정을 감추지 않으나, 최씨는 전혀 걱정하지 않고 문제가 되면 자신이 책임지겠다고 한다. 이생을 몰래 자기 방에 끌어들여 애정을 나누고 죽을 결심으로 이생과 혼인하겠다고 부모에게 주장하는 그녀의 행동은 오늘날의 세태에 비추어보아도 놀라울 정도다.

여성이 애정 성취에 적극적이거나 주도적인 것은 당(唐)나라의 애정 전기(愛情傳奇)에서부터 나타나고 있으므로 이것은 일종의 애정전기소설의 서사문법이라 할 수도 있다. 그러나 김시습이 최씨의 적극적이고 주도적인 애정 추구를 그린 것은 고려시대의 애정 풍속을 염두에 둔 것인지도 모른다. "얼음 위에 댓잎자리 보아 임과 나와 얼어죽을망정, 정(情)둔 오늘 밤 더디 새오시라 더디 새오시라"는 「만전춘별사」의 화자처럼 고려가요에서 우리는 사랑에 모든 것을 거는 남녀를 거듭 볼 수 있기 때문이다.

그런데, 부모의 동의를 받기 전에 동침을 하고 사랑을 나누는, 어찌 보면 애정의 자유를 구가하는 듯한 이 두 남녀가 오직 서로만을 사랑하고 혼인한 뒤에는 부부의 예를 철저히 지키며 서로에게 절개와 정절도 역시 철저히 지키고 있음에 주목할 필요가 있다. 즉, 서로가 주체적으로 선택하여 이룬 사랑은 본질적으로 도덕적임을 이 두 사람은 보여주고 있기 때문이다. 예교(禮敎)로써 애정 윤리를 규범화하기 이전에 진정한 사랑은 그 자체가 도덕적임을 이생과 최씨는 실천해 보이고 있는 것이다.

홍건적의 겁탈에 맞서 절개를 지켜 죽은 최씨가 못다한 사랑을 지속하기 위해 현세에 돌아오면서 이 작품에서 진짜 기이한 일이 전개된다. 이생은 그녀가 죽은 줄 알면서도 그녀를 너무나 사랑했기에 그런 것을 개의치 않는다. 그는 두문불출하고 오직 부인과 함께 금슬 좋게 사는 것을 추구할 뿐이다. 이생은 벼슬을 버리고 세상을 등진 채 자기 집에서 오직 환생(幻生)한 부인과의 애정만 추구하다가 부인이 영원히 떠나가자 그리움에 병이 들어 뒤이어 죽는다. 그래서 이생과 최씨가 좌절된 사랑을 지속하고자 하는 열망에서 기이의 세계가 형성되었다고 할 수 있다. 즉, 기이한 일은 초월적인 존재에 의해 만들어지거나 현실 너머에 존재하는 것이 아니라, 추구하는 바를 성취하고자 하는 지극한 열망에서 형성되어 현실의 새로운 연장(延長)으로 존재한다고 할 수 있다. 그러나 이렇게 형성된 기이의 세계가 한없이 지속될 수 없다는 데 비극이 있다. 사랑이 더 이상 지속될 수 없자 이생이 병들어 죽고 마는 것은 이 세상은 진정한 사랑이 없으면 의미가 없는 곳임을 말해준다. 따라서 이 작품은 앞의 「만복사저포기」와 상통하는 면이 있다.

「취유부벽정기」: 민족사에 대한 회고와 연정

「취유부벽정기(醉遊浮碧亭記)」에서 『금오신화』의 기이의 세계는 일변한다. 앞의 두 작품이 남녀의 애정이 중심이라면 여기서는 상고의 우리 역사를 화제로 하되 남녀의 애정은 암시적이다. 술에 취해 부벽정에서 놀다 생긴 사연의 기록이라는 제목의 뜻처럼, 송도에 사는 홍생(洪生)이 평양에서 친구들과 놀다가 취흥이 일어 혼자 부벽정에 가 평양을 무대로 한 우리의 고대사를 회고하면서 시를 읊는 것으로 사건은 전개된다. 그 때 기자조선의 공주가 나타나 홍생의 시에 화답하고 자신의 내력을 말한다. 다시 공주는 시를 읊은 뒤 하늘로 올라가고 홍생은 이별을 안타깝게 여기며 돌아온다. 그 뒤 홍생은 공주를 연모하다가 병이 들었는데, 꿈에 어떤 미인이 나타나 옥황상제가 홍생을 하늘로 불러 일을 맡긴다는 명령을 내렸다고 한다. 얼마 지나지 않아 홍생은 죽고, 세상 사람들은 그가 신선이 되어갔다고 말한다는 것이다.

작품의 서두에서부터 작가는 평양이 옛 조선과 고구려의 중심이었음을 말하고, 특히 중국의 주나라 무왕이 기자를 이곳에 봉하면서 신하로 삼지 않았다는 점을 강조하여 중국에 대하여 우리의 상고 문화가 대등했음을 내세웠다. 작가의 이러한 인식과 마찬가지로 주인공 홍생도 단군조선, 기자조선 및 고구려의 흥망을 회고한다. 그러면서 지극한 감회에 사로잡혀 그러한 느낌을 공유할 사람을 바랐고, 그때 어떤 여인이 나타나 우울한 심정을 함께 풀자고 제의한다. 말하자면 역사에 대한 회고와 그로 인해 생겨난 감회가 두 사람을 만나게 한 것이다.

여인은 기자조선의 마지막 왕 준왕의 공주로서, 위만이 나라를 차지하자 고난 속에 목숨을 걸고 절개를 지켰으며, 단군이 그녀를 이끌어 신선이 되게 했고 나아가 달나라 항아의 시녀가 된 인물이다. 공주는 고국 생각이 나 잠깐 찾아왔던 것이다. 서로 다른 세계에 속하는 남녀가 만난다는 것과 여성이 난리 속에 절개를 지켰다는 것은 「만복사저포기」나 「이생규장전」과 일치한다. 그러나 여기서는 두 남녀의 만남이 애정 자체를 위한 것이 아니라 역사에 대한 회고로 이루어졌다는 데 특징이 있다. 남녀의 애정이 사랑의 감정에 이끌려 이루어지는 것도 있으나 의식이나 가치관이 같아서 이루어지는 경우도 있듯이 이 작품의 남녀의 만남과 애정도 민족사에 대한 공감에서 이루어졌던 것이다.

이미 「만복사저포기」에서 여성의 내력을 통해 현실과 연계된 다른 세계를 보여주었듯이 여기서도 작가는 공주의 회고를 통해 역사이면서 동시에 기이한 세계를 보여준다. 기자조선에서 위만조선으로의 교체가 그 역사적 사실이라면 위만의 침탈에 맞서 공주가 절개를 지킨 행위는 여성으로서의 정절 의식만이 아니라 기자조선이 상징하는 바, 문화적 자긍심의 표출이기도 하다. 아울러 신선이 된 단군이 공주를 구원하여 신선의 세계로 인도한 것은 단군신화에서부터 보이는 우리 고유의 신선사상(神仙思想)의 발로이기도 하다. 즉, 단군조선에서 기자조선으로 이어지는 역사의 흐름이 있는가 하면 다른 층위에서는 현세적 시공간을 초월한 신선 및 신화의 세계가 이어지고 있다. 홍생은 상고시대의 무대인 평양에서 공주와의 만남을 통해 우리 민족사를 재확인하고 또 그 위에 펼쳐진 선계(仙界)를 만난 것이다. 「취유부벽정기」의 이러한 면모는 김시습이 관서지방을 유람한 것과, 그가 도가(道家)의 주요 사상가였다는 점에 관련이 있을 것이다.[8]

「만복사저포기」에서 처녀 귀신의 존재가 무덤에서 그녀가 준 주발이라든가 그것을 알아본 그녀의 부모와 함께 왜구의 침략이라는 역사적 사실에 의해 인정되었듯이, 이 작품에서 공주의 존재는 평양에 남아 있는 역사적 유물 및 공간과 함께 상고의 역사에 의해 인

---

[8] 김시습은 도교에도 관심을 보였는데 홍유손(洪裕孫)과 정희량(鄭希良), 윤군평(尹君平) 등에게 도교의 비결을 전수해 해동의 도교 전승에서 중요한 위치를 차지한다.

정된다. 즉, 삶과 죽음으로 경계가 구획되는 세계들만이 존재하는 것이 아니라 현재와 과거로 구획되는 세계들도 존재한다는 것, 그리고 그 세계들 역시 개개인에게 관여하고 있음을 이 작품은 말해준다. 다시 말해 역사는 흘러가버린 과거형이 아니고 언제든지 개인의 삶에 결정적 영향을 끼칠 수 있는 현재형임을, 이 작품은 공주를 만난 홍생이 신선이 되어갔다는 삽화를 통해 보여주고 있는 것이다.

요컨대 이 작품은 우리의 삶의 터전이 현재 흐르는 시간만이 지배하는 평면적 공간이 아니라 과거의 역사가 여러 층위로 쌓여 있는, 즉 시간적으로 입체적인 공간이라는 점을 보여주며 바로 그 공간이 기이의 세계임을 말하고 있다. 홍생이 평양을 옛도읍으로 재인식하는 순간 그는 그때의 시간과 공간 속으로 들어갔고, 거기서 공주를 만나 서로의 지취(志趣)를 확인하면서 연모의 정을 갖게 되어 결국은 신선이 되었던 것이다.

사상소설로서의 「남염부주지」

『금오신화』의 기이의 세계는 「남염부주지(南炎浮州志)」에 와서 또 변한다. 남염부주라는 기이한 세계를 꿈속에 여행하는 것이 이야기의 중심이다.

경주에 박생(朴生)이 있었는데, 그는 승려와 무격의 귀신설을 비판하고 천하에는 하나의 이치만 있을 뿐이라는 '일리론(一理論)'을 짓는다. 꿈에 그는 남염부주에 이르러 염마왕을 만나 유교와 불교, 귀신, 천당과 지옥, 천도(薦度)와 대속(代贖)을 위해 재를 올리는 것, 윤회 등에 대해 대화를 나누고, 삼한시대에서 고려조에 이르기까지 우리 역사의 흥망을 소재로 하여 백성을 폭력적으로 통치하는 왕을 비판하는 의견을 교환한다. 염마왕은 박생에게 왕위를 물려준다는 조서를 내린다. 꿈에서 깬 박생은 몇 달 뒤 병을 얻어 세상을 떠났는데, 그때 이웃사람의 꿈에 신인(神人)이 나타나 박생이 염라왕이 될 것이라고 했다는 것이다.

이 세상 외에 또 다른 세상이 없다고 보는 박생이 전생에 악행을 일삼은 사람들을 교화하는 염마왕의 초대를 받아가서 결국은 그 나라의 왕이 된다는 것은 하나의 역설(逆說)이다. 그러나 이 역설은 작품의 모순이라기보다 작가의 주제의식을 자유롭게 펼칠 수 있는 소설적 장치로 볼 수 있다. 주인공 박생은 '일리론'을 지을 만큼 유학에 일가견이 있고 인품도 훌륭한데다 위세에 굴복하지 않으면서도 사람을 대할 때는 순박하고 성실한 인물이다. 유학의 관점에서 바람직한 인물이라 할 수 있는 박생이지만, 사실은 과거에 합격하지 못하여 뜻을 펼칠 수 없는 상황에 있다. 박생은 염마왕에게 질문하여 그 답을 구하는 방식으로 세계의 이치와 풍속과 정치 등 제반 양상에 대한 자신의 평소 견해와 비판 의식을 마음껏 토로하고 있으며 결국에는 이 세상을 어지럽히는 인간들을 바로잡는 왕이 되었다는 것이다. 그러므로 작가는 이 역설적 장치를 통해 세상을 향해 하고 싶은 말을 마음껏 한 것이라 할 수 있다. 예컨대 나라는 백성들의 나라라고 생각하는 염마왕이 왕위를 물려주는 글에서, 박생은 모든 백성이 의지할 만한 사람이니, 백성을 지선(至善)의 경지에 들게 하고 세상을 태평하게 해달라고 부탁하는 데서 작가가 현실의 제반 모순을 극복하여 지향하고자 하는 이상적 세계에 대한 열망을 읽을 수 있는 것이다.

이 작품에 전개된 기이는 공포를 유발하는 남염부주의 기상천외한 모습과, 박생이 염마왕이 되는 것에 있다. 그런데 사실 이 기이의 세계인 남염부주는 이념의 연장선상에서 세워진 것이라 할 수 있다. 염마왕은 전생에 부모와 임금을 죽이는 등 간교하고 흉악한 짓을 한 인물들을 교화하고, 남염부주는 바로 그러한 일이 일어나는 공간이다. 이 점에서 '기이한 세계'란 곧 현실세계의 문제점이 투영된 공간이라 할 수 있다. 결코 기이는 그 자체로 존재하는 것이 아니다. 또 박생이 염마왕이 된다는 기이한 설정은, 염부주라는 곳이 사실은 태평한 세계로 나아가기 위한 필수적인 과정의 세계임을 말해주는 것이기도 하다. 현실의 잘못된 부분을 바로잡아야 세상이 제대로 될 수 있기 때문이다. 이러한 점에서 이 작품의 기이 역시 현실과 밀접하게 연계되어 있다.

이 작품은 앞의 세 작품과는 달리 당시 세계의 제반 문제에 대한 논의를 중심으로 구성되어 있다. 박생과 염마왕은 천지 운행의 이치에서부터 인간세상의 풍습에 이르기까지 주요한 쟁점이나 문제점들을 논의하고 평가하며 따진다. 앞의 세 작품들은 시(詩)가 등장인물들의 심정을 표출하는 역할을 했는데, 이 작품에는 시가 한 편도 등장하지 않고 서술 및 대화만 등장할 뿐이다. 박생의 '일리론'이란 글, 박생과 염마왕의 문답, 왕위를 선양하는 염마왕의 글 등에서 보자면 작품은 사상소설이라고도 할 수 있다.

이상세계의 희구와 「용궁부연록」

「용궁부연록(龍宮赴宴錄)」은 용궁의 잔치에 초대받아 다녀온 이야기란 뜻이다. 고려시대의 인물인 한생(韓生)이 용궁의 초대를 받는데, 이는 용왕이 공주의 혼인을 위해 누각을 짓고 그 상량문을 얻기 위해서였다. 한생이 상량문을 짓자 용왕은 여러 강의 신들과 함께 잔치를 성대하게 연다. 한생은 용궁을 두루 구경하고 선물을 받고는 집으로 돌아온다. 그 뒤 한생은 세상의 명리를 떨쳐버리고 명산(名山)에 들어가 종적을 감추었다는 이야기다.

「남염부주지」의 남염부주가 공포를 느끼게 하는 곳이라면 이 작품의 용궁은 신비하면서도 평화롭고 즐거운 곳이다. 주인공 한생도 특별히 현실에 불만을 갖고 있거나 문제가 있는 것으로 그려지지 않고 있다. 그는 글 솜씨로 조정에까지 이름이 났기에 용궁에 초청되어 글 솜씨를 뽐내고 용궁의 신비를 구경하고 왔던 것이다. 또 한생이 용궁에서 지은 글과 노래는 물론 잔치에 참여한 인물들의 노래들 모두 찬양의 노래이다. 그래서 『금오신화』의 다른 네 작품에 비해 이 작품의 세계는 밝다. 한생은 신화적 질서의 세계인 용궁에서 벌이는 잔치를 더욱 잔치답게 만들고, 그 신화적 세계를 즐겁게 탐방하고 돌아왔으니 이 작품은 원혼이 등장하거나 우수(憂愁)의 분위기가 지배하는 등 현실에 대한 강렬한 불만이 직설적으로 토로된 다른 네 작품들과는 성격이 판이하게 다르다. 그런데 왜 한생은 용궁에서 돌아온 뒤 세상의 명리를 떨쳐버리고 명산(名山)에 들어가 종적을 감추고 말았던 것일까?

한생은 용왕에게서 선물로 받은 야명주와 흰 비단을 잘 간직하고는 남에게 보여주지 않는다. 즉, 용궁 여행 그 자체를 숨긴 것이다. 그러고는 입산하여 종적을 감추었으니 그는 현실 세계는 용궁과 같은 세계가 아니라고 보았다고 할 수 있다. 그것은 우선 용궁 체험과 같은 행복한 체험을 지상의 세계에서는 결코 할 수 없다는 비극적인 세계 인식의 결과라 할 수 있다. 또는 비와 바람, 우레와 번개를 조절하는, 다시 말하면 농업 기반의 세계에는 절대적인 조건인 기후를 순조롭게 조절하는 용궁은 이상적인 세계라 할 수 있다. 따라서 현실세계는 결코 그러한 이상세계로 나아갈 수 없다는 비극적인 세계 인식의 결과일 수도 있다. 즉, 이 작품의 기이한 세계인 용궁은 이상세계를 상징한다고 보아도 좋다. 특히 잔치를 벌이고 한생을 비롯한 등장인물들이 개성을 마음껏 드러내며 노래하는 것은 인간들끼리의 완전한 화합을 뜻한다고 할 수 있다.

『금오신화』를 작가 김시습과 연계하여 이해하기도 하는데, 특히 「남염부주지」와 「용궁부연록」만큼은 그렇게 이해할 수 있다고 본다. 「남염부주지」에는 김시습의 사상과 관련된 부분이 적지 않은 데 비해 이 작품에는 그의 독특한 개인사가 투영되어 있다고 할 수 있다. 어린 나이에 신동으로 이름나 세종의 명으로 궁중에 불려가 시험을 받는 것이 하나의 원체험이 되어 이 「용궁부연록」 창작의 심리적 기저를 형성했다고 볼 수도 있는 것이다. 궁중에 불려가 시를 짓고 상으로 비단을 받아 돌아온 어린 김시습에게 그 궁중과 세계는 조화롭고 행복한 공간이었을 것이다. 그리고 그것이 한생이 용궁에 초대되어 가 용왕의 덕을 찬양하는 노래를 짓고 환대를 받는 것으로 형상화되었을 것이다. 그런데 이 조화롭고 행복한 세계가 세조의 왕위 찬탈로 인해 결정적으로 훼손되어 다시는 회복될 수 없는 상태가 되었고, 나아가 김시습에게 그 원체험은 누구하고도 공유할 수 없으며 다시는 실현될 수 없는, 그렇다고 어그러져 가는 현실과 타협하기 위해 버릴 수 없는 소중한 무엇이 되었을 것이다. 결국 그가 한 평생 방외(方外)의 인물로 떠돌게 된 것도 바로 한생이 명산에 들어가 종적을 감춘 것과 방불한 것이다.

『금오신화』갈등 방식과 김시습의 처절한 고독

일찍이 김안로(金安老)는 『금오신화』를 두고 "술이우의(述異寓意)", 즉 "기이한 이야기를 하면서 작가의 뜻을 그 속에 담았다"고 평했다. 우리 역시 앞에서 그 기이의 세계와 특징이 어떠한지 살펴보았고, 그것을 통해 무엇을 말하고자 했는지 탐색해왔다.

여기서는 바로 그러한 '술이우의'의 방식을 잠깐 점검하기로 한다. 문학에서 갈등을 주로 다루는 장르가 소설이라 할 때 그 갈등은 여러 가지 방식으로 드러난다. 그 중에서도 인물과 인물 사이의 갈등이나 인물과 환경 사이의 갈등이 대표적인데, 『금오신화』의 경우 좀 특이한 양상을 보인다. 즉, 주인공들 사이에는 전혀 갈등이 없는 것이다. 양생과 처녀 귀신, 이생과 최씨, 홍생과 공주, 박생과 염마왕, 한생과 용왕 사이에 대립이나 갈등은 없다. 오히려 서로를 깊이 이해하면서 사랑하고 견해의 일치를 보거나 화합하고 있다. 이 인물들이 서로 만나면서 기이가 전개되는데, 그 속에 어떤 갈등도 없고 오히려 완전한 결연이나 동지적 유대감조차 보이고 있는 것이다.

갈등이 발생하고 그것을 해소하는 과정이 두드러지게 드러난 곳은「이생규장전」에서 이생과 최씨가 결혼에 이르는 과정뿐이고 나머지는 모두 인물들 사이에 갈등은 없고 일치만을 보이는 것은 두 가지로 해석할 수 있다고 본다.

하나는 상대방과 완전한 결연 또는 합일을 본 주인공이 현실세계에 돌아오면 종적을 감추거나 또는 죽거나 다른 세계로 옮겨가는 결말에서 우리는, 주인공들의 만남과 결합이 그들 바깥 세계와의 갈등을 역설적으로 보여주는 것으로 해석할 수 있다. 예컨대 양생과 처녀 귀신의 결합으로 구축된 세계가 그들을 둘러싼 세계와 대립한다는 것이다. 또 이생과 최씨의 사랑을 좌절시키는 세계, 박생과 염왕이 함께 비판하는 현실세계 등이 바로 이들과 대립하고 갈등하는 대상이라는 것이다. 그렇지만 『금오신화』는 이 두 세계의 대립과 갈등의 양상을 직접 그리지 않고 배경으로 처리하거나 주인공이 현실세계를 등지는 방식으로 그려내고 있는데 이 또한 특징적이다.

다른 하나는 이러한 서사 방식이 바로 작가 김시습의 고독의 표현 방식일 수 있다는 것이다. 뜻에 맞는 인물과는 완전한 만남을 이루되 세상과는 절대 화해하지 못하는 소설의 결구는, 세상과 불화하여 몇몇 지기가 상합하는 인물들과만 교유하고 세상 전체를 조롱하면서 평생을 부정적인 인식으로 일관한 김시습과 대응하고 있다. 아울러 귀신과의 사이에서 진정한 애정을 성취하거나, 죽음의 경계를 넘어 애정을 지속하거나 또는 역사 및 알레고리적인 공간에서 뜻이 맞는 인물을 찾되 현실세계는 철저히 등지는 『금오신화』의 세계에서 우리는 김시습의 처절하기 짝이 없는 고독을 엿볼 수 있다.

그러나 김시습은 지독하게 고독했으나 자신의 고독을 마냥 이야기하고 만 것은 아니다. 처녀 귀신의 원통한 사연이 양생과의 만남을 통해 드러났듯이 김시습은 자신의 고독 속에 세상 사람들의 억눌린 사연이나 원망, 희망을 담아냈다. 지식인이 고민하는 것이 천하의 고민이듯이 김시습의 고독은 세상의 소외된 인물들의 고독과 상통하며, 그래서 그의 소설은 자신의 이야기이면서 동시에 모순된 세계 속에서 필연적으로 생겨나지만 남들이 제대로 들어주지 않는 목소리들의 대변인 것이다. 이 점에서 그가 그려낸 기이(奇異)는 현실의 다른 모습인 것이다.

더 생각해볼 문제들

1. 『금오신화』의 작품들 속에는 시(詩)를 비롯한 다양한 한문 문학의 양식이 들어있다. 이들 양식은 대부분 등장인물들이 서로 주고받은 것들이다. 소설이 갈등의 전개 과정을 비교적 자세히 그린다는 것, 그 전개 과정에서 인물들의 심리가 변하거나 관계가 변한다는 것, 또 소설이란 인물의 성격을 창조한다는 것 등을 고려할 때『금오신화』속에 동원된 시문(詩文)들은 구체적으로 어떤 역할을 하고 있는가?

2. 「만복사저포기」와「이생규장전」에는 귀신이 등장한다. 양생과 처녀 귀신, 이생과 환생한 부인의 사랑이 지속되지 못하는 것은 귀신들이 이승에 머물 수 있는 시간이 제한되어 있기 때문이다. 귀신이 일시적으로라도 이 세상에 존재할 수 있다는 것은 단순한 민속적 관념이 아니라 철학의 문제 또는 사상의 문제이기도 하다. 김시습은「귀신설(鬼神說)」이란 글을 짓기도 했고, 비슷한 시기의 유학자들도 귀신에 대해 거듭 논했다. 이 두 작품에서 다루는 귀신의 존재가 작품 속에서 나름대로 그 근거를 갖고 있는지 검토해보고 이치에 맞게 설명해보라.

3. 기이(奇異)한 일을 당하거나 보게 될 때 사람들은 다양하게 반응한다고 가정할 수 있다. 놀라서 도망치는 사람도 있을 것이고 호기심에 이끌려 자세히 살피는 사람도 있을 것이다. 또는 기이를 겪고는 크게 변하는 사람도 있을 것이고 그냥 일회적인 경험으로 끝나는 사람도 있을 수 있다.『금오신화』에서 주인공들이 현실과는 다른 세계와 그 세계에 속하는 인물들을 처음 대면했을 때 그에 대처하는 태도를 작품별로 분석해보고, 기이한 경험이 주인공들의 삶에 어떤 영향을 미쳤는지 검토해보라.

추천할 만한 텍스트
『매월당 김시습의 금오신화』, 김시습 지음, 심경호 옮김, 홍익출판사, 2000.

김종철(金鍾澈)
서울대학교 사범대학 국어교육과 교수.
서울대학교 사범대학 국어교육과를 졸업하고 동 대학원 국어국문학과에서 석사 및 박사 학위를 받았다. 강릉대학교와 아주대학교 국어국문학과의 교수를 역임했다.
저서로 『판소리사 연구』, 『판소리의 정서와 미학』이 있고 논문으로 「서사문학사에서 본 초기소설의 성립문제」, 「전기소설의 행방」 등이 있다.

"소인이 대감의 정기를 타 당당한 남자로 태어났사오니
이만한 즐거움이 없지만, 평생 서러워하기는 아비를 아비라 부르지 못하옵고
형을 형이라 못하여 상하 노복이 다 천히 보고,
친척과 고구(故舊)도 손으로 가리켜 아무의 천생(賤生)이라 이르오니
이런 원통한 일이 어디에 있사오리까?"
이어 대성통곡하니, 대감이 마음에 가엾게 여기시나
만일 그 마음을 위로하면 이것 때문에 방자할까 하여 꾸짖어 말하기를,
"재상의 천비 소생이 너뿐 아니다. 자못 방자한 마음을 두지 말라.
일후에 다시 그런 말을 번거로이 한다면 눈앞에 용납치 못하리라."
―『홍길동전(洪吉童傳)』중에서

허균 (1569~1618)

조선시대 선조 후반에서 광해군 시대에 이르는 시기의 문신이자 학자로서 호는 교산(蛟山)이다. 판서 허엽의 아들이며, 형인 허성, 허봉, 누이 허난설헌 모두 문장으로 이름을 떨쳤다. 자유분방한 기질의 소유자였으며,「호민론(豪民論)」이나「유재론(遺才論)」과 같은 글을 통하여 신분차별이 없는 세상, 사회에 저항하는 백성들의 힘을 강조했다.『홍길동전』이외에「한정록(閑情錄)」,「학산초담(鶴山樵談)」,「유재론」,「호민론」등 그의 저술을 모은『성소부부고(惺所覆瓿藁)』가 전한다.

02

소외된 영웅의 빛과 그늘
허균(許筠)의 『홍길동전(洪吉童傳)』

신병주 | 서울대학교 규장각 학예연구사

서얼 콤플렉스

『홍길동전(洪吉童傳)』은 비범한 재주와 능력을 지닌 홍길동이라는 인물을 통해 당시 사회에서 통용되던 적서차별(嫡庶差別)의 문제점이라든가 관리들의 치부행위 등 지배층의 무능을 비판한 사회소설이다. 또한 일반 독자들에게 통쾌하게 복수하는 주인공의 캐릭터를 부각시키기 위하여 홍길동에게 도술적인 능력을 부여하고 마침내는 율도국이라는 새로운 이상세계를 건설하는 영웅이 되는 영웅소설의 성격을 띠고 있다.

연산군 때 활약한 실존 도둑이었다가, 조선시대 중기의 학자 허균(許筠)에 의해 소설로 재탄생되어 현재까지도 가장 널리 알려진 이름 홍길동. 홍길동이 이처럼 시대를 초월하여 많은 사람들에게 강력하게 어필되는 것은 무엇보다도 소설 『홍길동전』의 파급효과 때문일 것이다. 『홍길동전』은 최초의 한글소설이라는 점에서 문학사적으로 가치가 크며 당시의 사회상을 적절히 반영했다는 점에서 역사적으로도 주목이 되는 소설이다. 『홍길동전』이 반영하는 사회상은 서얼차별이 점차 심화되는 현실의 세계이다. 홍길동은 바로 이러한 서얼의 대변자이다.

> 원통하고 답답한 마음을 걷잡지 못하여 칼을 잡고 월하에 춤을 추며 장한 기운을 이기지 못하더니, 이때 승상이 명월을 사랑하여 창을 열고 기대어 있는데 길동의 거동을 보시고 놀라 말하기를,
> "밤이 이미 깊었거늘 네 무슨 즐거움이 있어 이러하느냐?"
> 길동이 칼을 던지고 크게 엎드려 말하였다.
> "소인이 대감의 정기를 타 당당한 남자로 태어났사오니 이만한 즐거움이 없사오되, 평생 서러워하기는 아비를 아비라 부르지 못하옵고 형을 형이라 못하여 상하 노복이 다 천히 보고, 친척과 고구(故舊)도 손으로 가리켜 아무의 천생(賤生)이라 이르오니 이런 원통한 일이 어디에 있사오리까?"
> 이어 대성통곡하니, 대감이 마음에 가엾게 여기시나 만일 그 마음을 위로하면 이것 때문에 방자할까 하여 꾸짖어 말하기를
> "재상의 천비 소생이 너뿐 아니다. 자못 방자한 마음을 두지 말라. 일후에 다시 그런 말을 번거로이 한다면 눈앞에 용납치 못하리라."

분명 아버지임에도 불구하고 아버지라 부르지 못하고 '대감'이라

불러야 하는 서얼의 신세. 그 하소연에도 아버지는 "모두가 그러한데 왜 너만 원통하다 하느냐"면서 냉정하게 길동을 물리치는 장면이다.『홍길동전』에서 갈등이 가장 증폭되는 부분이자, 길동이 명문 재상의 아들이면서도 스스로 도적이 될 수밖에 없는 운명적인 상황을 보여주는 대목이다.

『홍길동전』은 적서차별이 점차 심화되는 16세기 후반 이후 조선사회의 모순을 기본적인 모티브로 설정하여 소설을 전개하고 있다. 물론 이것을 모티브로 하여 탐관오리의 부패상과 새로운 사회를 꿈꾸는 백성들의 욕망 등을 함께 펼치고 있다.

『홍길동전』은 영웅소설의 성격을 띠고 있지만 소설 곳곳에는 당시의 사회상을 보여주는 장치들이 설정되어 있다. 홍길동은 판서(判書)인 아버지와 시비(侍婢) 출신인 어머니 춘섬 사이에서 출생한다. 주인공에 대한 이러한 환경 설정은 홍길동이 필연적으로 신분문제에 저항할 수밖에 없는 인물임을 암시한다. 조선시대 서얼의 존재는 양반의 취첩(取妾) — 양반이 원래의 부인 이외의 다른 여성을 배우자로 맞아들이는 것 — 을 허용하는 사회적 구조에서 필연적인 산물이었다. 서얼(庶孼)은 조선시대 전기까지는 그다지 큰 차별을 받지 않았다. 그러나 16세기 이후 조선사회에 명분과 신분차별을 옹호하는 성리학 이념이 강하게 정착되면서 반상의 구분, 적자와 서얼의 차이가 보다 분명해졌다. 과거제도에서 서얼을 배제한 것은 적서차별의 대표적인 사례이다. 조선시대 젊은이들의 꿈과 이상을 실현하는 제도적 장치인 과거제도의 응시자격 박탈은 한 인간의 존재의 의미를 없애는 가혹한 조처였다. 이러한 흐름은 성리학의 이념이 보다 확고히 자리를 잡으면서 그 정도가 심해졌다. 『홍길동전』의 경우처럼 아버지가 있으되 아버지라고 제대로 불러보지도 못하는 시대가 된 것이다.

작자의 체험이 반영된 작품

『홍길동전』은 작자 허균의 체험이 다분히 형상화된 작품이라는 평가를 받기도 한다. 주인공 홍길동이 서얼로 설정된 것은 작자의 체험의 반영이라는 것이다. 허균은 아버지 허엽이 판서직을 역임하고 형, 누나 모두 학문과 문장으로 명망을 떨친 명문가의 기대주였다. 그러나 그는 이러한 신분적 특권을 스스로 박차버렸다. 오히려 그는 스승인 이달이 서얼이라는 점 때문에 차별받고, 서양갑·심우영 등 명문가의 능력 있는 젊은이들이 단지 서얼이라는 이유만으로 좌절당하는 현실을 결코 좌시하지는 않았다.

양반이 첩을 두는 것을 관행적으로 인정하는 사회 구조 속에서 서얼은 양산되었고, 의식 있는 서얼들은 자신과 처지가 비슷한 사람들끼리 모이는 기회를 자주 갖게 되었다. 한 개인으로 고립된 것이 아니라 같은 처지로 고민하는 사람들이 늘어나면서 서로 간에 힘을 북돋울 수 있는 여건이 마련되었던 것이다. 그런데, 서얼은 능력 면에서는 적장자에게 결코 뒤지지 않는 조건을 갖추고 있었다. 대개 첩을 두는 양반은 정치적으로나 경제적으로 안정기에 첩을 두게 마련이고 이때에 맞아들인 첩은 어느 정도 용모나 교양을 갖추고 있었다. 어떤 경우에는 원래의 정실부인보다 뛰어난 규수가 첩으로 들어왔고, 이러한 부모를 둔 서얼은 단지 신분만 천했을 뿐이지 지적 능력에서 정실 자식에게 결코 뒤지지 않았을 것이다.

서얼들은 점차 자신의 불우한 처지를 비관하는 단계에서 벗어나 자신들의 입장을 알리고 서얼 제도의 모순을 근본적으로 개혁하려고 하였다. 『홍길동전』의 구체적인 모델이 된 광해군 5년(1613)의 '칠서지옥(七庶之獄)'으로 불리는 사건은 서얼들의 불만이 체제 변혁까지 요구하고 있음을 보여주었다. '칠서', 즉 '일곱명의 서자'가 현실개혁에 뜻을 품기 시작한 직접적인 동기는 1608년에 제기한 그들의 서얼허통(庶孼許通) ― 서얼들도 관직에 등용될 수 있도록 허용하는 것 ― 의 요구가 받아들여지지 않은 데 있었다.

1613년 봄 서인의 영수 박순의 서자 박응서를 위시하여 서양갑·심우영·이경준·박치인·박치의·허홍인 등 7명의 서자가 조령(鳥嶺)에서 은상(銀商)을 살해하고 은 7백 냥을 강탈한 죄로 체포되었다. 그리고 국문 도중 이들이 몇몇 무인들과 결탁해 역모를 꾸몄다는 놀라운 사실이 밝혀졌다. 서얼이라는 신분상의 하자 때문에 차별받는 현실을 바꿔보려고 했다는 것이다.

이들은 이 사건이 있기 전부터 스스로 강변칠우(江邊七友) ― 강변을 중심으로 모이면서 사회변혁을 도모했던 일곱 명의 친구, 여기서는 칠명의 서얼을 의미함 ― 또는 죽림칠현(竹林七賢) ― 중국의 위나라, 진나라 초기에 노장사상을 숭상하여 자연을 벗삼아 살았던 7명의 선비 ― 을 칭하면서 서로 간에 교분을 형성하면서 시국을 탓하였다. 한편으로 중앙의 관리들과의 교유를 통하여 자신들의 입장이 정치권에 반영되기를 기대하였다. 허균은 이들과 친밀한 관계를 유지한 관리 중 대표적인 인물이었다. 개방적이고 개혁적인 성향을 지녔던 허균은 이들의 처지에 크게 공감했으며 나아가 서얼들이야말로 자신이 추구하는 개혁 사상의 동반자임을 확신한 것으로 보인다.

아래 「유재론」과 같은 글은 신분 차별 없이 인재의 폭넓은 등용을 주장한 허균의 입장이 잘 나타나 있다.

> 하늘이 인재를 태어나게 함은 본래 한 시대의 쓰임을 위해서였다. 그래서 인재를 태어나게 함에는 고귀한 집안의 태생이라 하여 그 성품을 풍부하게 해주지 않고, 미천한 집안의 태생이라고 하여 그 품성을 인색하게 해 주지만은 않는다. 옛날부터 선철(先哲)들은 명확히 그런 줄은 알아서 혹은 초야(草野)에서 인재를 구했으며, 혹은 병사들의 대열에서 뽑아냈고, 혹은 패전하여 항복한 적장을 발탁하기도 하였다. 혹은 도둑의 무리에서 고르며, 혹은 창고지기를 등용하였다. 그리하여 임용한 사람마다 모두 임무를 맡기기에 적당했고, 임용당한 사람들도 각자가 지닌 재능을 펼쳤다. … 예로부터 지금까지 서얼 출신이라 하여 어진 인재를 버리고 어머니가 개가했다고 하여 그 재주를 쓰지 않는 것은 듣지 못하였다. 그러나 우리나라는 그렇지 아니하여 어머니가 천한 출신이고 개가(改嫁)한 자손은 모두 관직에 나아갈 수 없다. 변변치 않는 나라로서 두 오랑캐 사이에 끼어있으니, 모든 인재가 국가의 쓰임이 되지 않을까 염려해야 할 판에 도리어 인재등용을 막고 "인재가 없다, 인재가 없다"고 하니, 이것이 월(越) 나라로 가면서 수레를 북쪽으로 돌리는 것과 무엇이 다르겠는가? 이웃 나라에 알리지 못할 일이다. 한 부인이 원한을 품는 것도

> 걱정스러운데 원망하는 남정과 홀어미가 나라 안에 반이 넘으니 화평한 기운을 이루기는 또한 어렵다.

허균은 「유재론」에서 서얼이라 하여 능력 있는 인재를 수용하지 않는 것은 우리나라에만 국한된 점임을 지적하고, "원망하는 남정과 홀어미가 나라 안에 반이 넘는다"는 표현으로서 서얼 차별이 사회 문제가 될 것임을 강력히 경고하였다.

『홍길동전』에 반영된 사회상

홍길동의 어린 시절은 문무, 특히 병법에 능한 비범한 아이라는 측면에 초점이 모아진다.

> 이때 길동은 나이 십일 세라. 기골이 장대하고 용맹이 절륜(絕倫)하며, 시서백가어(詩書百家語)를 알지 못함이 없으나, 대감 분부에 바깥 출입을 막으시매, 홀로 별당에 처하여 손자와 오자의 병서를 꿰뚫어 귀신도 측량하지 못하는 술법이며 천지조화를 품어 풍운을 임의로 부리며, 육정육갑(六丁六甲)의 신장(神將) ─ 둔갑술을 할 때 부르는 신장 ─ 을 부려 신출귀몰한 술법을 통달하니 세상에 두려운 것이 없어라.

위 인용문의 무술이나 축지법, 둔갑술 등 각종 도술에 대한 관심은 유가사상보다는 조선시대에는 비주류 사상으로 밀려난 도가사상과 밀접한 관련을 가진다. 도가사상은 주류적 흐름인 성리학에 밀려났지만, 김시습이나 서경덕처럼 도가사상에 깊이 심취된 학자들도 있었다. 허균의 아버지 허엽이 서경덕의 수제자인 점을 고려하면 가계적(家系的)으로도 허균과 도가사상은 연결 고리가 있으며, 홍길동과 함께 도술에 능한 주인공으로 등장하는 전우치의 사례에서도 이 시기에 도가사상이 소설의 주요 소재가 되었음을 알 수 있다. 소설의 마지막 부분에서 율도국의 왕이 된 홍길동이 칼을 잡고 춤을 추며 불렀다는 노래 또한 도가적 분위기를 물씬 풍긴다.

칼을 잡고 우수에 비껴서니,
남명(南溟) — 남쪽 바다 — 이 몇 만 리뇨.
대붕(大鵬)이 날아가니
부요풍(扶搖風) — 회오리 바람 — 이 이는도다.

마치 도가사상을 대표하는 경전 『장자』의 첫 편 「소요유(逍遙遊)」의 문장을 그대로 옮겨 놓은 듯하다.

허균 자신도 또한 「장생전」에서, "내가 젊은 시절에 협사(俠士)들과 친하게 지냈고, 장생과도 해학을 주고받을 정도로 아주 친하게 지냈으므로, 그의 잡기 놀이를 모두 구경하였다. 슬프다 그는 신이었거나 아니면 옛날에 말하던 검선(劍仙)과 같은 부류가 아니냐"고 술회한 것으로 보아 호협한 기상을 가진 인물이었음에 틀림없다. 허균의 문집인 『성소부부고』에는 5편의 인물 전기가 수록되어 있는데 천첩의 서얼 출신 이달을 비롯하여 아전 남궁두, 비렁뱅이 천민 장생, 몰락한 양반 엄처사, 의업에 종사한 중인 장산인 등 모

『무예도보통지(武藝圖譜通志)』에 나오는 조선시대 무사의 모습.

두가 성리학중심의 조선사회에서는 철저히 소외된 인물이었다. 허균의 캐릭터를 통해 볼 때 홍길동의 출현은 결코 우연이 아님을 알 수가 있다.

홍길동의 최대 위기는 의붓어미인 초낭이 '특자'라는 자객을 시켜 그를 죽이려 하는 대목이다. 뛰어난 무술로서 특자를 제압한 길동은 특자는 바로 베어버리지만 의모(義母)인 춘낭에 대해서는 어쩌지를 못하고 부친에게 엎드려 절하고 오히려 자신이 집을 떠나는 길을 택한다. "소인이 이제로 집을 떠나가오니 대감 체후만복(體候萬福)하옵소서. 소인이 다시 뵈올 기약이 아득합니다"고 하면서, "목숨을 도망하여 천지로 집을 삼고 나가오니 어찌 정해진 거처 있사오리까 마는 평생 원한이 가슴에 맺혀 씻을 날이 없사옵니다" 하고 하소연하는 길동 앞에서 부친은, "오늘로부터 네 원한을 풀어줄 것이니, 네 나가 사방에 돌아다닐지라도 부디 죄를 지어 부형에 근심을 끼치지 말고 쉬이 돌아와 나의 마음을 위로하라"는 뜻밖의 말을 전한다. 도망자의 신분으로 전락한 상황에서 비로소 길동의 한을 풀어준 것이다.

자신을 죽이려 한 장본인이 부친의 사랑을 받고 있는 사람이라는 점 때문에 목숨을 살려주는 장면을 통해서는 조선사회를 지배하는 효의 관념이 여전히 투영됨을 볼 수 있다. 홍길동이 도적으로서 성공한 후에도 부형이 고난에 처하자 스스로 체포를 당하는 길을 택하는 장면이나, 율도국 정벌을 계획할 때 부친상을 당하자 삼년상을 모두 마치고 군사훈련을 하는 장면에서 효의 가치가 지배적이었던 당시 사회상이 나타난다.

홍길동은 서얼차별이라는 '현실의 장벽' 속에서 뜻하지 않는 살인을 저지르게 되고, 걷잡을 수 없는 현실의 도피 수단으로 도적이 된다. 사회적으로 비난을 받아 마땅한 선택이지만, 한편으로는 도적이 되는 것이 유일한 탈출구임을 잘 보여준다. 특히 홍길동이 연산군대에 실존했던 도적이라는 점과 『홍길동전』에 영향을 준 『수호전』의 주인공 또한 도적인 점, 1613년 은상을 약탈한 도적들이 허균과 친분이 있었던 서얼이라는 점을 감안하면 소설 속의 주인공은 별다른 선택 없이 도적이 될 수밖에 없다는 생각에 이르게 된다.

도적의 우두머리가 된 홍길동은 부정축재로 재산을 모은 해인사나, 탐관오리가 수령으로 있는 지역 등을 집중 약탈하는 의적(義賊)이 된다. 그들 무리의 이름은 백성들을 살려준다는 뜻으로 '활빈당(活貧黨)'이라 한다. 홍길동은 사회적으로 고통을 받는 민중의 편에 서서 탐관오리를 통쾌하게 물리침으로써 민중들에게 대리만 족을 가져다주는 것이다. 임꺽정, 홍길동, 장길산 등 의적들이 매 시기마다 등장하는 것은 도적을 통해서라도 탐관오리들의 부패상 을 응징하려는 민중들의 열망이 시대를 초월하여 존재하였음을 보 여준다.

짜임새 있게 사회상을 반영하는 소설『홍길동전』의 후반부는 허 구적인 상황이 설정되면서 예리한 사회의식을 조금씩 방기하고 있 는 듯한 느낌이 든다. 상상의 나래를 마음껏 펼칠 수 있는 소설이라 는 공간을 이용하여 작자가 소망했던 바를 파격적으로 실현해 나가 기는 하지만 현실성은 떨어진다. 홍길동이 백룡의 딸을 납치한 요 괴와 싸워 승리한 후 그녀와 결혼한다는 것이라든가, 포도부장을 물리친 후 병조판서를 제수받는 것 , 홍길동이 현재의 유구국 ─ 오 늘날 일본 오키나와 부근 ─ 으로 추정되는 율도국으로 건너가 율도 국 왕을 제압하고 왕이 되는 내용은 동화적 요소가 강해지면서 사 회소설이라는『홍길동전』의 명성(?)을 무색하게 만든다. 왜 하필 홍길동은 가상의 공간인 율도국의 왕이 될 수밖에 없었을까? 결국 홍길동은 현실에서 자신의 꿈을 이루지 못하고 율도국이라는 새로 운 공간, 즉 이상세계에서만 그 꿈을 실현할 수 있음을 강조한 것이 다. 이러한 모습은 신분차별이 엄격한 당시 사회의 높은 벽을 끝내 넘어설 수는 없었던 허균의 모습을 대변한 것은 아닐까?

자유인 허균의 꿈과 좌절

허균은 선조에서 광해군대에 걸쳐 활약한 문장가·사상가·개혁가였다. 한국사에는 수많은 인물이 역사의 무대를 장식하며 명멸해갔지만 허균처럼 극적인 삶을 산 인물도 흔하지는 않다. 허균은 1618년 역적 혐의를 받고 결국 형장의 이슬로 사라졌다. '조선왕조실록'을 비롯한 당대의 자료는 한결같이 허균에 대해 비판적이었다.『광해군일기』에 나오는 광해군 10년(1618) 윤 4월 29일의 평가를 보자.

> 그는 천지간의 한 괴물입니다. … 그 몸뚱이를 수레에 매달아 찢어 죽여도 시원치 않고 그 고기를 찢어 먹어도 분이 풀리지 않을 것입니다.

당시 조선 사회에서 허균이 얼마나 기피인물로 낙인찍혔는가를 여실히 보여주고 있다. 그는 개성이 강하였고, 과격하고 독단적인 성향이 강하였다. 그 스스로도 자신의 이러한 기질을 인정하였다. 허균이 자기 형에게 올린 편지인「가형(家兄)에게 답해 올리는 글」(『성소부부고』)을 보면 그의 자유분방한 기질이 여실히 드러나는 표현들을 쉽게 찾아 볼 수 있다.

> 아우는 본디 성품이 방탕하여 세속에 따르기를 좋아하지 않고 마음이 또한 편협하여 참고 용납하질 못하니, 벼슬하면서 일을 처리할 적에도 간혹 엉성하게 꿰맞추는 실수를 면치 못하고, 일이 글러진 후에야 마음속으로 자책한 적이 자주 있습니다.

그러나 다른 측면에서 보면 자유분방한 그의 기질은 성리학 중심

허균의 저서 『성소부부고(惺所覆瓿藁)』

의 보수적인 사회에서 새로운 변혁을 꿈꾸는 요인이 되었다. 허균이 살았던 16세기말에서 17세기초 조선사회는 보수와 개혁의 갈림길에서 고민하였고, 허균은 이러한 시기를 살면서 개혁의 길을 택한 흔치 않는 인물이었던 것이다.

허균은 1568년(선조 2) 당시의 명문 경상도관찰사 허엽(許曄)의 3남 2녀 중의 막내아들로 외가인 강릉에서 태어났다. 허균이 태어난 곳은 조그마한 야산이 이무기 — 용이 되지 못한 구렁이 — 가 기어가듯 꾸불꾸불한 모양을 이루고 있다고 해서 예로부터 교산(蛟山), 즉 '이무기의 산'이라고 불려왔다. 허균은 자기가 태어난 강릉 외갓집이 있던 자리를 설명하면서, "개울 동쪽의 산줄기는 오대산 북쪽으로부터 용처럼 꿈틀거리면서 내려오다가 바닷가에 와서 사화산의 수(戌)자리가 우뚝 솟았다. 그 아래로 예전에는 큰 바위가 있었고, 개울이 엇갈리는 곳의 밑바닥에 늙은 이무기가 엎드려 있었다"고 하여 자신이 용이 되지 못한 이무기에 비유한 적이 있다.

묘하게도 주인공과 용의 인연은 『홍길동전』에도 나타난다.

> 일일은 승상(홍판서)이 난간에 기대어 잠깐 졸더니, … 문득 청룡이 물결을 헤치고 머리를 들어 고함하니 산학(山壑)이 무너지는 듯하더니, 그 용이 입을 벌리고 기운을 토하여 승상의 입으로 들어오거늘, 깨달으니 평생 대몽(大夢)이라.

허균은 자신의 분신으로 여겼던 홍길동과 용을 연결시킴으로써, 자신은 비록 이무기에 머무를지라도 홍길동만은 소설의 세계에서나마 꿈을 이루는 용이 될 것을 바란 것은 아닐까?

허균에게는 맏형 허성(許筬)과 중형 허봉(許篈)이 있었다. 이들 또한 조정의 명신으로 활약했으며, 성리학과 문장, 외교활동으로 이름이 높았다. 5세 위의 누이 허난설헌은 일곱살부터 시를 훌륭하게 지어 소문이 자자했으며 여자 신동이라고까지 불렸다. 난설헌의 시재(詩才)와 다정다감한 성격은 허균에게도 영향을 주어, 1606년 허균은 명나라 사신 주지번에게 난설헌의 시집을 주었다. 주지번은 난설헌의 시에 감탄하여 본국으로 가져가서는 중국의 역대 시문을 모은 책에 난설헌의 시를 수록하였다. 명문재사(名文才士)의 혈통을 이은 허균은 12세에 아버지를 여의고 편모 밑에서 자라면서 난설헌과 함께 중형의 벗인 이달(李達)의 문하에서 수학하였다. 이달은 최경창·백광훈과 함께 조선중기 삼당시인(三唐詩人)의 한 사람으로 꼽힐 만큼 시재가 뛰어났지만 서얼이라는 신분상의 제약 때문에 자신의 높은 뜻을 펼치지 못하고 있었다. 허균이

『홍길동전』에서 주인공을 서얼로 설정한 것은 좁게 보면 스승의 불행을 몸소 체득한 경험에서 나온 것이었으며, 넓게 보면 당시 조선사회가 안고 있던 사회문제를 과감하게 폭로하기 위한 것이었다. 역모로 삶을 마감으로써 현실 속에서 자유인 허균의 꿈은 사라졌지만, 그의 소설 『홍길동전』을 통해 허균은 영원한 꿈을 이루고 있다.

닫힌 사회에 대한 저항, 허균 그리고 홍길동

허균이 살던 당시 조선사회는 밖으로는 임진왜란으로 민족의 자존심에 깊은 상처를 입고 전란으로 상처를 입었고 안으로는 붕당정치가 격화되어가는 시점이었다. 허균은 「유재론」이나 「호민론」과 같은 글을 통하여 신분이나 배경보다는 능력이 있는 인재의 등용을 줄곧 주장해왔다. 그리고 개혁성향을 지니고 실천하는 인재의 등용만이 내우외환의 위기를 극복하는 길이라고 확신하였다. 그의 이러한 사회개혁 의지는 백성들이 쉽게 접근할 수 있는 소설의 창작으로 나타났다. 그러나 사회개혁을 이루려던 그의 꿈은 '역모'라는 그물망에 허무하게 무너졌다. 자유분방하고 진보적인 그의 사상은 당시에는 '역모를 위한 준비'로 평가절하 되었지만, 사회성 짙은 소설 『홍길동전』으로 부활하면서 그의 사상과 행동에 대한 재평가가 이루어지고 있다.

『홍길동전』은 서얼로 태어나 끝내는 율도국의 왕이 되는 홍길동이라는 인물의 일대기를 통하여, 당시 조선사회를 지배하고 있던 신분차별의 벽을 넘어 보려는 성향을 띠고 있다. 이러한 점에서 사

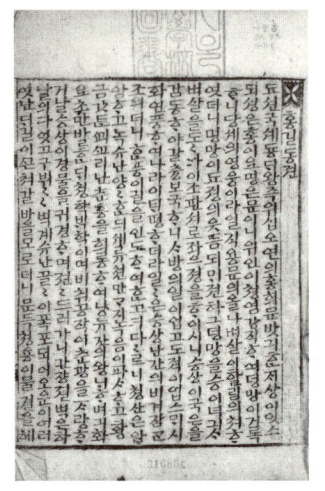

『홍길동전(洪吉童傳)』의 표지와 내용.

회소설이자 영웅소설로 해석된다. 특히 저자 허균이 조선시대에 엄청나게 기피인물이 될 만큼 당시 사회체제를 비판하고 이러한 체제에 대해 적극 저항하는 지식인이었다는 점에서 소설은 보다 대중들에게 어필하고 있다. 작자와 소설 속 주인공의 캐릭터에서는 너무나 유사한 점이 발견되고 있는 것이다. 평소 허균은 서얼의 능력에 대한 신뢰를 보여 주었고, 1613년 칠서지옥과 같은 사건을 직접 경험하면서『홍길동전』의 창작 의욕을 보다 불태운 것으로 여겨진다. 신분차별을 받고 있던 자신들의 울분을 실력으로 극복하고자 했던 서얼들의 집단행동은 자유분방하면서도 개혁성향이 짙었던 그에게 깊은 영향을 주었다. 이제 서얼들은 초능력적인 도술과 검술을 겸

비한 홍길동으로 화려하게 재탄생한 것이다.

　『홍길동전』은 시대를 앞서간 지식인 허균의 모든 고민과 정렬을 쏟아 부은 걸작이었다. 역모로 생을 마감했지만, 그의 작품『홍길동전』이 시대를 뛰어넘어 오늘날까지도 깊은 감동을 주고 있는 것은 사회의 모순에 직접 저항하는 지식인의 책무를 허균 스스로가 보여주었기 때문일 것이다. 허균과 홍길동은 실존인물과 소설 속 인물이라는 차이에도 불구하고, 폐쇄된 사회의 문을 열어보려 한 선구적인 인물로 널리 기억되고 있다.

더 생각해볼 문제들

1. 『홍길동전』의 저자가 허균이 아니라는 견해가 있는 까닭은?

    첫째 허균의 문집에 『홍길동전』이 포함되지 않았다는 점, 둘째 허균이 『홍길동전』의 저자라면 역모죄로 체포되었을 때 불온한 사상을 담은 『홍길동전』이 틀림없이 언급되었을 것이라는 점 등을 들어 허균이 저자가 아니라는 견해가 있다. 그러나 조선중기의 학자인 이식의 『택당집』이나 조선후기의 학자 황윤석의 『이재난고』와 같은 글에 분명 허균이 저자임이 밝혀져 있고 내용 또한 허균의 사상과 일치한다는 점에서 허균을 저자로 보는 데는 무리가 없다고 하겠다.

2. 『홍길동전』은 중국 『수호전』의 영향을 많이 받았는가?

    중국 『수호전』의 경우 다양한 이력을 지닌 108인의 영웅호걸이 등장하지만 『홍길동전』에서는 양반집 서자 홍길동이 사회적 모순 때문에 대도(大盜)가 되는 설정이다. 대도의 연원은 『수호전』보다는 연산군대의 실존도둑 홍길동이나, 허균이 주목한 서얼들의 은상 살해 사건이 『홍길동전』과 보다 긴밀한 연관성이 있다. 설사 『수호전』에 영향을 받았다 하더라도 『홍길동전』은 저자 허균의 사회비판 의식이 창작욕과 맞물려 나온 작품임에 틀림이 없다.

3. 허균은 『홍길동전』 이외에 다른 인물 전기도 썼나요?

    허균의 문집인 『성소부부고』에는 스승 이달(李達)의 전기인 「손곡산인전」을 비롯하여, 「엄처사전」의 엄처사, 「장산인전」의 의인(醫人) 장씨, 「남궁선생전」의 남궁두(南宮斗), 「장생전」의 장생(蔣生)의 전기가 기록되어 있다. 이들은 모두 재능은 있지만 신분이 미천하여 불우한 일생을 살다가 인물이라는 공통점이 나타난다.

추천할 만한 텍스트

『한국문학총서2 - 고전소설』 중 「홍길동전」, 이상택 편, 해냄, 1997.

신병주(漢字名)

서울대학교 규장각 학예연구사.

서울대학교 국사학과를 졸업하고 동 대학원에서 석사 및 박사 학위를 취득했다. 서울대·건국대·국민대·가톨릭대·서울여대 등에서 조선 시대 지성사, 조선 후기 사회와 실학, 한국사를 이끈 지성들 등 조선 시대 사상과 문화에 대한 내용을 주로 강의하고 있다. 역사의 대중화에 깊은 관심을 가져 KBS의 '역사추리', 'TV 조선왕조 실록', '역사 스페셜', 『불멸의 이순신』 자문을 맡았으며, 현재 KBS의 'HD 역사스페셜', EBS의 어린이 역사드라마의 자문을 맡고 있다. 남명학연구원 상임연구위원, 외교통상부 외규장각도서 자문포럼위원으로 활동 중이다.

저서로는 『남명학파와 화담학파 연구』, 『66세의 영조, 15세 신부를 맞이하다』, 『하룻밤에 읽는 조선사』, 『고전소설 속 역사여행』, 『조선왕실 기록문화의 꽃 의궤』, 『조선 최고의 명저들』, 『조선시대사람들은 어떻게 살았을까(공저)』, 『모반의 역사(공저)』 등이 있다. 최근에는 규장각에 소장 된 방대한 자료를 바탕으로 선조들의 투철한 기록정신과 품격 있는 문화를 연구하는데 역량을 집중하고 있다.

주부 대로 왈,
"죄목이 열 가지니 자세히 들으라.
네놈이 천상에 익성으로 명국에 적강하여 용맹이 절인함에 도사를
데려다가 놓고 항상 천자를 도모코자 하니 만고에 큰 죄 하나요,
조정에 직신을 꺼려 무죄한 신하를 무함하여 나를 연경에 보내니 죄 둘이요,
도사 놈의 말을 듣고 신기한 영웅이 황성에 있다 함에 내 자식을 죽이려고
내 집에 불을 놓았다가, 살아 회수에 당함에 군사를 보내어
나의 자식을 결박하여 물 속에 던져 죽이려 한 것이 죄 셋이요,
… 천자를 번수 가에 죽이려 함이 죄 열 가지라."

『유충렬전』과 방각소설

『유충렬전』은 작자미상의 작품으로, 전주 지역에서만 출판되었던 방각소설이다. 소설의 출판은 주로 방각본(坊刻本)의 형태로 이루어지는데, 경판본과 안성판본 그리고 완판본으로 분류된다. 현재 남아있는 자료를 중심으로 이들 방각본 소설을 살펴보면 경판본으로 50여 종의 소설이 출판되었고, 안성판본과 완판본으로 각각 10여 종의 소설이 출판되었다.

방각본 출판을 담당했던 사람들을 방각업자라고 하는데, 이들은 소설을 간행함에 있어서도 경제적 이득을 취할 수 있는 작품을 위주로 선정하였다. 따라서 방각소설은 이미 널리 알려진 필사본 소설 가운데 독자의 수요가 많은 작품이거나, 방각본으로 간행하였을 때 독자층의 폭발적인 수요가 예상되는 작품을 대상으로 했다. 여기에 소개하는 『유충렬전』은 완판본으로만 여러 차례 간행된 작품으로, 상권이 39장, 하권이 47장으로 된 상하 86장본 『유충렬전』이다.

03

독자들, 영원한 승리를 꿈꾸다
『유충렬전(劉忠烈傳)』

이창헌 | 명지대학교 국어국문학과 교수

완판 『유충렬전』

전주 지역에서 방각본(坊刻本)이라는 형식의 책으로 소설 『유충렬전(劉忠烈傳)』이 간행되었다. 이 표현에 드러나는 전주 지역, 방각본이라는 형식의 책 그리고 소설 『유충렬전』은 각각 무엇을 뜻하는 것일까?

먼저 전주 지역에서 『유충렬전』을 소설책으로 출판하였다는 점을 살펴보자. 지금까지 확인되는, 국문으로 된 소설책을 출판한 지역은 서울, 안성, 전주 지역뿐이다. 서울 지역에서 출판한 소설책을 경판(京板) 또는 경판본(京板本)이라고 부르며, 안성 지역에서 출판한 소설책을 안성판(安城板) 또는 안성판본(安城板本)이라고 부른다. 그러나 전주 지역에서 출판한 소설책은 전주판(全州板)이나

『유충렬전』의 표지와 내용.

전주판본(全州板本)으로 부르지 아니하고 통상 완판(完板) 또는 완판본(完板本)이라고 부른다. 이는 풍패지향(豊沛之鄕)이라고도 불리던 전주의 옛 지명이 완산주(完山州)이기에 그러하다.

   소설책을 출판한 이들 지역은 몇몇 공통점을 가지고 있다. 소설책을 구매할 소비자 집단의 요구, 곧 민간의 수요와 가까이 위치하고 있다는 점, 종이를 비교적 쉽게 구할 수 있는 위치라는 점, 출판업을 영위하는 데 필요한 장인층이 상존하는 곳이라는 점이다. 전주 지역에는 농업 생산력의 증가에 따라 경제적으로 성장한 농민층의 구매력이 집중되어 있었고, 양질의 한지를 쉽게 구할 수 있었을 뿐 아니라, 각수(刻手)나 인출장(印出匠) 등과 같은 인쇄업에 종사한 장인이 많았다.

방각본 『유충렬전』

다음은 방각본 형식의 소설책으로 『유충렬전』을 출판하였다는 점이다. 방각본이 나오게 된 까닭은 민간에 공급되는 서책이 충분하지 못하였기 때문이다. 조선시대 책의 출판과 보급을 주로 담당하는 기관으로 교서관(校書館), 내각(內閣), 주자소(鑄字所), 지방의 감영(監營) 등을 들 수 있다. 이를 통하여 경서류와 개인 문집 등을 활자나 목판으로 인출하여 필요한 사람에게 공급하였으나 이는 관(官) 주도의, 공급자 중심의 서책 보급이지 수요자 중심의 서책 보급은 아니었다. 어찌되었건 이것만으로 민간의 서책 수요를 감당하기에는 항상 부족한 형편이었다. 물론 서원(書院)이나 사찰(寺刹)에서도 필요한 경전이나 문집을 간행하였지만 이러한 부족분을 모두 감당하기는 어려웠다. 이들은 모두 목판이나 활자로 인쇄한 서책으로 간본(刊本) 또는 간인본(刊印本)이라고 한다.

인쇄한 책으로 모든 수요를 감당하기 어렵기에 이의 부족분을 보완하는 방법 중의 하나가 붓으로 책의 내용을 옮겨 적는 것이다. 이를 사본(寫本) 또는 필사본(筆寫本)이라고 하며, 옮겨 적는 과정에 의식적·무의식적 오류가 발생하는 치명적인 약점을 지니고 있다. 필사는 간본의 출현 이전에 서책을 제작하는 기본 방식이었다.

관찬서(官撰書)의 경우 500부 이상 인쇄된 서책도 있으나, 전체적으로 보면 200부 이상 인쇄된 서책도 드물었다. 대개는 20부 내지 50부 정도를 출판하는 정도였고 그렇기 때문에 관(官)에서 민간의 서책 수요를 충분히 감당하지는 못했다. 따라서 간본(刊本)에 의한 서책의 보급이 있었음에도 대부분의 서책은 사본(寫本)에 의

하여 그 수요를 감당할 수밖에 없었다.

이러한 사정 때문에, 적절한 시기에 필요한 수요만큼의 서책을 공급하기 위하여 모색된 출판 방식이 방각본 출판이었다. 방(坊)이라는 것은 일반인들이 거주하는 성내(城內)의 지역을 구분하는 행정구역 명칭의 하나로, 방각(坊刻)이란 일반인들이 거주하는 지역 곧 방(坊)에서 판목을 새겨 간행한다는 의미를 지닌다. 방각본이란 결국 일반인들의 필요에 따라 서책을 공급하는 방안을 강구하는 가운데 나온 독특한 출판 방식이며, 이는 결국 시장에서의 판매를 목적으로 한 상품으로서의 서책이라는 특징을 갖는다. 방각본의 출판은 주로 실용서를 중심으로 이루어졌으나, 소설에 대한 수요가 증대하자 소설도 방각본 출판의 대상이 된 것이다.

소설에 대한 부정적 태도가 보편적이었다는 점에서, 관(官)에서 소설책을 출판하여 민(民)에 보급한다는 것은 현실적으로 불가능한 일이었다. 따라서 초기의 소설책 공급은 사본, 곧 필사본을 중심으로 이루어졌다. 그러나 이것만으로는 폭증하는 독자층의 수요를 감당하기 어려운 소설들이 있었고 이 소설들은 마침내 방각본으로 출판되기에 이르렀다. 방각본으로 출판된 소설은 그만큼 수요가 많은 소설이었다는 점에 주목할 필요가 있다. 그리고 방각본으로 책을 출판하기 위해서는 판목 제작의 부담, 적절한 판매 가격의 유지 등등의 이유로 기존의 필사본을 심하게 축약하는 것이 보통이었다. 그럼에도 작품을 이해하는 데 큰 어려움이 없었던 것은, 사건의 서사적 전개가 비교적 단순한 소설들을 선택했기 때문이다. 즉, 방각본으로 출판된 소설은 방각업자가 나름대로의 기준에 따라 선정한 것이며, 그 기준은 "사건을 어떻게 서술하고 있는지"에 중심을 두기보다는 "어떤 사건을 서술하고 있는지"에 중심을 두었던 것이라 하겠다.

방각본 소설의 출현은 곧 서민문화의 팽창이라는 문화적 현상이다. 방각본의 출현 자체가 일부 계층의 향유물로만 여겨지고 있던 서책의 대중화에 기여한 것이라면, 방각본 소설의 출현은 문학적 활동이 궁극적으로 대중화한 것을 말한다.

독자들, 영달을 꿈꾸다

소설『유충렬전』은 다른 지역이 아닌 전주 지역에서만, 곧 완판본으로만 거듭 출판된 소설이다. 이는 『유충렬전』의 특성과 밀접한 관련을 지니고 있기에 먼저 그 내용을 간략하게나마 살펴보기로 한다.

천상 자미원(紫微垣)의 대장성(大將星)은 익성(翼星)과 서로 대전하다가 상제께 죄를 지어 인간세상으로 내쳐진다. 이 무렵 송나라에 살고 있던 유심은 명문대가의 후손으로 늦도록 자식이 없어 치성을 올리곤 하였다. 그리하여 자미원 대장성은 유심의 아들, 곧 유충렬로 탄생한다. 한편 익성 또한 정한담이라는 인물로 인간 세상에 태어난다.

정한담은 권세를 한 몸에 지니고 암암리에 천자의 지위를 노린다. 유충렬은 비록 뛰어난 능력을 가졌지만, 정한담에 의해 아버지 유심이 유배를 당한 후에는, 거듭된 고난에 처한다. 유심을 유배 보낸 후 정한담은, 사람을 시켜 충렬의 집에 불을 지르기도 하고 아비 유심을 찾아가는 충렬을 '회수'라는 강가에서 수장시키려고 하는 등 거듭 충렬을 죽이려고 한다. 이러한 고난 속에서 충렬은 어머니마저 잃고 자살을 하려다가, 아버지 유심의 옛 친구인 전임 승상 강희주에 의하여 구출된다. 충렬의 뛰어난 능력을 알고 있는 강희주는 자기 딸 강소저가 출생할 때의 태몽을 생각하여 충렬을 사위로 맞이한다. 이후 충렬의 나이 15세 되는 해, 강희주는 유심의 일로 상소를 했다가 역시 정한담에 의해 유배를 당하고, 그의 가족은 노비가 된다. 이 일로 충렬은 다시 혼자가 되어 모든 것을 포기하고 중이 되려다가 우연히 백룡사로 가서 병술을 연마하게 된다.

이때 남쪽의 흉노(匈奴)와 서쪽의 선우(單于)가 북쪽 오랑캐들과 함께 반란을 일으키자, 정한담은 이를 자신이 천자가 될 수 있는 좋은 기회로 삼고자 한다. 그는 이들을 정벌하는 체하다가 오히려 내통하고는 천자를 위협한다. 천자는 있는 힘을 다해 막아보지만 역부족이었다. 백룡사에서 병술을 연마하던 충렬은 어느 날 천기(天氣)를 살펴보다가 난리가 났음을 알고서 어머니가 주신 옥함을 열었는데, 그 속에서 병기와 용마가 나온다. 그는 무장을 한 채 용마를 타고 나는 듯이 천자를 구하러 가서는 마침 한담에게 항복하려고 나오는 천자를 구한다. 그리하여 정한담과 유충렬은 대결을 벌이게 된다. 싸움마다 계속 패한 정한담은 유충렬의 부친인 유심을 잡아다가 회유하기도 하고, 유심의 거짓 편지를 써서 충렬을 유인하기도 하지만 모든 계책이 실패하고 만다. 마침내 도망하여 남만(南蠻), 가달 등에게 구원병을 요청하는 등 적극적으로 대항하지만 끝내 패하여 사로잡힌다. 정한담을 잔인하게 죽인 유충렬은 호왕(胡王)에게 잡혀간 황후 등을 구하고 돌아오는 길에 가족들을 모

「마술도(馬術圖)」, 중국 청나라시대의 궁중 풍경(남세령 작).

두 찾아서 영화로운 삶을 산다 — 구활자본에는 백세 되는 해에 하늘로 승천하였다고 서술되어 있다.

주인공 유충렬은 몰락하여 거지처럼 떠돌다가 결국에는 영달하는 모습을 보인다. 이는 이 소설책을 읽던 이들의 꿈, 곧 독자들의 꿈을 반영한 것이다. 왜냐하면 소설 속의 주인공은 항상 소설을 읽던 집단 곧 독자들의 소망을 표상하는 인물이기 때문이다.

먼저 유심을 보기로 하자. 모든 사람들이 부러워할 정도로 부귀를 누리고 있는 유심에게도 슬픔은 있었다. 이 슬픔은 자식이 없기 때문에 생긴 것으로, 선영에 제사할 때마다 항상 극에 이른다.

> 인간 부귀는 만민이 칭송하되 다만 슬하에 일점혈육이 없이 매일로 한탄하여 일년일도(一年一到)에 선영에 제사 당하면 홀로 앉아 우는 말이, "슬프다 나의 몸이 무슨 죄 있어 국녹을 먹거니와 자식이 없으니 세상이 좋다한들 좋은 줄 어찌 알며 부귀가 영화롭되 영화된 줄 어찌 알리. 나 죽어 청산에 묻힌 백골 뉘라서 거두오며 선영향화를 뉘라서 주장하리." 하염없는 눈물이 옷깃을 적시는지라.

이렇게 서러움 속에서 지내던 유심은, 남쪽 형산(衡山)에 가서 아들을 낳게 해달라고 치성을 드리자는 부인 장씨의 거듭된 권유에 따라 치성을 드리고 결국 소원을 이룬다. 아들 유충렬의 탄생으로 인하여 유심은 "세상이 좋다 한들 좋은 줄 어찌 알며 부귀가 영화롭되 영화된 줄 어찌 알리"라는 탄식으로부터 벗어나게 된다. 그러나 "오호라 시운이 불행하고 조물이 시기했는지 유주부(劉注簿) 세대 부귀 지극하더니 사람이 홍진비래(興盡悲來)가 미쳤으니 어찌 피할 가망이 있을쏘냐"라는 서술자의 설명처럼 홍진비래는 피할 수 없는 삶의 또 다른 모습으로 다가온다.

우리 편은 누구인가?

정한담과 유심 사이에 나타나는 대결의 근저에는 천자와 정한담이 지향하는 바가 동일하다는 상황이 존재한다.

영종황제 즉위 초에 열국제왕들이 각각 사신을 보내 조공을 바치되 오직 토번(吐蕃)과 가달이 강포(强暴)만 믿고 천자를 능멸히 하야 조공을 바치지 아니하거늘 한담과 (최)일귀 두 사람이 이 때를 타서 천자께 여쭈오대, "폐하 즉위하신 후에 덕피만민(德被萬民) — 은덕이 모든 백성에게 베풀어진다는 뜻 — 하고 위진사해(威振四海)하며 열국제신이 다 조공을 바치되 오직 토번과 가달이 강포만 믿고 천명을 거슬이니 신등이 비록 재주 없어오나 남적을 항복 받아 충신으로 돌아오면 폐하의 위엄이 남방에 가득하고 소신의 공명은 후세에 전하리니 복원(伏願) 황상은 깊이 생각하옵소서." 천자 매일 남적이 강성함을 근심하더니 이 말을 듣고 대희 왈, "경의 마음대로 기병하라" 하시니라.

천자에게 있어서는 '폐하의 위엄', 정한담에게 있어서는 '소신의 공명'이라는 각각의 지향점을 획득하는 방편으로 남적(南賊)을 쳐서 항복받고자 한다는 점에서 천자와 정한담의 이해는 일치한다. 이미 천자와 남적은 서로 대립하고 있으며, 천자의 입장에서 적(敵)인 남적을 치겠다는 정한담은 적의 적이라는 점에서 천자와 같은 편이 되는 것이다. 반면에 남적과의 전쟁을 반대하는 주부(注簿) 유심은 곧 천자와 정한담의 적이 된다. 결국 남적과 유심은 같은 편이라는 인식 때문에, "유심을 선참(先斬)하고 가달을 치자"는 정한담의 견해에 천자도 뜻을 함께 하게 된다. 이에 따라 '천자:남적::정한담:유심'이라는 상응관계가 드러난다. 그러나 공신의 후예인 유심을 "죄목대로 다 못하오나 정배(定配)나 하사이다"라는 의

견을 한림학사 왕공열이 내고, 정한담이 이에 동의하게 됨에 따라서 왕공열은 중립자적인 성격을 갖는다.

정배(定配) 도중 '회사정'이라는 곳에 이르러 유심은 글을 남기고 물에 빠져 죽으려 한다. 그러자 유심을 호송하던 사신은 온갖 이유를 끌어다대면서 "천행으로 천자 감심하사 쉬이 방송(放送)할 줄 모르고, 죽어서 충혼이 될지라도 삶만 같을소냐, 한사하고 말류하야" 유심과 함께 적소에 이르게 된다. "죽어 충혼되기"보다는 '살아남기'의 중요성이 부각되는 장면이다. 이는, 살아 있다는 것 자체를 긍정하고자 하는 독자들의 가치관, 즉 명분에 얽매이지 않고 현실에 충실하고자 하는 독자들의 의지를 반영한 것이다.

문화적 소비재로서 『유충렬전』

부친인 유심의 몰락 때문에 유충렬도 몰락을 시작한다. 다양한 형태로 몰락에 몰락을 거듭하던 유충렬은 마침내 현실 세계를 떠나 "삭발위승하여 훗길이나 닦으리라"는 인식에 이르게 된다.

> 이 때에 유생이 강승상의 집을 떠나서 서천을 바라보고 정처없이 가며 신세를 생각하니 속절없고 하릴없다. 이제는 무가내하(無可奈何) — 어찌할 도리가 없다는 뜻 —로다. 산중에 들어가 삭발위승(削髮僞僧)하여 훗길이나 닦으리라 하고 청산을 바라고 종일토록 가더니 한 곳에 다다르니….

그러나 공을 세운 후 원수가 된 유충렬은, "원수로 남평 여원 양국(兩國) 옥쇄를 주어 남만 오국을 차지하여 녹을 부쳤으되 대사마 대장군 겸 승상 인수를 주어 국중만사를 모두 다 맡겨 슬하에 떠나지 못하게"되는 높은 지위에 이르게 된다. 거지처럼 유랑하다가 머리털을 깎고 중이 되어 이 세상을 버리고 내세를 기약하려 했던 그가 '대사마 대장군 겸 승상'이라는 현세적 영달을 이룬다는 비현실적 설정은, 이러한 영달을 꿈꾸는 독자들의 꿈을 반영하는 것이며, 이러한 점에서 문학의 기능 중 하나인 위안으로서의 문학이라는 이해가 가능하다.

 그러나 유충렬의 좌절과 몰락은 여타의 창작군담소설(創作軍談小說)에 등장하는 주인공과는 분명 다른 모습을 보인다. 창작군담소설에 나타나는 주인공의 몰락 양상을 표면적 신분에 따라 살펴보면, 광대의 무리에 참예하는 장풍운이 보여주는 하층생활 체험이나 고공(雇工)살이하는 노비와 유사한 단계로까지 몰락하는 소대성의 하층생활 체험과는 달리, 유충렬의 하층생활 체험은 전혀 나타나지 않는다. 장풍운이나 소대성의 하층생활 체험은, 정적(政敵)으로부터의 위협에서 야기된 것이지만, 실상은 특권으로부터 배제된 하층민의 유랑생활을 적극적으로 드러낸 것이다.

 그렇다면 이처럼 하층생활의 체험이 나타나지 않는『유충렬전』이 어떻게 해서 독자들과 공감대를 형성할 수 있었는가? 이 문제는 작품의 진정성보다는, 선명한 대결 구도에 입각한 게임의 법칙이 지니는 흥미적 요소, 곧 오락성에서 그 답을 찾아야 한다.『유충렬전』의 경우 하층생활 체험이 결여되어 있다. 그 때문에 이 작품은 심각한 신분적 몰락을 경험하지 않은 계층에 의한 창작물로 보고

「순무영진도(巡撫營陣圖)」. 홍경래난을 진압하기 위해 파견된 순무영군의 행렬(규장각 소장).

그 향유층 문제를 논하기도 한다. 그러나 이보다는 이러한 진정성을 대신하는 게임의 법칙에 충실하여 오락성을 극대화시킬 수 있는 문화적 소비재로서 소설『유충렬전』이라는 이해가 더 바람직한 것으로 보인다.

내 편인가, 아니면 적인가?
유심이 선택한 '살아남기'의 힘은 정한담의 변심에 의해 그 중요성이 더욱 커진다. '폐하의 위엄'과 '소신의 공명'이라는 각각의 지향점을 획득하는 방편으로 남적을 쳐 항복받고자 하였던 정한담은, 거병 이후에 적에게 "지기(知己)하는 인군을 못 만나 항시 앙앙(怏怏)한 마음이 있는지라, 대장부 세상에 나서 어찌 남의 신하 오래 되리요"라는 내용의 항서를 보내 항복함으로써, 천자와의 관계에 있어서 변화가 생긴다. 정한담이 언급하였던 '소신의 공명'이라는 자리를 대신한 것이 대장부로 세상에 태어나서 어찌 남의 신하로만 지낼 수 있겠는가라는 의식이다. 정한담의 항복으로 인해, 천자와 대응 관계에 있던 남적, 곧 남진군(南陣軍)의 지향점과 정한담의 지향점은 일치하게 된다. 이에 따라 '천자:남적::정한담:유심'이라는 관계는 변화를 가져와 '천자:남적::∅:정한담'이라는 상응관계를 형성한다. 일견 정한담의 지향점이 바뀌게 됨에 따라서 유심의 지향점도 바뀌는 것이 지극히 당연하지만, 이미 유심은 정배 상태에 있기 때문에 그 자리를 차지하지 못하고, 유심이 위치해야 할 자리는 여백 곧 ∅로 남게 된다.

그리고 이 여백 곧 ∅를 채우는 역할을 유심의 아들 유충렬이 담당한다. 유충렬은 위기에 처한 천자 앞에 나타나 ∅를 채울 것인지, 말 것인지의 갈등을 드러낸다.

> "소장은 동성문내 거(居)하던 정언주부(正言注簿) 유심의 아들 충렬이옵더니 주류개걸(周流丐乞)하여 만리 밖에 있압다가 아비 원수 갚으려고 여기 잠간 왔압거니와 폐하 정한담에게 곤핍하심은 몽중(夢中)이로소이다. 전일에 정한담을 충신이라 하시더니 충신도 역적 되나이까? 그 놈의 말을 듣고 충신을 원찬(遠竄)하여 다 죽이고 이런

환을 만나시니 천지 아득하고 일월이 무광하옵니다."

유충렬은 위기에 처한 천자를 구출하러 와서도, 자신의 부친 유심을 유배한 천자의 행위를 "충신도 역적 되나이까?" 하면서 비난하고 있을 뿐, 그 여백 곧 Ø를 담당하겠다는 적극적인 의지를 보이지 않고 있다. 결국 태자가 달려 나와 "충신이 다 죽기는 막비천운(莫非天運)이라"며 유충렬의 진충갈력(盡忠竭力)을 청하기에 유충렬은 태자에 대한 기대감으로 천자를 돕는 것으로 그려지고 있다. 이에 이르러 '천자:남적::Ø:정한담'이라는 관계가 '천자:남적::유충렬:정한담'이라는 상응관계로 드러나게 된다.

천자를 비난하는 유충렬의 태도 속에는 충(忠)과 효(孝)사이의 갈등이 노출되고, 아울러 명분론적인 충(忠)의 의미가 격감되어 나타난다. 비록 정적인 정한담의 모함에 의한 것이기는 하지만 천자가 그것을 제대로 분간 못하고 부친을 유배 보낸 것으로 인식하기 때문에, 유충렬의 눈에 천자는 무능하고 어질지 못한 인물로 보인다. 그 결과 유충렬은 무조건적이고 명분론적인 충(忠)을 수행하는 일에 항상 망설이는 모습을 보인다. 그러나 유충렬은 태자의 말을 듣고서야 비로소 천자에게 사죄하며 천자를 돕겠다는 의지를 표한다.

정한담이라는 정적과 유충렬의 대결을 설정함에 따라, 비로소 대결은 나름의 긴밀성을 갖게 된다. 이전의 천상적 대결의 연장으로서 운명적 대결, 또는 부친 유심과 정한담 사이에 나타난 대결의 연장으로서 효에 근거한 대리적 대결 등등은 유충렬 자신의 필요에 의하여 설정된 대결이 아니기에 항상 피상적인 성격을 지니고 있다. 이에 따라 작품의 서술자가 전면에 내세우고 있는 충(忠)이라는 개념은 결국 주인공의 의지와는 무관한 추상적인 개념으로만 존재할 뿐이다.

이에 따라 이후의 유충렬과 정한담의 대결은 진정성을 상실한 채 진행되는 것으로 오직 절대선과 절대악의 대결이라는 게임의 법칙에 따른 순차적 진행에 불과할 뿐이며, 이 게임의 법칙은 창작군담소설인 『유충렬전』이 문화적 상품, 즉 일종의 오락적 소비재로 제작된 소설이라는 것을 보여주는 것이다.

징악(懲惡)과 보상(報償)의 철저함

따라서 정한담은 생래적 악인으로 치부될 수 있으며, "일생 마음이 천자를 도모코자 하되 다만 정언 주부의 직간을 꺼려하고 또 퇴재상 강희주의 상소를 꺼려 중지한 지 오래더니"라는 표현은 이러한 정한담의 모습을 잘 보여주는 것이다. 진남관 수문장의 장계를 통하여 남적 등의 침입을 알게 되었을 때, 정한담과 최일귀는 이 말을 듣고 크게 기뻐하여 급히 별당에 들어가 도사를 보고 밖에 도적이 일어났단 말을 하고 대사(大事)를 물으니, 도사 문에 나서 천기를 살핀 후에, "시재시재(時哉時哉) ― 마침내 때가 왔다는 뜻 ― 로다. 신기한 영웅이 황성에 있는가 하였더니 이제 죽었으며, 때 맞춰 도적이 일어났으니 이는 그대 천자할 수라. 급격물실(急擊勿失)하라" 하니 한담이 크게 기뻐하는 것으로 나타난다.

악인에 대한 징치는 게임의 법칙에 따라 기계적으로 진행된다. 비록 선인(善人)이 위기에 처하는 경우가 종종 있음에도 불구하고,

궁극적으로는 악인의 패배와 선인의 승리라는 게임의 법칙, 곧 오락적 소비재가 기본적으로 갖추어야 할 소설의 문법을 충실히 따르게 된다. 이 점 때문에 독자 역시 조금의 망설임도 없이 작품 속에 제시된 선악 관계를 묵수하고 이를 그대로 받아들이게 된다.

따라서 절대적 악인에 대한 징벌의 양상이 우리의 보편적 의식과는 동떨어진 모습으로 나타나는 것도 결코 이상한 것이 아니다. 우리의 보편적 의식과는 거리가 있는 철저한 복수의 양상은 다음과 같이 나타난다.

> 성중, 성외 백성들이 한담 죽이러 간단 말을 듣고 남녀노소 상하 없이 그 놈의 간을 내여 먹고져 하여 동편 사람은 서편을 부르고 … 수레소를 재촉하여 사지(四肢)를 나눠 놓으니 장안 만민들이 벌떼같이 달려들어 점점이 오려 놓고 간도 내어 씹어 보고 살도 베어 먹어 보며 유원수의 높은 덕을 뉘 아니 칭송하리.

선과 악에 대한 절대적 믿음이 있기에, 철저한 징악과 짝을 이루어 또한 철저한 보상이 있어야 하는 것이 소설의 법칙이다. 따라서 악인에 대한 철저한 징악이 이루어지고 있는 것처럼, 선인에 대한 철저한 보상 또한 나타나야만 한다. 이는 선과 악의 대결이 게임의 법칙에 의해 진행되는 것처럼 이에 대한 징악과 보상 역시 이에 따라 진행되는 것을 보여준다. 가령 남국에 간 강승상을 부모같이 섬기던 조낭자를 남평왕의 우부인으로 삼는 것에 그치는 것이 아니라, 그 오라비를 총융대장으로 삼는 것에서 이를 잘 볼 수 있다.

'살아남기'의 힘

'죽어 충혼되기'보다는 '살아남기'의 중요성을 받아들인 유심은 결국 홍진비래(興盡悲來)하였던 것처럼 고진감래(苦盡甘來)라는 경험을 하게 된다. 이와 같은 '살아남기'의 중요성은 모친이 죽은 줄 알고 회수에서 제사를 지내는 유충렬의 제문을 통하여 극명하게 나타난다.

> 유세차 부경 십칠년 갑자 이월 갑인삭 이십팔일 신사에 남경 동성문 내서 사는 불효자 충렬은 모친 장씨전에 예를 갖추어 지전(紙錢)으로 해상고혼(海上孤魂)을 위로하오니 혼백이나 받으소서. 오호라! 우리 부모 연광(年光)이 반이 넘어 일점혈육이 없었기로 복중(腹中)에 서룬 마음 남악산에 정성드려 천행으로 충렬을 낳아 놓고 애지중지 키워 내여 영화를 보렸더니 간신의 해를 보아 부친이 만리 연경(燕境)에 간 후에 모친만 모시고 있다가 피화하여 이 물가에 다달으니 난데없는 해상수적 사면으로 달려들어 우리 모친 결박하여 풍낭중에 내쳐 놓으니 모친님은 간 데 없고 천행으로 충렬이만 살아나서 모친 주시던 옥함을 얻어 전장기계 갖추어서 도적을 함몰하고 정한담과 최일귀를 베인 후에 천자를 구완하고 만리 연경에 적거하신 부친님을 모셔다가 천은을 입어 연왕이 되어 만종녹(萬鍾祿)을 받게 하고 남적을 소멸한 후에 강승상을 살려내어 이 길로 오옵더니 모친을 생각하여 이곳에 왔아오나 모친은 어디 가고 충렬을 모르는가.

"모친은 어디 가고 충열을 모르는가"라는 유충렬의 발언은, 결국

'살아남기'에 성공한 사람들은 고진감래의 감격을 누리고 있음에 비하여, '죽어 열녀 되기'의 길을 간 모친은 이러한 감격을 누리지 못하고 있음을 더욱 슬퍼하는 것이다. 그러나 모친 장씨 역시 '살아남기'에 성공한 결과, 정열부인 겸 동궁야후(東宮耶后) 연국왕후의 직첩을 받게 되어, 고진감래의 감격을 누리게 된다. 이러한 '살아남기'의 과정이 있기에 해체되었던 가족 관계를 회복한 가족 구성원들은 모두 행복한 결말을 맞이한다.

반면에 '살아남기'에 실패한 자들은 모두 악인의 부류에 속하는 것으로 나타난다. 악인에 대한 철저한 징치는 이들을 모두 죽음에 이르게 한다. 정한담이 죽고, 최일귀가 죽고, 마철 삼형제가 죽고 옥관도사 등등이 죽는다. '살아남기'에 실패한 이들은 모두 패자이고 '살아남기'에 성공한 이들은 모두 승자인 것이다.

여기에서 '살아남기'의 힘이 나타난다. 어떠한 고난과 역경 속에서도 이를 극복하고 살아남는 것이 승자가 되기 위한 필요조건이라는 것이다. 그리고 이는 곧 살아 있다는 것 자체를 긍정하고자 하는 독자들의 가치관을 반영한 것이다.

더 생각해볼 문제들

1. 유심의 부인인 장씨, 곧 유충렬의 모친이 보여준 삶의 모습을 순차적으로 재구성하여 보자.

    유심의 삶, 유충렬의 삶은 모두 남성의 삶이라는 모습을 보여준다. 그 삶의 모습은 좌절과 역경을 투쟁으로써 극복하는 양상으로 나타나며, 투쟁의 양상은 유충렬의 삶에서 극대화된다. 반면에 모친 장씨의 삶은 여성의 삶, 즉 수난이라는 단어로 집약된다. 또한 유충렬의 부인인 강낭자의 삶 역시 수난이라는 단어로 집약된다. 이들은 수난의 원인을 적극적으로 극복한다기보다는 타인 — 타인은 주로 자식이나 배우자로 나타난다 — 의 도움을 받아 극복한다. 이러한 양상은 이미 신화에서부터 나타나는데, 단군의 어머니인 웅녀, 주몽의 어머니인 유화가 그러하였던 것이다.

2. 『유충렬전』의 이본으로는 어떤 것들이 남아 있나 정리하여 보자.

    이본은 궁극적으로 각각의 개별 텍스트를 말한다. 『유충렬전』의 경우, 대부분의 이본이 국문본이지만 한문본도 있다. 이 한문본은 필사본으로, 이를 통하여 한문을 해독하는 계층도 『유충렬전』을 읽었다는 점에 주목할 필요가 있다. 국문본으로는 필사본과 방각본, 활판본이 있는데, 그 중 필사본은 그 수가 매우 많아 일일이 예거할 수 없을 정도다. 필사본은 제명도 매우 다양하게 나타나는데, '유츙열젼', '劉忠烈傳', '유충렬', '忠烈傳' 등등이다. 특히 필사본에는 가사체로 기록된 『유충렬전』도 있다는 점을 염두에 두어야 할 것이다. 방각본은 모두 완판본으로 5종의 판목이 있는 것으로 조사되었으며, 상권 39장, 하권 47장으로 상하 86장본이 기본적인 형태다. 활판본, 곧 구활자본은 다수의 출판사에서 간행하였는데 덕흥서림, 광동서국, 회동서관, 대창서원, 박문서관, 경성서적업조합, 광한서림, 삼문사, 태화서관, 이문당, 세창서관, 대조사, 동미서시, 보급서관, 신구서림, 유일서관, 재전당서관 등 고전소설을 출판한 출판사는 대부분 『유충렬전』을 출판했던 것으로 보인다.

3. 방각본으로 간행한 서책의 목록을 작성하여 보자.

　　방각본으로 간행한 서책은 소설만이 아니다. 오히려 소설은 방각본 전체의 역사에서 보면 비교적 뒤늦은 시기에 출판된 서책으로 보인다. 방각본으로 간행된 서책은 주로 계몽을 위한 교육용 기초서적인『천자문(千字文)』,『동몽선습(童蒙先習)』,『명심보감초(明心寶鑑抄)』,『고문진보(古文眞寶)』등의 아동용 교과서류, 옥편(玉篇)이나 운서(韻書)와 같은 자전류, 사서삼경 등 유학서,『사요취선』,『사략』,『통감절요』와 같은 역사서, 서간이나 투식 또는 관혼상제 등과 관련된 생활참고서류(간독정요, 사례편람, 가례, 간례휘찬, 유서필지 등)가 대부분을 차지하고 있으며, 종종 의서류인『방약합편』,『일용방』등도 보인다. 이는 결국 방각본 서책들이 주로 서민들의 요구에 부응하여 간행된 서책임을 보여준다.

추천할 만한 텍스트

『유충렬전』, 서대석, 형설출판사, 1977.

『유충렬전 / 최고운전』, 최삼룡·이월영·이상구 역주, 고려대학교 민족문화연구소, 1996.

이창헌(李昶憲)

명지대학교 국어국문학과 교수.

서울대학교 국어국문학과를 졸업하고 동 대학원에서 박사 학위를 취득했다. 인제대학교 국어국문학과 교수를 역임했으며 한국 고전산문을 주로 공부하고 있다. 특히 이야기책이라 부르던 소설책의 생산과 유통 그리고 소비와 관련된 제반 사항을 중점적으로 정리하고 있다.

저서로는 『경판방각소설 판본 연구』, 『이야기 책 이야기』, 『경판방각소설 춘향전과 필사본 남원고사의 독자층에 대한 연구』, 『이야기 문학 연구』 등이 있고, 논문으로는 「경판방각소설의 상업적 성격과 이본 출현에 대한 연구」, 「혼사장애의 측면에서 본 고전소설의 도입부와 결말부」, 「한남서림 간행 경판방각소설 연구」, 「안성지역의 소설 방각활동 연구」 등이 있다.

북쪽을 바라보니 평평한 들과 무너진 언덕에 석양이 시들은 풀에 비추는 곳은
진시황의 아방궁이요, 서쪽을 바라보니 슬픈 바람이 차가운 수풀에 불고
저무는 구름이 빈 산을 덮은 곳은 한무제의 무릉이요, 동쪽을 바라보니
분칠한 성이 청산을 둘렀고 붉고 엷은 안개가 공중에 숨었고 명월이 오락가락 하는데
난간을 의지할 사람이 없으니 이는 현종 황제께서 태진비(太眞妃)와
같이 노시던 화청궁이라. 이 세 임금은 천고의 영웅이라.
사해(四海)로 집을 삼고 억조창생을 신하로 삼아 호화부귀가 백년을 짧게 여기더니
이제 다 어디 있나뇨? 소유는 원래 하남 땅에서 베옷 입던 선비라.
성스러운 천자의 은혜를 입어 벼슬이 장상에 이르고 낭자들이
서로따르는 정다운 정은 백년이 하루 같도다. 만일 전생의 인연으로 모였다가
인연이 다하여 각각 돌아가는 것이라면 천지에 떳떳한 일이라.

— 『구운몽(九雲夢)』 중에서

김만중(1637~1692)

자는 중숙(重叔), 호는 서포(西浦), 본은 광산이다. 사계(沙溪) 김장생(金長生)의 증손이자, 성균관 생원으로 병자호란 때 순절한 김익겸(金益兼)의 아들인 동시에 숙종의 비 인경황후의 숙부다. 그리고 모친 윤 씨 부인은 선조의 부마였던 윤신지(尹新之, 1582~1657)의 손녀다.

16세에 진사시에 급제하고 29세에 장원 급제하여 도승지, 대제학, 대사헌을 거쳐 예조판서를 역임했다. 서인의 핵심 인물로 장희빈의 세력이었던 남인에게 축출되어 1687년 평안도 선천으로 유배되었다가 다시 1689년 경상도 남해로 유배되어 그곳에서 생을 마쳤다.

주요 저서로는 한글소설인 『구운몽』, 『사씨남정기』를 비롯하여 문집인 『서포만필(西浦漫筆)』이 있음.

04

조선시대 사대부의 꿈과 욕망
김만중(金萬重)의 『구운몽(九雲夢)』

송성욱 | 가톨릭대학교 국어국문학과 교수

새로운 소설의 출현

지금 세상에서 소설은 상당한 고급문화로 대접을 받고 있지만 17~18세기 조선시대 소설은 고급문화는커녕 오히려 천박한 것으로 취급되었다. 소설이란 것은 대개 쓸 데 없는 이야기로 거짓을 꾸미며, 귀신과 꿈 따위를 이야기하니 짓거나 읽을 만한 글이 아니라는 것이다. 그런 와중에 당시 최고의 지위를 누렸던 사대부인 서포(西浦) 김만중(金萬重)이 『구운몽(九雲夢)』이란 소설을 창작했으니 참으로 놀라운 일이다.

김만중은 아이들에게 역사책 『삼국지』를 읽어주면 별 감동받지 않지만 소설 『삼국지』를 읽어주면 눈물을 흘리거나 기뻐서 즉시 소리치는 아이가 있으니 이것이 바로 소설의 힘이라고 했다.

한때 만화가 여타의 단행본과는 달리 서점에서 버젓이 진열되지
못하는 천박한 것으로 취급받은 적이 있다. 그러나 최근에는 따분
하거나 어려운 교과서의 내용을 재미있게 풀어낸 만화가 좋은 책으
로 인정받고 있다. 이런 사정을 감안한다면 김만중은 새로운 문화
의 영역에 대한 감각이 남달리 뛰어났던 사람이 아닌가 싶다. 특히
『구운몽』은 조선시대 사대부의 잠재된 욕망구조, 특히 애정 욕구를
중심으로 서술되는 작품이다.

필자에게는 고전 소설에 대한 일반 독자들의 반응을 유심히 살펴
보는 습관이 있다. 어떤 작품들은 좀 시시하다는 반응도 간혹 나오
는데, 『구운몽』만큼은 재미있다는 반응 일색이다. 물론 독자의 연
령이나 학식의 정도에 따라 재미를 느끼는 방식은 달랐을 것이다.
설정된 사건 자체가 재미있기도 하지만 그 속에 내재한 사상적 편
린이 심오하기에 어린 독자에서부터 전문가에 이르기까지 매우 다
양한 감동을 줄 수 있는 작품이 바로 『구운몽』이다. 단언하건대 『구
운몽』은 우리 소설 중 최고 수준을 자랑하는 작품임과 동시에 우리
소설사의 꽃을 피우는데 결정적인 기여를 한 작품이다.

17세기 소설사와 『구운몽』의 가치

『구운몽』은 다소 논란이 있기는 하지만 1687년(숙종 13년)에서
1689년(숙종 15년) 사이에 창작된 작품이다. 이 시기는 우리 소설
사에서 대단히 중요한 시기이다. 최초의 국문소설이라고 하는 『홍
길동전』이 이미 이 이전에 창작되었다고는 하지만 17세기 중반까
지 우리소설사에서 국문소설은 여전히 제 자리를 잡지 못했다. 17

세기는 그 이전 소설의 모습을 그대로 이어받으면서도 향후 펼쳐질 다양한 소설 양식들이 한꺼번에 시험되었던 시기였다. 특히 한문소설과 국문소설이 양립하면서 다음 시기 소설의 주도권을 위한 경쟁이 있었다.

17세기 한문소설의 대표작으로 흔히 조위한(趙緯韓)의『최척전』을 거론한다. 이 작품은 다른 한문소설에 비해 길이가 길면서도 통속적 흥미를 배가시키는 방식으로 창작되었다. 우연성과 환상성이 작품에 개입함으로써 문제 해결이 낭만적 방식으로 이루어지기 때문에 독자의 입장에서는 그만큼 편안하게 작품을 읽을 수 있으며 나아가 어떤 허구적 환상이나 대리만족을 느낄 수 있도록 구성을 해 놓았다. 그러나 이『최척전』마저도 한문 전기소설의 전형적 특징인 지식인의 고뇌에서 수반되는 진지함 혹은 리얼리즘적 속성을 저변에 깔고 있다.

『구운몽』은『최척전』과 같은 17세기 한문 전기소설의 전통을 어느 정도 계승하면서도 이들이 미처 가지지 못했던 소설적 흥미를 배가시킨 작품이다. 남녀 사이의 애정 문제를 주요한 사건으로 설정하고 있다는 점에서는 한문소설과 동질성을 발견할 수 있지만 그것을 풀어가는 방식은 완전히 딴 판이다.

한문소설에서는 주인공의 극심한 고독감과 삶의 기반을 송두리째 파괴하는 전쟁과 같은 부조리한 현실이 소설의 전면에 부각되어 있다. 반면에『구운몽』에서는 양소유의 화려한 애정 행각이 낭만적으로 펼쳐진다. 물론 성진이 꿈을 깬 후 양소유로서 살았던 삶을 부정하는 대목에서는 사뭇 다른 분위기를 느낄 수 있지만『구운몽』의 내용은 대부분 양소유의 삶에 치중하고 있다.

양소유는 어려서 아버지를 여의고 편모슬하에서 가난하게 살았지만 그로 인한 고민은 없는 것처럼 보인다. 양소유가 과거 길에 올랐을 때의 장면은 이런 사실을 분명하게 말해 준다. 과거 합격은 홀로 계시는 어머니의 삶을 보상하고 가난한 집안을 일으킬 수 있는 유일한 기회이다. 그만큼 중요한 일이었음에도 불구하고 양소유는 과것길에 오르자마자 과거보다는 다른 일에 전념한다. 바로 도시 구경인데, 이는 곧바로 진채봉, 계섬월, 적경홍 등과의 만남으로 이어진다. 합격에 대한 자신이 있었기 때문에 과거에 신경을 쓰지 않았다고 할 수 있겠지만 이와 같은 장면으로 인해 『구운몽』을 보는 독자는 애절함과 진지함보다는 경쾌한 낭만을 느끼게 된다. 그만큼 양소유는 당대 최고의 영웅이란 자부심을 애초에 지니고 있는 존재로 묘사되어 있다. 그렇기 때문에 설사 양소유 앞에 어떤 고난이 설정되더라도 무난히 극복되리라는 확신을 가지고 소설을 읽을 수 있다.

『구운몽』에서 양소유가 보여주는 영웅적 능력과, 이로 인한 삶에 대한 당당함은 당시 한문 소설과의 큰 차이이다. 『구운몽』을 읽는 독자는 양소유와 같은 삶을 동경했을 것이고, 적어도 소설을 읽는 동안은 자신이 그러한 삶의 주인공이라는 대리만족을 맛보았을 것이다.

당시 대부분의 독자는 심오한 교훈이나 사상을 얻기 위해 소설을 읽지는 않았다. 게다가 소설 읽기에 더 열광적이었던 부류는 남성이 아니라 여성이었다. 이들은 소설을 통해 약간의 교훈과 더불어 현실에서는 맛볼 수 없는 새로운 흥미를 얻기를 갈망했을 것이다.

적어도 이 시기의 대다수 독자는 소설에서 고뇌에 찬 지식인을 발견하고 그 고뇌에 자신이 동참하기를 원하지는 않았다. 고뇌의 그림자를 지울 수 없었던 것이 한문소설이라면 고뇌를 떨쳐버린 양소유의 탄생,『구운몽』의 출현은 당대의 독자들에게 신선한 충격이 아닐 수 없었을 것이다.

양소유, 그 화려한 삶의 비밀

서포 김만중은 사계(沙溪) 김장생(金長生)의 증손이자 인경황후의 부친인 김만기(金萬基)의 친 동생이다. 모친 윤 씨 부인은 선조의 부마였던 윤신지(尹新之, 1582~1657)의 손녀이다. 서포 선생은 16세에 진사시에 급제하고 29세에 장원 급제하여 도승지, 대제학, 대사헌을 거쳐 예조판서를 역임하였다. 가문의 대단함뿐만 아니라 개인적인 학식과 명예 또한 가히 짐작하고도 남음이 있다. 어찌보면 양소유의 당당함은 김만중 자신의 당당함과 연관되어 있는지도 모르겠다.

양소유의 삶은 한 마디로 애정 행각의 연속이다. 2명의 처와 6명의 첩을 얻기까지 모두 8명의 여성들과 각기 다른 연애를 한다. 성진이 애초에 만났던 8명 선녀와의 인연을 맺는 과정이기 때문에 이 또한 불교적 세계관이 작용했다고 볼 수도 있다. 그러나『구운몽』을 읽는 독자라면 양소유의 애정 행각에서 그러한 불교적 의미보다는 화려한 연애 그 자체만을 감지할 것이다.

무수한 여인들과 연애를 벌이는 동안 양소유에게 그 밖의 다른 사건은 별 관심을 끌지 못한다. 진채봉을 만났을 때 나라에 역적들의 반란이 벌어졌지만 양소유는 그 소란에 대해 전혀 관심이 없다. 오히려 난리 통에 사라진 진채봉을 걱정하며, 자신은 난리를 피해 잠적한다. 난리가 끝나자 양소유는 이내 다른 여인을 찾아 나선다. 계섬월, 적격홍을 거쳐 정경패를 만나는 대목은 가히 그의 연애 행각의 절정이라 할 만하다.

조선시대 주자주의의 법도를 따른다면 남녀가 혼인 전에 자의적으로 만나는 것은 예에 어긋난다. 정경패는 이러한 법도를 누구보다도 철저하게 따랐던 여성이다. 그럼에도 불구하고 양소유는 여자로 변장하여 정경패를 눈 앞에 두고 그 미모를 탐색하는 대담성을 발휘한다. 정경패가 훗날 양소유를 두고 "여색에 굶주린 아귀"와도 같다고 했듯이 양소유의 삶은 더할 나위 없는 애정 욕구의 충족으로 점철되어 있다.

한편 양소유는 대원수가 되어 토번(吐蕃) ― 지금의 티벳이다 ― 과의 전쟁에 출전했을 때 적군의 함정에 빠져 심각한 위기에 처한다. 물이 없어 병사들의 목이 타들어 가고 병들거나 죽는데도 양소유는 별 걱정을 하지 않는다. 그리고 이 위기는 꿈 속에서 동정 용왕을 만나 극진한 대접을 받고 그의 딸 백능파와 혼인을 함으로써 극복된다. 군대가 몰살 당할 위기에 몰려서도 평정심을 잃지 않는 대담함과 이 상황에서도 어김없이 애정 행각을 벌이는 낭만성이 돋보인다.

이와 같은 양소유의 당당함과 화려한 애정 행각 뒤에 잠재되어 있는 것이 바로 조선시대 사대부의 욕망이다. 천하에 대적할 자가 없다는 자신감과 당당함은 모든 사대부가 염원했던 희망이다. 가부장

「양정도(養正圖)」. 중국 청나라시대 궁정을 묘사한 그림(냉매 작, 고궁박물관 소장).

제 사회에서 여성을 향한 남성적 욕구의 무한한 표출 또한 함부로 드러낼 수는 없지만 언제나 잠재되어 있었던 욕망이었을 것이다.

애정 욕구는 그것이 아무리 잠재되어 있는 욕망이라고 해도 성리학으로 무장한 조선시대 사대부로서는 마땅히 경계해야 될 부분이다. 소설이라는 장르가 억압된 욕망을 표출하는 것에서부터 출발한다고는 하지만 당시의 사회적 분위기에서는 상당히 꺼렸다. 그것도 예사 사대부가 아닌 김만중이라면 충분히 감안했을 법한 일이다.

북쪽을 바라보니 평평한 들과 무너진 언덕에 석양이 시들은 풀에 비추어 있는 곳은 진시황(秦始皇)의 아방궁(阿房宮)이요, 서쪽을 바라보

니 슬픈 바람이 차가운 수풀에 불고 저무는 구름이 빈 산을 덮은 곳
은 한무제(漢武帝)의 무릉(茂陵)이요, 동쪽을 바라보니 분칠한 성이
청산을 둘렀고 붉은 엷은 안개가 공중에 숨었고 명월이 오락가락 하
는데 난간을 의지할 사람이 없으니 이는 현종(玄宗) 황제께서 태진비
(太眞妃) ― 양귀비 ― 와 같이 노시던 화청궁(華淸宮)이라. 이 세 임
금은 천고의 영웅이라. 사해(四海)로 집을 삼고 억조창생을 신하로
삼아 호화부귀가 백년을 짧게 여기더니 이제 다 어디 있나뇨? 소유
는 원래 하남 땅에서 베옷 입던 선비라. 성스러운 천자의 은혜를 입
어 벼슬이 장상에 이르고 낭자들이 서로 좇아 정다운 정이 백년이
하루 같도다. 만일 전생의 인연으로 모였다가 인연이 다하여 각각
돌아가는 것은 천지에 떳떳한 일이라.

이 대목은 소설의 마지막 회에 나오는 부분이다. 양소유는 자신
의 삶을 마치 진시황, 한나라의 무제, 당나라의 현종에 비유하고 있
다. 이들은 모두 중국 역사에서 대단히 화려한 삶을 살았던 존재이
다. 그만큼 양소유는 무궁한 복을 누렸다는 것이다. 그렇지만 이 중
국의 황제들 역시 죽어서 사라졌다. 비록 이름은 남았지만 현실에
서 누렸던 부귀영화는 모두 허망한 것임을 양소유는 깨닫는다. 그
리고 꿈을 깬 후 양소유에서 성진으로 돌아온다.

흔히『구운몽』은 꿈의 구조를 활용한 액자소설(額子小說)이라고
한다. 김만중은 양소유의 삶을 꿈의 부분에 성진의 생각을 각몽(覺
夢) 부분에 배치해 놓았다. 그래서 잠재된 욕망은 꿈과 대응되고,
현실의 인식은 각몽과 대응된다. 이 구성을 통해서 김만중은 원래

「구운몽도」. 작자미상의 그림이다.

의 자기 자신으로 돌아온다. 무한한 욕망만을 추구하는 것이 바른 삶이 아니라는 인식을 보여주는 것이다.

　김만중이 『구운몽』을 통해 진정으로 추구하려 했던 것이 무엇인지에 대해 필자는 아직도 의문이다. 성진의 인식이었을까 아니면 양소유의 삶이었을까? 이 문제를 두고두고 생각하게 만드는 소설이 바로 『구운몽』이며, 이것이 또 다른 매력이다.

애정 욕망의 발산과 자기 규제

소설에서 남녀 사이의 애정의 문제는 다른 어떤 이야기보다도 자주 그리고 오랫동안 다루어진 소재라고 할 수 있다. 물론 그것을 다루는 방식은 각 시대마다 작가마다 다르다. 애정 욕구는 느껴질 때마다 숨겨서 억압해야 되는 감정임을 강조하는 작품이 있는가 하면 무한정 드러내는 작품이 있다. 『구운몽』이 창작된 17세기는 한국뿐만 아니라 중국의 소설에서도 이 문제에 대해 상당한 관심을 보였는데, 역시 절제를 강조한 작품과 발산을 강조한 작품이 모두 창작되었다. 마치 영화나 드라마에서 트렌드가 존재하듯이 아마도 애정 문제를 다루는 것이 이 시대의 공통된 관심사였던 것 같다.

필자는 대학에서 『구운몽』을 강의할 때, 좀 민망하지만 학생들에게 중국의 애정 소설인 『육포단(肉蒲團)』을 언급한다. 『육포단』은 『구운몽』과 비슷한 시기에 나온 소설인데 내용이 상당히 선정적이다. 중국 소설이어서 읽기 힘들기 때문에 이와 비슷한 분위기를 느낄 수 있는 중국 영화 『옥보단』을 언급하기도 한다. 한국에서도 상영된 이 영화는 미성년자라면 볼 수 없는 대단히 선정적인 영화이다. 굳이 중국의 애정 소설과 『구운몽』을 비교하는 이유는 다름이 아니라 비슷한 방식으로 애정 문제를 다루고 있지만 중국 소설에 비해 『구운몽』이 지닌 품격을 학생들에게 전하기 위함이다.

『구운몽』에서의 애정 욕망은 육체적 성애에 대한 탐닉과는 거리가 멀다. 특히 진채봉, 정경패 등의 여성들이 보이는 사고는 중국 소설에서 흔히 볼 수 있는 개인적 욕망의 표출과도 상당한 거리가 있다. 비록 양소유의 대담한 애정 욕구가 표출된다고 해도 김만중이 견지했던 성리학적 윤리 감각이 고스란히 담겨 있다.

양소유가 처음 만나는 여인은 진채봉이다. 필자는 개인적으로 이들의 만남에서 가장 애절함을 느꼈다. 그런데 진채봉에 대한 평가는 결코 긍정적이라고만 볼 수 없다. 양소유도 진채봉에게 마음이 있었지만 진채봉 역시 자기 스스로 중매를 한다는 윤리적 혐의를 알면서도 양소유와 혼약을 해버린다. 우리의 고전 소설에서 주인공이 처음으로 만나는 여성은 결코 예사로운 인물이 아니다. 대개가 주인공의 천정배필이자 조강지처로 설정된다. 그러나 『구운몽』은 진채봉을 그러한 위치로 격상시키지 않았다. 진채봉의 행위는 본처가 되는 정경패의 정숙한 모습과 대조되면서 항상 흠이 잡힌다. 여자가 자기 스스로 중매하는, 도리에 어긋한 행위를 하였다는 것이 그 흠의 골자이다. 이것이 진채봉이 양소유의 본처가 될 수 없도록 설정을 한 가장 근본적인 이유로 짐작된다.

계섬월이나 적경홍은 자기 스스로 남자를 선택하려는 적극성을 지닌 여성으로 묘사되어 있다. 당시 사회의 관습에 비추어 본다면 참으로 놀라운 태도가 아닐 수 없다. 만약 이들의 신분이 기생이 아니었다면 이런 설정이 가능했을까?

결국 김만중은 윤리적으로 가장 모범되는 여성인 정경패와 난양공주를 처로 낙점했고, 나머지 여인들은 모두 첩으로 설정했다. 이것이 바로 양소유의 애정 행각 한 편에 자리 잡고 있는 윤리적 감각이다. 여기에서 분명히 하고 넘어가야 될 문제는 이 윤리적 감각이 철저하게 여성에게 적용되는 이념이란 것이다. 양소유의 화려한 애정 행각 이면에는 항상 여성에게는 억압적으로 작용했던 가부장제

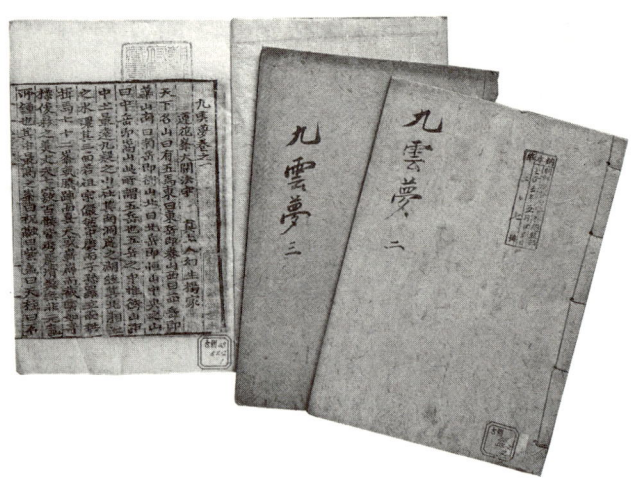

김만중이 지은 『구운몽(九雲夢)』의 표지와 내용.

이념이 자리하고 있었던 것이다.

  이쯤에서 김만중이 지은 또 다른 한글소설『사씨남정기』의 존재를 떠올리게 된다. 이 소설은 유교적 덕행이 뛰어난 여 주인공 사정옥 ― 유연수의 처 ― 과 투기와 질투만 일삼는 악한 여자 교채란 ― 유연수의 첩 ― 이 남편 유연수를 둘러싸고 갈등을 빚는 전형적인 한글 가정소설이다.『구운몽』이 욕망의 발산을 담고 있다면『사씨남정기』는 끊임없는 억압을 보여주는 작품이다. 그렇게 첩 교채란에게 당했음에도 불구하고 또다시 남편 유연수에게 첩을 두기를 권유했던 여자가 사정옥이다.『사씨남정기』는 유교적 이념이 시종일관 엄숙하게 흐르며 주인공 사정옥의 시련이 독자의 가슴을 안타깝게 한다. 창작 시기는 몇 년의 차이가 있을 뿐인데 한 작가의 손에서 나온 작품이 이렇게 다르다.

『사씨남정기』에서 그 억압의 주체는 여성이고 『구운몽』에서 욕망의 주체는 남성이다. 그렇다면 두 작품의 현격한 차이가 이해할 수 있는 길이 열린다. 결국 김만중이 『구운몽』을 통해 드러내고자 한 것은 가부장제의 한 복판에서 상층 사대부의 삶을 살았던 남성의 욕망이었던 셈이다.

소설과 TV 드라마

필자는 TV 드라마를 자주 본다. 그러면서 항상 조선시대 소설을 떠올린다. 드라마는 현실 원칙에 대한 일탈과 그것에의 안주라는 두 갈림길에서 아슬아슬한 줄타기를 하면서 진행된다. 그러나 결말은 항상 현실 원칙에 대한 안주로 끝난다. 드라마를 보면서 짜릿한 재미와 동시에 편안함을 느끼는 이유가 여기에 있다.

『구운몽』 역시 이와 유사하다. 양소유의 삶을 통해서 현실 원칙에 대한 일탈과 자기 규제를 동시에 느낄 수 있다. 성진이 양소유의 삶을 부정한 사실 역시 현실의 지배 이념을 고수하려는 작가의 자기 규제로 해석할 수 있다.

실제로 현대의 TV 드라마와 조선시대 소설은 상당한 유사점이 있다. 어찌보면 지금 드라마의 역할을 당시에는 소설이 했을 가능성이 있다. 소설이 그러한 역할을 할 수 있도록 길을 놓은 작품 중의 하나가 바로 『구운몽』이다. 그렇다고 『구운몽』의 가치가 떨어지는 것은 아니다. 당시로서는 대단히 혁신적이고도 모험적인 문화적 창조였기 때문이다.

더 생각해볼 문제들

1. 작품 속에 등장하는 8명의 여성들은 모두 다른 성격과 분위기를 지니고 있다. 이로 인해 작품이 훨씬 재미있고 다채롭게 읽힌다. 예를 들어 정경패는 사대부가의 전형적인 안방 마님의 성격을 지니고 있으며, 난양공주 이소화는 화려하면서도 겸손한 성격을, 계섬월과 적격홍은 자유분방하면서 낭만적인 성격, 심요연은 이국적인 성격 등을 지니고 있다. 이와 같이 구운몽에 등장하는 8명의 여성이 지니고 있는 성격과 분위기에 대해서 생각해 보자.

2. 김만중은 나이든 어머니를 위해서 이 소설을 지었다고 한다. 그런데 이 작품은 젊은 청춘 남녀의 밝고 명랑한 사랑 이야기를 많이 담고 있다. 한편으로는 이러한 사랑 이야기가 헛된 것이라는 불교적 인생관도 동시에 내포하고 있다. 그렇다면 이러한 내용이 평생 수절하며 자식을 키운 윤 씨 부인에게 어떤 위로가 될 수 있었는지에 대해 생각해 보자.

3. 정경패와 난양공주는 동시에 양소유의 처가 될 수 없다고 주장하지만 결국 함께 혼인을 한다. 난양공주는 공주의 신분이기 때문에 다른 처와 첩을 거느릴 수 없는 처지이다. 또한 정경패는 이미 양소유와 약혼을 한 상태이기 때문에 이 약혼을 파기할 수도 없는 처지이다. 양소유의 첩이 될 수도 있지만 정경패는 사대부가의 여성이기 때문에 남의 첩이 될 수 없다는 입장이다. 그럼에도 불구하고 정경패와 난양공주는 동시에 양소유의 처가 된다. 그렇다면 소설에서는 어떤 사고의 과정을 거쳐 이런 혼인이 성사되었는지에 대해 생각해 보자.

추천할 만한 텍스트

『구운몽』, 김만중 지음, 송성욱 옮김, 민음사, 2003.
『구운몽』, 김만중 지음, 정규복·진경환 역주, 고려대 민족문화연구소, 1996.

송성욱(宋晟旭)

가톨릭대학교 국어국문학과 교수 겸 디지털문화학부 학부장.
서울대학교 국어국문학과를 졸업하고 동 대학원에서 석사 및 박사 학위를 취득했으며, 서울대학교 규장각 특별연구원 및 공군사관학교 교수부 국어과 교수를 역임했다.
주요 저서로는 『한국 대하소설의 미학』, 『조선 시대 대하소설의 서사문법과 작가의식』 등이 있고 번역서로 『구운몽』, 『춘향전』, 『사씨남정기』 등이 있다. 그리고 최근의 논문으로는 「고전 소설과 TV 드라마」, 「필사본 '임화정연' 72책본 텍스트 연구」 등이 있다.

수토끼 내려와서 하는 말이,
"네 말도 옳다마는 옛말에 일렀으되
'남이 죽은 것이 내 고뿔만 못하다' 하니
너는 충성하려니와 나는 무슨 일이냐.
…용왕이 무도(無道)하지 너야 무슨 죄 있느냐? 우리 둘은 혐의 마세.
남아하처불상봉(男兒何處不相逢)이랴, 일후 다시 만나보세."
— 『토끼전』 중에서

『토끼전』의 형성과정

『토끼전』은 조선시대 후기 서민들이 즐겨 읽던 판소리계 소설 가운데 하나다. 병든 용왕을 살리기 위해 토끼의 간을 두고 벌이는 토끼와 별주부의 한판 대결은, 본래 인도의 불전설화(佛典說話)에 기원을 두고 있다. 불교의 전래와 함께 중국을 거쳐 우리나라에 전래된 것으로 추정되는데, 초기 모습은 김부식의 『삼국사기』 열전의 '김유신전'에서 확인할 수 있다.

토끼의 번뜩이는 재치를 중심으로 이야기되던 '구토지설(龜兎之說)'이 조선시대 후기 판소리 광대와 만나면서 봉건국가의 모순을 총체적으로 다루는 우화소설로 전환하게 된다. 어떤 사람은 『토끼전』을 정치적 우의(寓意)라기보다 유쾌한 웃음을 주는 오락물로 읽어야 한다고 주장하고, 어떤 사람은 토끼의 경망스런 행동보다 별주부의 충직한 행위에 무게를 두며 읽어야 한다고 주장한다. 동물 우화이기 때문에 읽는 사람에 따라 의미가 달라지기도 하겠지만, 『토끼전』 이본마다 다루는 시각이 다채로워 그런 차이가 발생하기도 한다. 여기서는 토끼와 별주부의 복잡다단한 관계, 곧 맞섬과 어울림의 양상에 주목하여 새롭게 감상하고자 했다.

05

웃음과 우화로 엮어낸 민중의 정치의식
『토끼전』

정출헌 | 부산대학교 한문학과 교수

고전 소설의 독법, 우리 『토끼전』의 결말

고전 소설을 읽는 일은 우리에게 많은 인내심을 요구한다. 판에 박힌 듯한 인물, 상투적인 표현, 천편일률적인 결말 등등. 사정이 이러한데, 뻔한 내용의 고전 소설을 읽는 게 뭐 그리 재미있겠는가? 그럼에도 나름대로 흥미로운 독법이 있다. 이본을 견주어가며 읽는 것이 그것이다. 잘 알고 있듯, 고전 소설은 한 작품이 여러 이본을 거느리고 있다. 『춘향전』의 경우, 현재 전하는 것만 해도 200종이 훨씬 넘을 정도다. 이들 이본은 이본마다 서로 다른 작품으로 볼 만큼, 편차가 큰 경우도 많다. 때문에 제기된 사건에 대한 당대인의 다양한 해석과 관점을 견주어가면서 읽는, '뜻밖의' 재미를 맛볼 수 있다. 어느 이본에서는 춘향을 요조숙녀처럼 그리고 있는데 반해,

어느 이본에서는 요염한 기생으로 그리고 있다. 그래서 춘향의 얼굴은 요즘도 백 가지, 천 가지 모습으로 리바이벌되곤 하는 것이다.

우리가 읽어보려는 『토끼전』도 그러하다. 하지만 『토끼전』은 여타의 고전 소설에 비해 그 양상이 훨씬 흥미롭다. 이본에 따라 작품의 결말까지도 차이가 나기 때문이다. 고전 소설의 경우 이본에 따른 편차가 심하다고는 하지만, 엄밀하게 말해 '합의된 결론'이라는 전제 내에서의 차이라고 할 수 있다. 아무리 이본이 많다고 해도 변사또의 폭압을 견뎌낸 춘향이 이도령과 재회하는 『춘향전』의 결말, 황후로 환생한 심청이가 아비의 눈을 뜨게 하는 『심청전』의 결말, 착한 흥부가 부자가 된 뒤 탐욕스런 놀부가 파산하고 마는 『흥부전』의 결말과 다르게 끝맺는 이본이란 없는 것이다.

그런데 『토끼전』의 결말은 어떻다는 말인가? 유감스럽게도, 『토끼전』의 이본을 읽어 본 사람이라면, "『토끼전』의 끝이 어떻게 되지?"라는 질문에 쉽게 답하지 못한다. 결말이 단일하지 않기 때문이다. 그렇다면 결말의 다양함은 『토끼전』에서 다루고 있는 사건과 그를 통해 제기한 문제에 대해 합의된 결론을 이끌어내지 못했다는 반증이 아닐까? 합의되지 못한 결말, 그래서 뻔한 결말로 맺을 수 없었던 『토끼전』의 의의란 참신하다. 우리가 잘 안다고 생각하는 작품을 꼼꼼하게 읽어보아야 하는 까닭도 여기에 있다. 『토끼전』은 도대체 무슨 문제를 다루고 있었기에 결말에 대한 합의를 보지 못한 것일까?

반복의 구조, 또는 중세 봉건체제의 민중 수탈

어떤 사람들은 『토끼전』을 읽고 난 뒤 웃음만이 가득한, 또는 단순한 재담일 뿐이라는 평을 하곤 한다. 그러나 판소리 열두 마당 가운데 일곱 마당이 탈락되었던 19세기 판소리사에서 『토끼전』은 끝까지 살아남은 작품이다. 따라서 그 끈질긴 생명력을, 해학이나 재담으로만 설명하는 건 곤란하다. 그럼에도 『토끼전』을 해학과 골계의 작품으로 보려는 사람들은, 작품 구조에서 그 근거를 찾곤 한다. 위기에 빠져 죽을 뻔한 토끼가 번번이 벗어나는, 이른바 '위기-극복'의 구조가 반복되며 흥미를 증폭시킨다는 것이다. 그런 지적은 맞다. 판소리 『수궁가』를 들어본 사람은 알겠지만, 토끼가 용궁에 잡혀 갔다가 살아왔다고 해서 작품은 바로 끝나지 않는다. 살아 돌아온 기쁨에 들떠 뛰놀던 토끼는 그만 올가미에 걸려 죽을 위기에 빠지고, 그 위기를 벗어난 뒤 또다시 좋아라고 춤을 추다 이번에는 독수리에게 잡혀 다시 죽을 위기에 빠진다. 위기가 거듭되는 것이다. 자세히 들여다보면, 결말 부분에서만 그런 게 아니다. 수궁에서조차 위기와 반전은 수없이 거듭된다. 자라의 달콤한 유혹과 토끼의 의심, 토끼의 재치 넘치는 속임과 용왕의 의혹이 숨 막히게 반복되는 것이다. 그렇게 보면 위기에 처한 토끼가 이를 어떻게 벗어날 것인가에 독자의 관심이 모아지고, 그런 과정에서 토끼의 번뜩이는 재치는 판소리 마당을 웃음판으로 만든다.

그러나 위기에서 벗어나는 기발한 재치에 배꼽 잡고 웃는 표면적 현상에만 주목할 일이 아니다. 위기의 반복이라는 구조의 근원에 좀더 유의해야만 하는 것이다. "그처럼 되풀이되는 위기와 토끼라는 동물의 존재 방식 사이에는 긴밀한 관련이 있는 게 아닐까?"라는. 그때, 우리는 비로소 토끼는 참으로 인기 있는 '사냥감'이라는 사실을 깨닫게 된다. 토끼의 입장에서 말한다면, 그건 자신의 목숨을 노리는 살벌한 위험이 도처에 깔려 있다는 말이겠다. 위기가 반복되는 작품 구조란, 토끼라는 힘없고 인기 좋은 사냥감의 불안정한 삶의 상황을 반영하는 것일 터다. 나아가 힘없는 민중의 삶을 대변한 것이『토끼전』이라면, 거기에는 봉건적 수탈에 시달렸던 민중의 삶이 우의(寓意)되어 있다고 해석해야 옳으리라.

좀더 자세히 살펴보자. 자라가 한 마디로 요약한 세사팔난(世事八難), 곧 '세상을 살아가는 데 겪어야할 여덟 가지 어려움'은 더도 덜도 말고 고난에 찬 토끼의 삶 그 자체였다. 엄동설한이면 추위와 굶주림에 시달리는 것으로부터 시작해서, 독수리·범·초동·몰이꾼·포수·매사냥꾼 등 토끼의 목숨을 노리는 자들은 실로 많고도 다양했다. 그 가운데 총은 가장 두려운 존재였다.

"총하고 나하고는 불구대천지원수요."
"어찌 그렇다는 말이요?"
"우리 조부님께서 '탕' 하더니 일거무소식이요, 부친께서 '탕' 하더니 인홀불견(因忽不見)이요, 큰아버지께서 '탕' 하더니 일거석양풍(一去夕陽風)하였기에 나하고는 대천지원수요. 듣기 싫은 소리 너무 마오."

할아버지, 아버지, 큰아버지만 잃은 것이 아니다. 중년에는 아내를, 말년에는 외아들마저 잃은 처지다. 그래서 "송편으로 목을 따

토끼 그림. 조선시대의 민화.

죽고, 접시 물에 빠져 죽고 싶"은 절망에 빠지기도 했다. 이렇듯 끝없는 위험에 노출되어 살면서 늘 긴장하고 의심하는 습성이 몸에 배어 있던 토끼가 자라의 유혹에 넘어가고 만 것은 "수궁에는 총이 없다"는 말 때문이었다. 어차피 총에 죽을 목숨, 죽든 살든 자라를 따라 바다 속으로라도 가보자는 선택을 마다할 수 없었던 것이다. 게다가 "수궁에 가면 벼슬은 사닥다리 올라가듯, 일등미색(一等美色)은 청개구리 뒤에 실뱀 따라다니듯" 할 것이라는 자라의 뿌리칠 수 없는 유혹도 있었다.

하지만 토끼가 온갖 재치로 수궁의 위기를 이겨낸 뒤 고향으로 되돌아왔다고 해도, 떠나기 전 그가 겪었던 고난까지 모두 벗어난 것은 아니었다. 다시 돌아온 고향에는 예전의 고난이 여전히 엄존하고 있었다. 그게 바로 후반부에 이어지는 위기들이다. 올가미와 독수리 외에, 이본에 따라 포수·노구할미·보라매 등 다양하다. 하지만 어느 것이건 자라가 말한 세사팔난(世事八難)에 다름 아니다. 올가미와 독수리 위기를 벗어났다가 다시 사냥꾼 총에 맞아 두 귀가 잘려나간 뒤, 혼자 되뇌는 토끼의 독백은 이런 처지를 실감나게 보여준다.

> 천방지축 뛰어가서 송림(松林) 깊은 골에 은근히 몸을 숨기고 가만히 살펴보니, 저 포수 헛첨지[虛僉知] 찾고 돌아간다. 토끼 그날 밤에 송림 사이에 홀로 앉아 탄식하는 말이 "자라 놈이 날더러 삼재팔난(三災八難) 있다 하더니 나를 속이는 말이 아니라 그 말이 옳도다. 내 진세간(塵世間)에 있다가는 남의 비명(非命)의 죽으리라. 월궁에 솟아올

라 천지해망(天地解網) 하리라" 하고 인홀불견 간 곳 없이 승운상천(乘雲上天) 하니라.

여기에서 『토끼전』의 '반복 구조'가 중세사회의 무제한적 침탈을 겪어야했던 서민의 혹독한 현실, 그러나 어떻게든 그것을 견뎌내야만 했던 서민의 간절한 염원이 투영되어 있다는 점이 분명해진다. 몇몇 연구자가 꾸짖듯, 토끼가 겪는 위기는 허영심 많은 자가 유혹과 방심에 빠지게 되는 식의 자업자득이 결코 아니다. 마찬가지로 후반부에 반복되는 일련의 삽화 또한 단순히 웃고 즐기기 위해 군더더기처럼 덧붙인 게 아닌 것이다.

반전을 수없이 거듭한 수궁 위기에서 벗어나 살아 돌아온 토끼의 기쁨과, 이를 응원하는 청중의 기쁨! 죽었다 살아난 토끼가 기뻐하며 벌이는 한 바탕의 노래와 춤! 다시 위기가 찾아오지만 그때마다 수궁에서처럼 살아나리라는 믿음이 생긴 청중의 여유! 청중의 이런 믿음에 부응하듯 위기를 요리조리 벗어나는 토끼의 재치! 흥겨운 노래와 춤이 어우러지면서 짧은 시간을 단위로 반복되는 위기-극복의 구조는 축제적인 분위기를 훌륭하게 연출한다. 전반부에서는 조선시대 후기의 민중이 겪는 고단한 삶을 사실적으로 그리다가 후반부에 이르면 이를 극복하고자 하는 염원을 낭만적 수법으로 표출하고 있다. 즉, 이러한 결말 처리는 판소리 예술이 이루어낸 고도의 미학적 장치인 것이다.

토끼와 자라, 또는 이들의 맞섬과 어울림

『토끼전』을 진지하게 또는 당대의 사회상과 관련지어 읽으려는 독자라면 토끼와 용왕 사이의 관계, 또는 토끼와 자라 사이의 관계에 주목하지 않을 수 없다. 여기서 용왕과 자라가 누구를 상징하는지는 자명하다. 썩어빠진 봉건군주, 그리고 거기에 빌붙어 맹목적인 충성을 바치는 봉건관료일 수밖에 없다. 그런데 확인해 둘 것이 있다.『토끼전』의 주인공은 토끼 혼자가 아니라는 사실이다. 자라 역시 주인공인 것이다. 그런 사실을 반영하듯,『토끼전』은 이본에 따라 제목이 다양하다. '토끼전'이 있는가 하면 '별주부전(鼈主簿傳)' — 별주부는 자라를 가리키는 말이다 — 도 있고, 둘을 나란히 늘어놓은 '토별가'라든가 '별토가'라는 제목도 있다. 그처럼 토끼와 자라는 양보할 수 없는 맞수였던 것이다. 19세기 중반의 송만재라는 양반도『토끼전』을 이렇게 요약해놓고 있다.

> 동해의 절개 굳은 신하 자라는
> 한 마음으로 임금 위해 약 찾아 나서고,
> 얄미운 토끼는 째진 입으로 잔말을 하여
> 간을 넣었다 뺐다 한다며 용왕을 우롱하네.[1]

송만재는 토끼 못지않게 자라에게도 깊은 관심을 보인다. 토끼보

---

1) 원문은 다음과 같다.

東海波臣玄介士 / 一心爲主訪靈丹 / 生憎缺口偏饒舌 / 愚弄龍王出納肝.

다 자라에게 더욱 깊은 애정을 둔 것처럼 생각될 정도다. 수궁에서 주부(主簿) 벼슬을 지내는 자라는 맹목적인 충성심에 빠져 있는, 비판받아야 할 관료로 이해하는 경우가 많지만, 그래서는 안될 만큼 그 역할은 미묘한 것이다. 왜, 그런가? 토끼와 자라는 모든 위험을 무릅쓰고 서로의 목숨을 노릴 정도로 치열하게 맞서고 있다. 그렇다고 해서 자라가 토끼의 적대자인가 하면, 그렇지 않다. 그러면, 누가 적대자인가? 자라가 아니라 용왕인 것이다. 토끼의 간을 필요로 하는, 곧 무고한 목숨을 강요하는 사건의 발단은 바로 용왕의 병이었기 때문이다. 그래서 우리는 용왕이란 인물을 좀더 탐구해야 한다.

요즘 불리는 『수궁가』에서는 용왕이 우연히 병을 얻은 것처럼 그리고 있다. 하지만 용왕의 병은 본래 술과 여자에 탐닉했다가 얻은 대가다. "생각하지 않으려 해도 저절로 생각나는 것은 색(色)이고, 잊으려 해도 잊기 어려운 것은 주(酒)"라고 말할 정도로 용왕은 주색에 찌든 위인인 것이다. 그리하여 용왕이 병들어 신음하는 소리는 비감하기는커녕 웃음이 날 정도로 희화화된다.

> 밑구멍 탈항증(脫肛症)에 치질을 겸하고, 넓적다리 가래톳에 배로 들어 내종(內腫)이며, … 배의 부종(浮腫)은 폐문(閉門)에 북을 달아 놓은 듯하고, 손가락이 다리 같고, 정강이가 허리 같고, 눈은 꿈쩍꿈쩍, 코는 벌룩벌룩, 불알은 달랑달랑 하는구나. 어떠한 병이건대 구색 갖춰 곁들였나. 온몸을 둘러보니 앓는 곳 제외하고 성한 곳 하나 없다.

병세가 이런데도 "밤이면 미색과 풍류로 밤을 지내고, 낮이면 의원과 점쟁이에게 고칠 방도를 묻느라고 국력을 소진"하는 지경에 이른다. 게다가 가관인 것은, 병든 용왕이 엉엉 울면서 병 고칠 방도를 묻건만 얼굴만 쳐다보고 묵묵부답하는 조정 신하들의 행태다. 육지에 간다는 것이 얼마나 위험한 일인지 모두 알고 있기 때문에 슬슬 뒤꽁무니를 빼고 만다. 서로 가겠다고 호기를 부리는 이본도 있기는 하지만, 그런 경우도 결국은 마찬가지다. 가려고 해도 갈만한 능력이 없기 때문이다. 자기 한 몸만 위하는 보신이 아니면, 무엇 하나 제대로 하지 못하는 무능으로 가득 찬 지배층의 몰골이 여지없이 폭로되고 있는 것이다.

이러한 순간에 말석에 앉아 있던 자라가 자원한다. 위험한 일을 자청하고 나선 자라의 속내를 따져보면, 보잘것없는 자신의 처지를 일거에 역전시킬 수 있는 기회라고 여겼을 법하다. 그러나 자라의 행위가 벼슬에 눈먼 행위든 아니면 '충'이라는 봉건 이념에 사로잡힌 행위든, 작품 문맥에서 볼 때 그건 부차적인 것이다. 보다 주목해야 할 점이 있는데 그건 승상 거북, 영의정 고래, 해운군 방게처럼 평소 당당하게 뻐기던 자들이 뒤꽁무니를 빼었던 반면, 자라는 위험한 육지행을 결연히 선택하고 나섰다는 점이다. 그리하여 물고기 신하의 갑론을박으로 어수선해진 독자의 시선은, 맨 끝자리에서 엉금엉금 기어 나온 자라 한 몸에 집중된다. 저처럼 보잘것없는 자라가 생전 처음 밟아보는 육지에 나가서, 펄펄 뛰노는 토끼를 과연 어떻게 잡아올 것인가에 초점이 모아지는 것이다.

토끼를 잡으러 가는 인물이면서도 토끼와 적대적인 관계로만 읽을 수 없는 이유, 똑같이 봉건 군주에게 빌붙어 지내면서도 자라를 다른 신하들과 동등하게 취급할 수 없는 이유가 조금 분명해졌으리라. 그럼에도 많은 독자들은 여전히 자라를 용왕의 하수인 정도로 보곤 한다. 분명히 말하건대, 결코 그렇지 않다. 용왕과 달리, 자라는 토끼와 양보할 수 없는 '맞섬'만이 아니라 '어울림'도 갖고 있는 것이다. 어울림이란 무엇을 말하는가?

> 수토끼 내려와서 하는 말이 "네 말도 옳다마는 고금의 일렀으되 '남이 죽은 것이 내 고뿔만 못하다' 하니 너는 충성하려니와 나는 무슨 일이냐. … 용왕이 무도(無道)하지 너야 무슨 죄 있느냐? 우리 둘은 혐의 마세. 남아하처불상봉(男兒何處不相逢)이랴, 일후 다시 만나보세."

자기를 죽을 곳으로 끌어들였던 자라의 소행을 생각하면, 분통이 터질 일이다. 그렇건만 토끼는 자라에게 서로 미워하는 마음을 갖지 말자고 한다. 왜냐하면, 비록 처한 위치는 서로 다르지만 둘 다 포악하고 타락한 봉건 군주로 말미암아 곤욕을 치르고 있다는 생각 때문이다. 이는, 자라의 죄가 모두 '용왕의 무도(無道)'에서 비롯되었다는 말에서 알 수 있다. 용왕의 향락과 탐욕이 모든 갈등과 시련의 근본임을 깨닫고 있는 것이다. 정말이지 자라가 용왕에게 받아야 했던 시련은 참으로 참혹했다. 이를 제대로 이해하기 위해서는, 착잡한 삽화 하나를 자세히 소개할 필요가 있다.

토끼와 자라 부인과의 어처구니없는 로맨스가 그것이다. 무슨 말인지 모르는 분들을 위해, 잠시 내막을 들춰보기로 하자. 간을 두고 왔다는 토끼의 말에 속은 용왕은 토끼의 환심을 사려고 성대한 연회를 베풀어준다. 토끼는 난생 처음 보는 아리따운 여인과 맛난 술에 흠뻑 취해 춤을 추며 논다. 그런 토끼를 유심히 살피던 자라는 토끼 배에서 출랑거리는 소리를 듣고, 그것이 간임을 확신한다. 그리하여 용왕에게 토끼 뱃속에 간이 들었다고 아뢴다. 토끼는 다시 기지를 발휘하여 용왕의 의심을 푼 뒤, 진실을 알고 있는 자라를 없애야겠다고 마음먹는다. 용왕에게 자라탕을 먼저 먹고, 토끼 간을 먹으면 효과가 더욱 좋다고 권했던 것이다. 자기의 생명을 연장하기 위해서라면 뭐든지 하려던 용왕은 자라를 잡아먹자고 달려든다. (참으로 대단한 수궁 용왕이다!) 그래도 수궁 신하들은 의리가 살아있었다. 승상 거북은 토끼를 잡아온 공을 세운 자라를 죽여서는 안 된다며, 대신 자라의 부인으로 자라탕을 만들어 잡수라고 권유한다. (참으로 자비로운 승상 거북이다!) 자신의 죽음은 면했지만, 부인이 대신 죽게 된 자라는 하늘이 캄캄했다. 그래서 토끼의 마음을 돌리기 위해 숙소에 찾아가 부인의 목숨을 살려달라고 구걸할 도리밖에 없었다. 그러자 토끼는 부인을 살려주는 조건으로 하룻밤 동침을 허락할 수 있겠느냐며 묻는다. (참으로 당돌한 산중 토끼다!) 죽게 내버려둘 것인가, 살리기 위해서 외간남자와의 동침을 허락할 것인가? 자라로서는 이러지도 저러지도 못할 기가 막힌, 그러나 정절보다는 목숨이 소중하지 않겠느냐며 동침을 허락해야하는 곤혹스런 지경으로 내몰렸던 것이다.

그 뒤에 벌어진 사건은 더욱 가관이다. 죽지 못해 토끼와 하룻밤을 같이한 자라의 부인은 어이없게도 토끼를 사랑하게 되었던 것이다. 자라의 부인은 토끼에 대한 상사병이 깊어져 죽게 되었건만, 사정 모르는 수궁의 지배층은 토끼를 데리고 육지에 간 지아비 자라를 그리워하다가 죽은 줄만 알고 열녀문을 세워준다. 조선시대 후기 열녀 표창의 허구성에 대한 통렬한 풍자다. 그런데 이런 웃지 못할 삽화에서 우리가 놓치지 말아야 할 대목은, 자라가 몸담고 있는 현실이다. 자라는 온갖 시련을 감내하며 토끼를 잡아왔고 잡아온 토끼의 속임수에 넘어가지 말 것을 용왕에게 끊임없이 경계했건만, 탐욕에 눈먼 용왕은 결국 토끼에게 속아 넘어가고 만다. 더욱이 자라는 상을 받기는커녕 용왕에게 배반당하고, 아내에게까지 배반을 당해 철저한 몰락과 파멸의 길로 내몰리고 말았으니 이 누구의 탓인가? 자라가 당한 이런 어처구니없는 상황이야말로 용왕의 향락과 탐욕으로부터 비롯된 시련이 토끼에게만이 아니라 자라에게까지 미치고 있음을 명확하게 보여준다. 아니, 보다 큰 피해자는 자라였던 것이다. 토끼와 자라가 맞섬만이 아니라 어울림도 함께 한다고 말한 것은 이런 이유 때문이다.

작품의 열린 결말 또는 봉건해체기의 향방

토끼와 이처럼 복잡한 관계를 맺고 있던 자라, 그의 여정은 『토끼전』을 버티고 있는 또 하나의 스토리 라인이다. 많은 사람들은 자라를 어리석고 미련하다고 생각하지만 그렇지 않다. 자라의 지혜는 토끼를 능가하고도 남는다. 그토록 조심스럽고 영민하던 토끼를 속여서 제 발로 따라오게 하지 않았던가? 그런데 어찌 자라를 미련하다고 할 건가? 작품을 읽어보면, 자라의 능력을 보다 분명하게 보여주는 삽화가 있다. 육지에 도착해 겪은, 호랑이로부터의 위기를 극복하는 대목이 그것이다. 토끼를 찾아 산속을 헤매던 자라는 온갖 짐승들이 모여 있는 곳을 발견한다. 포수가 사냥 나왔다는 말을 듣고 대책을 강구하던, 털 달린 산중 짐승의 모족회의 자리였다. 그러나 모임은 대책을 마련하기는커녕 누가 상좌에 앉을 것인가를 두고 싸움을 벌이고, 마침내 굶주린 호랑이에게 앉아서 잡아먹히는 죽음의 장소로 변질되고 만다.

 자라가 모족회의 자리에 당도한 것은 그때였다. 자라는 거기에 분명 토끼가 있을 거라 생각하여 "토생원!" 하고 부르려 했다. 그런데 먼먼 바닷길을 헤엄쳐 오느라고 아래턱이 얼얼해져 '토'라는 발음을 제대로 못해 그만 "호생원!" 하고 부르고 말았다. 호생원이라면 호랑이가 아닌가? 난생 처음 생원이란 존칭을 들은 호랑이는 기분이 좋아 자기 부르는 곳을 향해 단숨에 달려온다. 자라는 잘못 부른 것을 깨닫고 깜짝 놀라 네 발과 머리를 움츠리고 죽은 듯이 엎드린다. 무시무시한 산중의 제왕 호랑이와 겁에 질려 죽은 체하고 납작 엎드린 자라의 만남, 그게 호랑이와 자라가 대면하는 장면이다. 그건 근엄하게 앉아 있는 용왕 앞에 영문도 모르고 잡혀 와 꿇어앉아 있던 주먹만한 토끼의 모습과 방불하다. 그리고 토끼가 배를 들이밀며 죽여보라고 악을 써서 결국에는 어리석은 용왕을 속여 넘긴 것처럼, 자라 역시 이판사판이라며 호랑이의 불알을 깨물어 호랑이를 전라도 해남에서 의주 압록강까지, 다시 함경도 세수령 고개까지 도망치게 만들어 버린다. 산중의 조그마한 토끼가 수궁의 최고 통치자 용왕을 보기 좋게 속여 죽음에 이르게 만든 것처럼, 수궁의 보잘것없는 자라도 산중의 폭군 호랑이를 물똥 싸며 달아나게 만들었던 것이다.

　자라는 이 외에도 여러 대목에서 온갖 기지를 유감없이 발휘한다. 특히, 꾀 많은 토끼를 속여 넘기는 전반부는 자라의 독무대라 할 수 있다. 이제, 토끼의 활약을 자세하게 살펴보도록 하자. 모두 알고 있듯, 토끼는 용왕의 '탐욕'을 이용해 사지(死地)로부터 벗어나 자유로운 몸이 된다. 음흉하기 짝이 없는 용왕이 토끼에게 속은 것은, 자기를 보내주면 자신의 간뿐만 아니라 친구들의 간까지 모두 가져오겠다는 토끼의 말 때문이다. 한 마리 간으로도 살아날 수 있다는데, 한 섬의 간을 먹으면 어찌될까? 그 말에 결국 사태를 올바르게 보지 못하게 되었던 것이니, 용왕은 어리석어 속은 게 아니라 자신의 과욕 때문에 속은 거라 말해야 옳다. 어쨌거나 토끼는 용왕의 이런 욕심을 절묘하게 이용해 살아 돌아왔으니 오죽이나 기쁠 것인가? 작품은 토끼의 기쁨을 이렇게 묘사하고 있다.

> 네 왕이 꾀 많고 불측하기로 그런 의사를 내었거니와 만일 약기가 나와 같지 못했던들 어찌 옛 고장으로 돌아올 수 있으리오. 흉한 일도 지내었지, 그것이 어인 일인고? 꿈이런가 생시런가 하고, 이리 뛰고 저리 뛰며 잔디에 누어 굴며 입을 쫑긋쫑긋, 혀를 날름날름, 귀를 발쪽발쪽, 두 눈 깜짝깜짝, 코둥이를 살록살록, 대가리를 까닥까닥, 꼬리를 톡톡 치며, 앞발을 깡똥깡똥, 뒷발을 허위허위, 잔방귀를 통통 뀌며, 오줌을 잘금 잘금 싸며, 사방으로 뺑뺑 돌아 깡똥 뛰놀면서 ….

경망스러울 정도로 기뻐하는 모습은, 수궁에서 진땀을 흘리며 벌벌 떨던 장면과 완벽한 대조를 이룬다. 그리하여 자신을 죽음으로 몰아가려 했던 용왕과 자라에게 통쾌하게 설욕한다. 자라가 좇던 충성의 헛됨을 일깨워주는 동시에 봉건 군주의 위엄을 한낱 노리갯감으로 전락시켜 버렸던 것이다. 자신의 똥 덩이를 가져다 먹여보라는 토끼의 말을 전해들은 용왕은, 울화병이 나서 죽게 된다는 이본도 있을 정도다. 그러나 뭐니 뭐니 해도 『토끼전』에서의 최고의 압권은 "병든 용왕 살리자고, 성한 토끼 나 죽으랴?"라는 선언이다. 토끼의 말에는 더 이상 신분적 차별에 입각한 희생을 받아들일 수 없다는 의지가 담겨있다. 하긴, 용왕은 토끼의 희생을 강요하면서도 이를 당연하게 여겼다. "너는 산중의 조그만 짐승이요, 과인은 수궁 용왕으로 귀천이 분명하다."는 것이 그 근거였다. 하지만 토끼는 "평생을 다 살아도 오히려 부족하거늘 하물며 무슨 일로 남의 명에 죽으리오?"라며 거절했으니, 그의 말은 수직적 인간관에 기초한 신분제의 울타리를 넘어 저만큼 멀리 달아나고 있었던 것이다.

우리는 여기서 『토끼전』에 대한 잘못된 독법을 다시 한 번 짚고 넘어갈 필요가 있다. 많은 사람들은 너무 많은 사회적 의미를 부여하지 말고 『토끼전』을 그저 웃기 위한 작품으로 읽어야 한다고 말한다. 실제로 『토끼전』을 읽거나 듣다보면 웃음이 절로 난다. 해학이 넘쳐나는 작품임에 분명한 것이다. 하지만 작품에 동원된 웃음의 소재란, 참으로 심각한 것이다. 다시 한번 생각해 보자. 웃음으로 웃고 즐길 때, 난장판이 되는 것은 무엇인가? 개인의 희생을 당연하게 여기는 수직적 인간관과 그에 기초한 봉건 군주의 근엄한 분부가 아니던가? 그게 웃음의 소재가 된 것이다. 『토끼전』 한 마당을 부르고 즐기는 놀이판에서는 용왕과 같이 부패한 지배층의 부당한 요구가 비집고 들어 설 여지는 남아 있지 않다.

한편, 어떤 사람들은 우화 형식이 갖는 한계를 강조하기도 한다. 동물의 이야기로 꾸몄기 때문에 인간사회에서의 현실감을 느끼는 데 한계가 있다는 것이다. 맞는 말이다. 하지만 바로 그런 점을 이용하여 당대 사회의 가장 민감한 문제까지 다룰 수 있었던 것이다. 『토끼전』이 어떤 작품보다 봉건적 모순과 봉건 군주의 몰골을 신랄하게 풍자할 수 있었던 것은, 동물 우화라는 형식을 해학 넘치는 수법으로 절묘하게 활용했기 때문이다. 그렇다면 한계를 지적하기에 앞서 그로부터 가능했던 장점을 먼저 인정해야 옳으리라.

다시 본래 이야기로 돌아오자. 살아 돌아온 토끼는 기쁨에 넘쳐 춤을 추고, 미련한 용왕에 대한 핀잔을 실컷 퍼부은 뒤 무대에서 사라진다. 토끼의 문제는 그렇게 해서 해결을 본 것이다. 결코, 힘없는 존재라고 해서 아무 잘못 없이 희생시켜서는 안 된다는 완전한 합의! 그러나 토끼가 사라졌다고 해서 『토끼전』이 제기한 문제가 종결되는 것은 아니다. 토끼에게 숱한 핀잔을 받았던, 또 다른 주인공 자라의 문제가 남아 있는 것이다. 자라는 어찌 되었는가? 마지막 희망인 토끼를 놓치고 난 뒤, 자라는 한 동안 갈 곳 몰라 망설인다. 그 가운데 조선시대 후기에 가장 널리 유포되어 읽혔던 가람본 『별토가』[2] 계열에서 자라는 용왕을 비롯하여 가족 볼 면목이 없어 소상강으로 망명한다. 그러다가 부인이 자신을 그리워하다가 죽었다는 소식을 망명지에서 전해 듣고, 자신도 따라서 목숨을 끊는다.

물론 자라 부인의 죽음은 자기가 아니라 토끼를 그리워하다가 죽은 것이었다. 자라의 이런 어처구니없는 비극적 최후는, 자기 안에 내재되어 있던 한계로부터 말미암은 것이기는 하다. 그토록 지켜내려던 충성심이 비록 가상한 것이기는 하지만, 그것이 얼마나 헛된 일인가는 토끼의 핀잔으로 알아들을 만도 했다. 그런데도 자라는 끝내 그걸 깨닫지 못한다. 설사 자신이 충성을 바치고 있는 용왕의 추악함을 어렴풋이 눈치 챘다고 해도, 그를 외면하고 토끼처럼 달아나기에는 더 많은 시간이 필요한 구시대적 인물인 것이다.

그렇지만 자라를 바라보는 당대 독자들은 충성을 다하는 데 대해 무조건 옹호하지도 않았지만, 그렇다고 맹목적인 충성을 하는 것이라며 따갑게 질책을 가하지도 않는다. 어쩌면 그 중간쯤, 아니 연민과 동정의 눈길로 자라를 바라보고 있었다고 해야 옳겠다. 자라는 그만큼 판단하기 복잡한 인물이고, 그로 인해 『토끼전』의 결말은 그토록 다채로웠던 것이다. 실제로 현재 남아 있는 『토끼전』 가운데는 자라의 자원이 아니라 용왕이 지목하여 어쩔 수 없이 토끼를 잡으러 육지에 나가게 된다는 내용의 이본도 있다. 또한 토끼를 놓치고 빈손으로 돌아오자 공이 없다면서, 또는 토끼와 작당했다는 죄를 뒤집어씌워 처벌하거나 귀양을 보내는 이본들도 있다. 이런 맥락에 입각해 본다면, 자라가 맹목적인 충성에 매몰되었다고 꾸짖을 여지는 거의 없다. 오히려 봉건 군주의 명령을 거역할 수 없는,

---

2) 국문학자 가람 이병기 선생이 소장하고 있던 『토끼전』 이본 가운데 하나로 현재 규장각에 소장되어 있다.

그러면서도 충직하게 주어진 임무를 수행할 수밖에 없는 인물이 자라였던 것이다. 그런데도 자라의 최후는 비극적으로 끝나고, 그래서 그에 대한 동정과 연민의 감정은 증폭될 수밖에 없었으리라.

그러나 자라가 봉건 지배층에 의해 이용당하고, 결국에는 비극적인 결말을 맺는다고 해서 중세해체기에 있어 토끼와 동등한 역할을 수행하고 있는 것은 아니다. 자라는 아무리 성실하게 살아가려고 해도 몸에 배인 봉건적 잔재를 일소하지 않는 한 새롭게 재편되는 사회에서 더 이상 살아남을 수 없는 인물이다. 반면에 토끼는 적지 않은 한계에도 불구하고 새로운 시대를 맞이할 수 있는 잠재력을 지니고 있다. 그러기에 토끼는 "수궁이 좋다 해도 이 산중만 못 하더라"고 노래하며 청산(靑山)으로 훌훌 떠날 수 있었지만, 자라는 갈 곳을 몰라 그토록 주저할 수밖에 없던 것이다. 중세 봉건사회의 해체기에 몸담고 있던 두 인물의 맞섬과 어울림, 그리고 그들이 택한 서로 다른 향방은 부패한 봉건국가가 해체되던 즈음 선택해야 할 방향이 `어디인가를 함축하고 있는 것이다. 토끼의 생환과 자라의 비극적인 결말을 통해서 말이다.

오늘날의 『수궁가』 결말, 또는 그를 읽는 우울함

우리는 봉건국가가 해체되기 직전 그곳에 몸담고 있던 인물들이 걸어간 행보, 그리고 그에 대한 문학적 형상화를 더듬어 보았다. 그런 과정에서 『토끼전』은 작품 구조나 인물 형상은 물론 결말의 처리방식조차 다양하다는 점에서 다른 작품들보다 훨씬 흥미로운 형식을 띠고 있음을 알 수 있었다. 어떤 이본에서는 자라가 토끼를 놓친

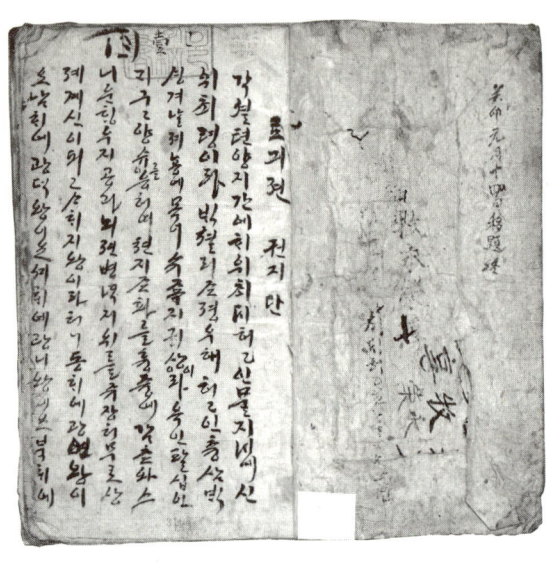

수많은 『토끼전』 이본 가운데 하나.

뒤 바위에 머리를 부딪쳐 장렬하게 자결하기도 하고, 어떤 이본에서는 다른 나라로 망명을 가며, 어떤 이본에서는 수궁으로 돌아갔다가 귀양을 가는가 하면, 어떤 이본에서는 아예 흐지부지 사라지기도 한다. 『토끼전』이 보여주는 이와 같은 다양한 결말은, 봉건체제의 몰락을 눈앞에 두고서 어떤 길이 올바른 선택인가에 대해 합의를 보지 못했던 증거일 것이다.

온갖 모순으로 붕괴되기 직전인 봉건국가를 과연 자라처럼 끝까지 지킬 것인가, 토끼처럼 나 몰라라 달아날 것인가? 춘향과 이도령의 만남에 대해서는 모든 사람의 의견이 일치했고, 심청과 부친의 상봉에 대해서는 모든 사람의 의견이 일치했지만, 『토끼전』에서

만큼은 그렇지 못했던 것이다. 사실, 『토끼전』에서 제기한 물음은 국가와 개인의 관계로 바꾸어 생각해도 좋으리라. 사실 국가와 개인의 문제란 지금의 우리도 합치된 의견을 내기 곤란한 어려운 문제임이 틀림없고, 그래서 지금의 우리들에게도 곤혹스런 질문일 수밖에 없다. 그런 점에서 우화가 갖는 양식적 장점을 십분 발휘하여, 첨예한 논제를 판소리의 장으로 끌어들인 『토끼전』의 소설사적 의의는 매우 값진 것이다.

그러면 20세기를 넘어서면서 판소리 광대들은 지난날의 다채롭고 의미 있는 문제의식을 어떤 방식으로 계승·발전시켰을까? 현전하는 『토끼전』 — 또는 『수궁가』 — 의 사설을 검토해 보건대, 대략 세 개의 유형으로 나눌 수 있을 듯하다. 첫 번째는 서편제[3] 명창으로 꼽히는 정권진의 사설이다. 그 사설에서는 토끼를 놓친 용왕이 산신령에게 글월을 올려 다시 토끼를 잡아달라고 부탁한다. 두 번째는 중고제[4]에 가깝다고 평가되는 심정순·곽창순의 사설이다. 이 사설에서는 도사가 나타나 자라에게 약을 주어 용왕의 병을 고치게 한다. 세 번째는 동편제[5] 명창으로 꼽히는 이선유의 사설을 꼽을 수 있다. 여기서는 자라가 그냥 빈손으로 수궁으로 돌아간다.

---

3) 보성, 광주, 나주 등 섬진강 서쪽에서 주로 불리던 판소리 유파로 애절하고 구성진 계면조(界面調)의 소리를 특장으로 한다.

4) 경기, 충청 지역에서 주로 불리던 판소리 유파로 창법은 동편제와 서편제의 중간쯤 되는 것으로 추정되지만, 전승이 끊어져 정확한 실체를 파악하기 어려운 면이 있다.

5) 운봉, 구례, 순창 등 섬진강 동쪽에서 주로 불린 판소리 유파로 우렁차고 씩씩한 우조(羽調)의 소리를 특장으로 한다.

판소리 유파별로 결말은 이처럼 다채롭다. 그렇다면 『토끼전』이 보여준 다채로운 결말의 정신은 올바르게 계승되고 있는 것처럼 보인다. 하지만 그렇다고 말하기 어렵다. 왜, 그런가? 세 유파가 만들어낸 결말은 다르지만, 하나의 공통점이 있다. 병들어 죽어가는, 아니 죽어 마땅한 용왕을 무슨 수를 써서든 살려내고 있다는 사실이다. 정권진을 비롯한 서편제『수궁가』의 창자(唱者)들은 늙은 토끼를 대신 잡아 보내는 것으로 변형시켜 놓고 있다. 참으로 한심한 일이다. 늙은 토끼는 아무런 이유도 없이 죽어 좋다는 말인가? 그렇다면 요즘 우리에게 가장 널리 알려진, 난데없는 신선이 나타나서 약을 주어 용왕을 살린다는 방식은 어떠한가? 이것은 이해조가 '토(兎)의 간(肝)'이라는 제목으로 신문에 연재한 뒤『별주부전』이란 구활자본으로 개작해 간행함으로써 가장 유명한 결말로 자리 잡았지만, 자라의 비극적 결말이 제기한 심중한 문제의식을 퇴색시켰다는 비판을 면하기 어렵다. 게다가 결말을 동화 수준으로 떨어뜨리고 말았으니 한심한 일이다. 한심하기란 이선유의 동편제『수궁가』도 마찬가지다. 죽게 된 용왕이 '우연히' 회춘했다는 게 제대로 된 결말일 수 있는가?

　이렇게 볼 때, 봉건해체기와 일제 식민지를 거쳐 오늘에 이른『수궁가』는 발전적 계승은커녕 왜곡·변질의 길을 걸어왔다고 보아야 하겠다. 돌이켜보면 일제의 탄압으로 민족문화의 전통이 훼손되었던 식민지시대나 전통문화의 갱신을 도모할 토양이 해체되고 있는 현재는 말할 것도 없고, 판소리의 주무대였던 19세기 말부터 그런 왜곡의 조짐이 시작된 것으로 보인다. 그때부터 자라의 충성을 추켜세우려는 시도가 있어왔으니, 그런 과정을 겪으면서 민중의 형상인 토끼의 건강함이 단련되기는커녕 끊임없는 의혹의 시선에 시달려야 했던 것이다. 낡은 기준과 도덕으로 보면, 새로운 인간형은 언제나 경망스럽고 촐싹거리는 존재로 보이는 법이다. 요즘이라고 해서 다르지 않다. 이해조가 『토의 간』이란 작품에서 토끼를 허영심에 가득 찬, 그래서 경망스럽기 짝이 없는 존재로 개작한 것도 그런 까닭이었다. 하지만 그의 개작은 『토끼전』 전승사에서 볼 때, 일대 반란이라 할 만하다. 죽지 않기 위해 자라를 따라나설 수밖에 없고, 죽지 않기 위해 용왕을 속일 수밖에 없던 토끼를, 허영심에 가득 차고 간교한 인물로만 보고 있으니 어찌 반란이 아니겠는가? 하지만 요즘의 『수궁가』 결말을 보노라면, 그런 반란은 지금도 공공연하게 진행되고 있다고 해야 하겠다. 그토록 다채롭던 『토끼전』의 문제의식을 한 걸음도 발전시키지 못하고 있으니 말이다. 그래서 『토끼전』을 읽고 있는 우리는, 지금 몹시 우울하다.

더 생각해볼 문제들

1. 『토끼전』의 결말에 이르면 살아 돌아온 토끼가 기뻐 어쩔 줄 몰라 흥겹게 노래하고 춤을 추며 판소리 마당을 축제 분위기로 만든다. 다른 판소리 작품의 결말은 어떠한가?

    탐학한 수령에게 온갖 고초를 겪었던 춘향이 이도령을 다시 만난 기쁨을 월매의 신명나는 춤으로 마무리하는 『춘향가』의 결말도 그와 비슷하고, 오랜 이별과 암흑의 세계를 마감한 희열을 맹인잔치에 참여한 전국의 눈뜬 봉사들과 함께 나누는 『심청가』의 결말 또한 그와 비슷하다. 그렇다면 판소리에서의 축제적 결말이란 민중이 겪는 고단한 삶과 이를 넘어서려는 염원을 대비시키고 있는 판소리 예술의 뛰어난 미적 장치라 말할 수 있다.

2. 토끼와 자라의 맞섬과 어울림, 그리고 토끼의 행복한 결말과 자라의 비극적 결말은 요즘 우리에게도 많은 것을 생각하게 한다. 우리 주변에서 현재도 벌어지고 있는 비근한 예를 들어 생각해 보자.

    독재정권에 항거했던 대학생과 이를 막아야만 했던 전투경찰, 이들은 같은 또래의 청년으로서 서로 맞서지 않을 수 없는 관계에 있었다. 그리하여 이들 모두는 육체적으로나 정신적으로 깊은 상처를 받았다. 하지만 이들이 맞서야 했던 원인은 독재정권에 있던 것이고, 그런 점에서 이들 모두는 피해자라 할 수 있다. 이와 유사한 사례는 지금도 종종 일어나고 있다.

3. 『토끼전』의 결말은 매우 다양하다. 특히, 자라의 결말이 다채롭게 그려지고 있는데 판소리 작품 가운데 다른 인물과 견주어서 생각해보자.

    부패한 군주에 대해 충성을 다하는 자라를 어떻게 평가할 것인지에 대한 당대인의 고민이 담겨 있는 대목이다. 냉정하게 말한다면 비판 받아 마땅한 어리석음이겠지만, 어리석음 속에 담긴 진정성은 가상하게 보아줄 수도 있다. 놀부도 비슷하다. 처절하게 파멸하면서도 반성할 줄 모르는 인물로 그리는 이본도 있고, 자신의 잘못을 뉘우친 뒤 동생 흥부와 화해하는 이본도 있다.

추천할 만한 텍스트
『토끼전』, 인권환 역주, 고려대 민족문화연구원, 1993.
『신재효 판소리 사설집』, 강한영 역주, 교문사, 1984.

정출헌(鄭出憲)
부산대학교 한문학과 교수.
고려대학교 국어국문학과를 졸업하고 동 대학원에서 박사 학위를 취득했다. 학위 논문은 「조선후기 우화소설의 사회적 성격」이며, 고려대학교 민족문화연구원에서 연구교수를 역임했다.
저서로『고전소설사의 구도와 시각』,『고전 문학과 여성주의적 시각』,『고전 문학사의 라이벌』,『조선의 여걸, 박씨부인』,『이야기로 읽는 삼국사기』,『이야기로 읽는 삼국유사』,『심청전: 눈을 뜨고 보니 세상이 장관이라』 등이 있다.

"우리 둘이 백년언약을 맺었으니, 천만년을 같이 살자.
너는 회양땅에 들어가 오리나무가 되고, 나는 죽어 칡넝쿨이 되어 밑에서
끝까지 끝에서 밑까지 해해친친 꼭 감겨서 평생 풀리지 말자꾸나.
너는 죽어 음양수라는 물이 되고 나는 죽어 원앙새가 되어 물 위에 둥실둥실 떠서
놀자꾸나. 너는 죽어 인경(人定)이 되고 나는 죽어 망치가 되어 저녁은
삼십삼천(三十三天), 새벽은 이십팔숙(二十八宿) 때 맞춰서 남 듣기는
인경소리로되 우리들은 사시사철 그 어느 때라도 떠나지 말자꾸나.
너는 죽거들랑 암톨쩌귀가 되고 나는 죽거들랑 수톨쩌귀가 되어
고운 창문 여닫힐 제마다 빼드득, 빼드득 놀자꾸나."
— 이고본(李古本) 『춘향전』 중에서

『춘향전』의 생성 과정

『춘향전』은 수세기 동안 대중의 사랑을 받으며 지속적으로 변개되어 온 문학 작품으로서 원본과 원저자가 확인되지 않는 고전 중의 하나다. 판소리 사설 '춘향가'와 소설본을 포함하여 다양한 이본들로 구성되어 있는 『춘향전』의 작가군은 이를 향유하고 유통시켰던 조선시대 수십, 수백 명의 독자와 관객을 포함하고 있다. 즉, 소설본 『춘향전』의 생산에 가담한 양반 남성과 중인층 편저자 및 독자 뿐 아니라, 판소리 형식으로 『춘향전』을 확산시킨 판소리 창자(광대), 양반, 중인, 평민층 관객이 모두 『춘향전』의 형성에 기여하였다고 할 수 있다. 현재 100여 편이 넘는 이본들을 남기고 있는 『춘향전』은 수용자의 기호에 따라 끊임없이 재구성된 텍스트로서 전근대시대 적층문학의 전형을 보여준다.

06

사랑의 보편성과 역사성
『춘향전(春香傳)』

서지영 | 한국학중앙연구원 연구교수

전근대 사랑의 아이콘: 양반 남성과 기녀

동서양을 막론하고 시대를 초월하여, 문학은 지속적으로 인간의 사랑을 노래하고 이야기해왔다. 조선시대의 문학 역시 사랑을 형상화하는 많은 작품들을 남기고 있는데, 『춘향전』은 이러한 남녀 간의 지고지순한 사랑의 이야기를 소재로 한 대표적인 작품이라 할 수 있다.

그런데 조선후기에 양산된 사랑의 서사들을 보면, 남자 주인공은 주로 양반 남성인데 반해 여주인공은 많은 경우 천민인 기녀였다는 점에 주목할 만하다. 남녀의 성애(性愛)를 소재로 하는 수많은 염정시(艶情詩)[1)]는 기녀를 주된 대상으로 하고 있으며, 소설에 등장하는 수많은 로맨스의 주인공 역시 기녀이다. 여기서 "왜 사랑의 주체들이 같은 계층 출신의 남녀가 아니었으며, 신분적 차별이 심했던 시기에 왜 양반 남성들은 사랑의 대상으로 천민여성인 기녀를 선택하였을까?" 하는 질문이 자연스럽게 나온다. 조선시대의 기녀는 '여악(女樂)'이라는 공식적 직함 속에서 궁중의 잔치나 지방 관아의 각종 의례에 참가했던 공식 예인(藝人) 중의 하나였다. 하지만 여타 남성 예인들, 즉 양인 또는 천민 남성들로 구성된 악공(樂工)이나 악생(樂生)들이 관(官)이 요구하는 기예의 연행을 주된 임무로 했던 것과는 달리, 기녀 집단은 천민 '여성'이라는 조건 속에서 지배층 남성들의 연회에 사사로이 동원되었으며 때로는 성적 봉사를 수행하는 직역을 부여받았다. 이러한 기녀가 처한 조건은 신분적으로, 성적으로 타자였던 특수층 여성들을 결혼 제도 밖에 배치하여 활용하였던 전근대사회 유희문화의 특수성에 기인한다. 그런데 신분제의 작동으로 인해 가능했던 이러한 전근대문화 속에서 기녀는 양반 남성들의 풍류를 매개하면서 상층부 문화의 예술적, 유희적 감각을 획득하고, 지적인 교양과 기지를 바탕으로 지배층 사교 문화에 동참하였던 유일한 여성 집단이기도 하였다. 무엇보다도 이들은 양반 남성들과의 사적인 교류를 통해서 가족 제도 안에서는 공공연하게 표출할 수 없었던 성애(性愛)를 체험한 주인공들이다. 그 결과 양반 신분의 남성과 기녀는 조선시대 후기에 이르러 신분제와 유교적 가부장제를 기반으로 한 전근대식 사랑의 아이콘

---

1) 조선시대 남녀간의 성애를 다룬 염정시에는 양반들이 기생을 소재로 하여 쓴 연시(戀詩)와 기생들에게 주었던 증기시(贈妓詩), 기생들이 직접 남겼던 연시(戀詩) 등이 있다.

으로 자리하게 된다.

바로 이러한 사회 문화적인 배경 속에서 기생 '춘향'과 양반 자제 이몽룡의 사랑을 소재로 한 『춘향전』이 탄생하게 된다.

조선 후기의 베스트셀러, 『춘향전』에 대한 새로운 접근

『춘향전』은 양반 자제 이몽룡과 기생의 딸 춘향 사이의 신분적 한계를 초월한 사랑을 극적으로 재현함으로써 조선후기 당대는 물론 현대에까지 지속적으로 대중의 사랑을 받아왔다.[2] 일찍이 김태준[3] 은 『조선소설사』(1932)에서 조선시대 후기 이후 최고의 베스트셀러였던 『춘향전』을 '조선의 『홍루몽』'이라 칭하였다. 또한, 그는 『춘향전』을 중국 문예의 최대 걸작인 『홍루몽』에 비교하면서, "조선인의 생활을 경제, 정신 양면으로 통 털어 볼 수 있는 소위 '사회

---

2) '판소리'와 '소설'의 장르 혼합적 성격을 띠는 『춘향전』은 그 발생론적 기원과 이본 연구에 있어 활발한 논의를 양산하여왔다. 먼저 발생론적 기원을 살펴보자면, 18세기 중반 이후로 널리 향유된 『춘향전』은 일차적으로 다양한 근원설화 즉, 열녀 설화, 암행어사 설화, 신원(伸寃) 설화, 염정 설화, 신물교환 설화, 수기(手記) 설화, 몽상(夢祥) 설화 등에 기원하고 있다. 계통적으로 볼 때 『춘향전』은 크게 '설화 판소리 소설'로 발전되었다는 설과 '설화 소설 판소리'로 전이되었다는 두 가지 설로 양분된다. 『춘향전』은 100여 종이 넘는 다양한 층위의 이본들로 구성되어 있는데, 작가와 독자의 계층적 차이를 드러내는 한문본과 국문본이 있으며, 장르적으로 한시, 소설, 희곡, 판소리 등 다양한 형태의 이본들이 존재한다. 또한 필사본과 판각본으로 나눌 때, 중기 이본인 방각본의 경우, 유통경로와 특정 화소의 유무 및 내용의 부분적 차이에 따라 '경판계'와 '완판계'로 분류된다.

3) 김태준(1905~1949)은 1930년대 국내 최초의 비교문학적 국문학 연구서인 『조선 소설사』 및 한문학과 국문학을 접목시킨 『조선 한문학사』를 통해 한국 문학사를 정립했다. 천태산인(天台山人)이란 호가 있었다.

백과사전'의 역할"을 하고 있다고 지적하였다.

그렇다면 과연 『춘향전』이 수세기에 걸쳐 독자들의 사랑을 받아온 이유는 무엇일까? 일차적으로 『춘향전』은 남녀 간의 열정적인 사랑과 그러한 관계를 영원히 지속하고 싶은 인간의 보편적 욕망을 제기함으로써 시대를 넘어선 공감을 획득하고 있다. 춘향과 이몽룡이 첫날밤 백년언약을 하는 자리에서, 죽어서 '오리나무'와 '칡넝쿨', '음양수'와 '원앙새', '인경'과 '망치', '암톨쩌귀'와 '수톨쩌귀'가 되어서라도 떨어지지 않고 천년만년 함께 살자고 맹세하는 대목은 기발하고 절묘한 비유가 주는 감흥과 더불어, 남녀 간의 영원한 사랑이 얼마나 절실한 인간세상의 보편적 염원인지를 보여주고 있다.

한편, 『춘향전』의 또 다른 매력은 조선시대 신분제 속에서 양반, 중간 계층, 서민, 기생 등이 관계 맺는 양상을 보여줌과 더불어, 신분제 내부의 수직적 위계를 전복시키는 풍자와 해학의 목소리들로 가득 차 있다는 점일 것이다. 광범위한 고사 인용과 한문 상투어구들이 녹아있는 『춘향전』은 양반층 지식인 작가의 학식과 문학적 교양을 바탕으로 하는 한편, 방자와 월매, 농부 등의 주변 인물들을 통해 기층민의 익살스럽고 발랄한 목소리들을 교차시키고 있다. 이러한 『춘향전』은 폭넓은 독자층을 확보하며 재미와 감동을 선사했던 성공적인 문학 텍스트였을 뿐 아니라, 김태준의 지적과 같이, 조선후기 풍속의 역동적인 이면을 보여주는 역사적 자료로서도 중요한 의미를 지닌다.

『춘향전』은 독자 대중 뿐 아니라 문학 연구자들에게도 크나큰 관심과 사랑을 받은 고전으로서 지금까지 수백편의 연구 논문이 양산되었다. 이러한 기존 논의들은 『춘향전』의 주제에 대해 춘향과 이도령 사이의 변치 않는 애정, 춘향의 이도령에 대한 지고지순한 정절, 춘향을 통해 대변되는 부패한 관리 계층에 대한 하층민의 항거, 전근대 신분제의 모순에 저항하는 민중의 의지 등을 지적하였으며, 기녀로서의 춘향의 신분상승 욕구를 제기하기도 하였다. 하지만, 『춘향전』의 주제가 남녀간 사랑의 영원성, 정절의 절대적 가치, 신분적 질곡과 인간해방 등의 보편 논리로 환원되는 과정에서 소홀히 되었던 작품 안팎의 다양한 역사성에 대해 새롭게 주목할 필요가 있다. 왜냐하면, 인간적 보편의 문제는 늘 특정 시대나 문화권 속에 작동되는 역사적 형식을 통해 발현되어 왔기 때문이다. 『춘향전』역시 남녀 간의 사랑이나 인간의 존엄성과 자유 등의 문제를 조선 후기의 특수한 사회적 기반 속에서 제기하고 있다. 그렇다면 『춘향전』을 통해 사랑의 보편성과 불멸의 가치를 재확인하는 작업을 넘어서, 결혼제도와 분리된 영역에서 이루어졌던 당대 사랑의 역사적 의미를 탐색하고, 그들의 사랑이 조선시대 관습적 사랑의 공식에 어떠한 방식으로 균열을 야기하는지를 질문해 볼 필요가 있다.

또한 지금까지 『춘향전』은 작품 내재적 차원에서 '사랑'과 '정절', '신분의식 및 인간 해방' 등과 관련하여 논의되었지만, 이에 대한 해석들은 다분히 주인공 '춘향'을 바라보는 자의 이념이나 욕망이 투사되어 있는 외부적 시선의 결과물이었다는 점도 새롭게 사유해 볼 필요가 있다. 탐관오리 변학도의 수청 요구에 대해 춘향은 다음과 같이 강력하게 항변한다.

『춘향전』의 무대가 되었던 남원의 광한루.

"소녀는 두 남편을 섬기지 않는 열녀의 마음을 따를 것이오니 … 죽으면 죽었지 분부 시행 못하겠소. 정절은 양반 상놈이 없사오니 억지말씀 마옵소서." … "이부불경(二夫不敬)이 내 마음, 이군불사(二君不事)와 무엇이 다르리까? 삼종지도(三從之道) 중한 법을 삼생에 버리리까?"

여기서 두 남편을 섬기지 않음을 선언하고 '삼종지도'를 주창하는 춘향의 모습은 어느 규방의 순결한 아녀자와 다를 바 없다. 그리고 이러한 춘향의 정절의식은 조선시대뿐만 아니라 현대에까지 천한 기생이었던 춘향이 규범적 세계로부터 지속적으로 환대를 받으며 긍정적인 인물로 살아있게 한 중요한 자질로 기능한다. 하지만 목숨을 걸고 절개를 지키고자 한 춘향에 대해 그러한 선택을 하게 된 '기녀'로서의 실존적 조건은 고려하지 않고 춘향을 '열녀'로만 숭앙하고자 하는 시선은, 신분적·성별적 타자성(他者性)을 무화시킨 채 유교적 가치를 '보편'의 이름으로 절대화하였던 지배 담론의 이념적 지향성과 깊이 연관되어 있다. 한편으로, 이러한 춘향의 목소리는 양반 계층의 권력에 맞서는 민중의 저항적 계급의식을 대변하는 것으로 읽히기도 하였다. 하지만 여기에서도 춘향은 '민중'이라는 또 다른 집단적 표상 속에 묻혀버린다. 이러한 춘향의 사회적 표상에 대한 해석들은 춘향 자신의 고유한 목소리라기보다는 양반 및 서민 계층 각각의 시선이 투사된 복합적 욕망의 산물임을 지적할 수 있다.

따라서 춘향의 역할을 다시 해석하여 타자로서의 기녀 춘향의 시선과 욕망을 복원하고, 『춘향전』의 기저에 깔린 조선 후기 사회의 욕망의 구조를 보다 새롭게 읽어낼 필요가 있다. 현실적으로 일시적인 만남에 머물렀던 기생과 양반 간의 사랑이 행복한 결실을 맺고, 또 춘향이 기생첩의 신분에 머물지 않고 정실부인의 자리에까지 오르게 된 비현실적인 서사가 어떻게 만들어질 수 있었는가? 상층부 양반 여성들에게 요구된 성규범인 '정절'을 적극적으로 수용한 기녀 춘향의 욕망은 무엇이며, '열녀 기녀'라는 이율배반적인 존재성이 지니는 사회적 의미는 무엇일까?

욕망의 사회학: 전근대 사회의 에로티시즘과 기녀의 정절

신분제와 유교적 가부장제가 근간이 되었던 조선시대에 여성의 섹슈얼리티[4]는 신분에 따라 전혀 다른 방식으로 규정되었다. 양반 여성들의 경우, 자식을 낳아 가문을 잇는 재생산(reproduction)의 기능 이외에 그들의 몸과 섹슈얼리티는 강력하게 통제되었다. 여성의 '정절' 이데올로기와 그것의 구체적 현현인 '열녀'의 탄생은 양반 여성의 성규범을 대표하는 요소들이다. 한편, 가족제도 속에서 요구되지 않았던 성애(性愛)는 가족 밖의 기녀라는 여성 집단을 통해 충족되었다. 여악(女樂)이라는 공식적 기능 이외에, 기녀는 지배층 양반 남성들의 사적 모임에서 풍류를 매개하고, 섹슈얼리티를 공급하는 또 다른 기능을 요구받았던 것이다. 이때 기녀의 섹슈얼리티는 불특정 다수의 양반들에 의해 끊임없이 향유되는 것이었으며, 이는 관비로서 기녀가 수행해야 할 직역(職役)의 또 다른 얼굴이었다. 가족제도 밖의 풍류 공간에서 이루어지는 양반 남성과 기녀 사이의 에로티시즘은 전근대적 신분제 사회가 양산한 사랑의 특수한 양식이었으며, 이러한 조건 속에 있는 기녀에게 '정절'을 요구하는 것은 자가당착적인 행위라 할 수 있다.

그런데, 조선시대 후기에 이르러 많은 소설 속에는 정절 의식으로 무장한 정숙한 기녀들이 빈번히 등장하며, 때로는 구관 사또에

---

4) '섹슈얼리티(sexuality)'는 '생물학적 성(sex)'와 '사회적 성별(gender)'의 국면을 넘어서, 사회적으로 구성되는 성의 다층적인 측면을 포함하는 용어다. 성적 행위, 성에 관한 생각들, 성적 욕망, 나아가 성이 사회 제도와 관계 맺는 양상 전반을 포괄한다.

대한 절개를 지키기 위해 목숨을 바치는 열녀 기녀들이 탄생하기도 한다. 춘향 역시 이러한 당대 소설의 경향을 반영하는 인물이자, 열녀적 성향을 지닌 기녀의 전형으로서 논의될 만하다. 그런데 기녀로서의 춘향은 일반 사대부 계층의 열녀와는 질적으로 다른 지점에 있다는 것 또한 주목할 만하다.

> "이리 가까이 오너라. 네 인물 네 태도는 천만고에 무상(無雙)일다. 안거라, 보자. 서거라, 보자. 쌩긋 웃어라, 잇속을 보자. 아장아장 거닐어서 백만교태 다 부려라."

이몽룡과 첫날밤을 보내면서 사랑놀음을 할 때, 이몽룡을 한 눈에 사로잡아버리는 춘향의 교태로움과 성적 매력은 당시 양반에 대한 향응의 의무를 가진 기녀에게 요구된 전형적인 자질이었다. 또한 첫날밤에 춘향이 이몽룡으로부터 받아낸 '불망기(不忘記)'[5]는 양반과의 관계에서 소모적인 유희의 대상으로 자리했던 기녀 집단의 사회적 조건을 잘 보여준다. 하지만, 이몽룡과의 이별 후, 변학도의 수청을 거절하고 이몽룡에 대한 절개를 지키고자 목숨을 무릅쓰는 춘향의 모습은 어느 규방의 아녀자보다 더 정숙하고 강인한 도덕적 의지를 보인다. 이렇게 상반된 이미지가 공존하는 춘향의

---

[5] '불망기(不忘記)'는 관습적으로 기생들이 양반과의 하룻밤 만남에서 받은 서약서로서, 신분적으로 약자인 기생이 상대 남성으로부터 자신을 버리지 않을 것을 약속받은 일종의 증표이다.

『춘향전』의 내용을 그린 상상도.

자질을 어떻게 설명할 수 있을까? 이는 바로 조선시대 후기에 이르러 유교적 가부장제가 배태한 여성성의 새로운 역사적 징후라 할 수 있다. '기녀'가 '열녀'가 되는 이율배반적인 현상 속에는 일차적으로 조선시대 후기에 이르러 기층민에까지 확대되고 수용된 유교 이념의 헤게모니를 확인할 수 있다. 하지만 그 이면에는 유교적 가치와 미적 감각을 신분적으로 비천한 기녀 계층에게도 요구하여 이를 향유하고자 한 양반층 남성들의 또 다른 욕망을 읽어낼 수 있다. 또한 이러한 열녀지향적인 기녀의 이미지 속에는 지배층의 윤리와 기호를 수용하고 내재화하여 자신들의 사회적 입지를 상승시키고자 한 기녀들의 현실적 욕망이 동시적으로 교차하고 있다.

정숙함과 음란함은 가부장제사회가 양산해 온 여성에 대한 전형적인 이중기준(double standard)이며, 기녀는 바로 음란함의 지표를 지닌 여성 집단이었다. 그런데 춘향으로 대표되는 조선후기 문학에 나타나는 정숙한 기녀 이미지 속에는 당대 사회가 오랫동안 구축해놓은 여성 섹슈얼리티의 이분법이 일시적으로 해체되고 있어 흥미롭다. 기녀의 시선과 욕망의 입장에서 볼 때, 이러한 기녀의 정절은 사대부 문화의 가치를 내재화함으로써 양반 남성의 사랑을 얻고, 전근대 결혼 제도 속으로 편입되어 신분적 타자성을 극복하고자 하는 기녀집단의 절실한 실존적 선택으로 볼 수 있다. 그런데 이러한 교태로우면서도 정숙한 기녀의 이중적 이미지는 신분에 따라 달리 요구된 조선시대 여성의 이분화, 즉 '정숙한 사대부 여성'/'음란한 기녀'의 구도를 무너뜨린다. 그리고 그것은 결혼과 성애를 분리시킨 채 작동시켜온 전근대사회적 욕망의 메카니즘이 조선시대 후기에 이르러 점차적으로 균열되고 있음을 보여준다. 특히, 문학의 형식을 통해 유희의 대상으로서의 기녀가 혼인의 대상으로도 허용되는 지점은, 일시적으로 그리고 가족 밖에서 파편적으로 추구된 에로스의 욕망을 결혼 제도 속으로 끌어와, 이를 보다 항구적으로 지속시키고자 한 전근대 사회의 새로운 열망을 제기하고 있어 주목된다.

열린 텍스트로서의 『춘향전』

역사적으로 『춘향전』은 결혼과 사랑이 분리되었던 전근대 사회의 욕망의 공식을 이탈하여, 공식 결혼제도와 에로스의 결합을 승인하고 꿈꾸었던 당대 대중의 욕망을 반영하고 있는 중요한 텍스트이다. 기생이 추구하였던 정실부인에의 욕망은 기생 자신들의 신분 상승의 욕구를 넘어서, 조선시대 일반 대중의 내면에 자리 잡은 새로운 사랑의 공식을 반영하고 있어 더욱 흥미롭다. 그런데, 이렇게 전근대에서 근대로 이행하는 새로운 사랑의 공식을 제기하는 『춘향전』에 대해 초기 계몽주의자들의 시선은 부정적이었다. 개화 초기, 신소설 작가들은 근대 계몽주의의 시선에서 고대 소설을 비판하였는데, 개화기 이후에도 지속적으로 사랑을 받았던 『춘향전』은 이해조의 신소설 『자유종』(1910)에서 '음탕 교과서'로 가치 절하되기도 하였다. 이러한 근대 금욕주의적 시선은 1920년대 이후 춘향을 '열녀'적 이미지로 고정시키고 이를 더욱 강화시키게 된다. 이때 근대 이전의 다양한 이본들에서 발견되는 기생 춘향의 유희주체로서의 자질은 탈각되고, 춘향은 여성의 절개를 대변하는 '정절의 화신'으로 탈바꿈한다.

이렇게 전근대와 근대에 걸쳐 지속적으로 재구성되는 춘향의 이미지는 당대 사회의 지배 이념과 깊은 관련을 가지며, 공식 담론 속에서 춘향의 정절은 여성의 규범을 제시하는 모델로서 지속적으로 전유되어 왔다. 하지만 『춘향전』은 시대를 초월하여 남녀간의 사랑에 대해 본질적인 문제를 제기하고, 문학의 범주를 넘어 끊임없이 새로운 상상력을 자극하는 문화 생산의 모체로 자리하고 있다. 이해조[6]에 의해 『옥중화(獄中花)』(1912)라는 이름의 신소설 형식으로 편작된 이후, 『춘향전』은 근대 초기부터 현재에 이르기까지 근대 소설의 양식 속에서 다양한 얼굴로 부활해 왔다. 또한 영화·창극

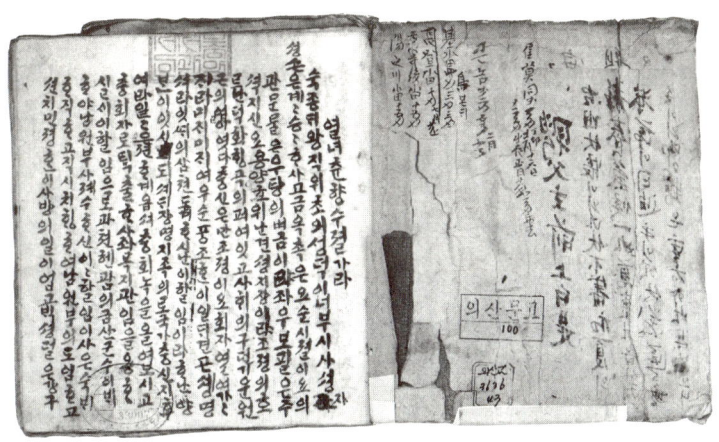

『춘향전(春香傳)』의 이본(필사본) 가운데 하나.

·현대시 등 다양한 매체와 장르를 통해서도 춘향은 끊임없이 변용되어 왔다. 이처럼 문화 전반에 걸쳐 춘향은 인간의 에로스에 대한 긍정과 사랑의 절대성을 상징하는 원형적 인물이면서, 나아가 자신의 유희적 욕망에 적극적으로 행동하는 주체적인 여성상으로 재생산되기도 하였다.

고전은 특정한 시공간에 제한되는 역사적 산물이 아니라, 시대를 초월하여 끊임없이 새로운 의미를 생산하는 창조의 보고로서 그 의미를 가진다. 『춘향전』은 사랑과 관련하여 한국 문학을 대표하는

---

6) 이해조(1869~1927)는 신소설가로서 대표작 『자유종』(1910)과 『화의 혈』(1910)을 포함하여 30여 편에 가까운 신소설을 남겼다. 호는 열재(悅齋) 또는 우산거사(牛山居士)다.

고전이면서, 근대를 새롭게 사유하게 하는 전근대문화의 소중한 역사적 지표이다. 그리고 문학의 범주를 넘어 이제『춘향전』은 무한한 문화 텍스트를 양산해낼 수 있는 창조의 원천으로 자리하고 있다. 사랑의 보편성과 역사성을 극명하게 보여주는『춘향전』은 앞으로도 끊임없이 새롭게 등장할 미래의 열린 텍스트로 여전히 우리 앞에 놓여있다.

더 생각해볼 문제들

1. 발생론적으로 판소리 장르와 긴밀한 연관성을 가지는『춘향전』은 다양한 계층의 목소리가 공존하는 '다성성'(多聲性)을 특징으로 한다. 엄격한 신분적 위계가 작동되는 전근대 사회에서, 상이한 미의식을 가진 문화적 경계를 깨고 다양한 계층의 작가와 독자들이 작품의 생산과 향유에 가담한『춘향전』과 같은 역동적인 텍스트가 산출된 사회적 배경은 무엇일까 생각해보자.

2. 춘향이라는 인물은 시대에 따라, 그리고 그 사회 내부의 이념적 지향성에 따라 끊임없이 재구성되고 있는 여성이다.『춘향전』의 이본 가운데는 춘향이 기생으로서 규범에 구속되지 않는 발랄한 민중 의식을 반영하는 인물로 등장하는 반면, 완판『84장본 열녀춘향수절가』나 신재효의 판소리 '남창'의 경우에는 기생이 아닌 양반의 서녀로 등장하여 여염집 규수의 이미지를 지닌다. 이렇게 조선시대 후기의 다양한 이본에서뿐 아니라 근대 이후에도 지속적으로 변신하고 있는 춘향의 이미지가 작가(편저자)의 의식이나 당대 사회의 지배적 규범과 어떠한 관련을 지니며 통시적으로 변화해 왔는지를 생각해 보자.

3. 춘향과 이몽룡의 사랑은 신분제와 유교 가부장제를 기반으로 하여 이루어지

는 전근대식의 사랑을 대변한다. 이와 비교하여, 신분적이고 성적인 평등을 기반으로 하며 사랑과 결혼이 제도 속에 조화롭게 결합되는 근대적 사랑의 공식에 대해 생각해보자.

추천할 만한 텍스트
『춘향전-완판 84장본 열여춘향슈절가』, 이가원 역주, 태학사, 1995.
『춘향전』, 한국고전편집위원회 편, 장락, 2000.
『이고본(李古本) 춘향전』, 성현경 역주, 열림원, 2001.

서지영(徐智瑛)
한국학 중앙연구원 연구교수.
서강대학교 영어영문학과를 졸업하고 동 대학원 국어국문학과에서 석사 및 박사 학위를 취득하였다. 국문학에서 출발하여 풍속 및 문화사 전반으로 연구의 영역을 확장시키고 있다. 문학과 역사가 만나는 지점, 서구와 동양, 전근대와 근대가 만나는 역사적 지점에 대한 학문적 탐색을 지속하고 있다. 현재, '유희'와 '여성'이라는 코드를 통해 한국 문화의 내적·외적 지형도를 재구축하는 작업을 시도하고 있다.
주요 논문으로, 「조선후기 중인층 풍류공간의 문화사적 의미- 서구 유럽 살롱과의 비교를 중심으로」, 「조선시대 기녀의 존재양식과 욕망의 구조」, 「식민지 근대 유흥풍속과 여성 섹슈얼리티」, 「카페, 근대 유흥공간과 문학」, 「식민지 시대 기생연구」 등이 있다.

오늘 밤… 완월대 위에서 달빛을 구경하고자 하였더니
기약하지도 않았는데 뜻밖에 손자들의 혼사(婚事)를 정약케 되었습니다.
우리들이 정의(情誼)로 회맹(會盟)하는 바에 중인이 되어
이후 혼인식을 치르거든 축하주를 많이 받고,
만일 그 사이에 하나라도 맹약을 배신하는 자가 있거든 오늘의 일을 말하면서
무상(無常)함을 꾸짖고 사람 축에도 끼지 못하게 하리이다.
— 『완월회맹연(玩月會盟宴)』 중에서

『완월회맹연』의 작가에 대하여

현존 최장편 고전 소설인 『완월회맹연』의 작가로는 안겸제(安兼濟)의 모친 전주이씨(全州李氏, 1694~1743)가 유력하다. 조재삼(趙在三)이 지은 『송남잡지(松南雜識)』에 "완월'은 안겸제의 어머니가 지은 것인데, 궁중에 흘려보내 명성과 영예를 넓히고자 했다"는 기록이 전하기 때문이다. 대사간(大司諫)을 지낸 이언경(李彦經)의 딸이자 생원시에 장원한 안개(安鍇)의 부인인 전주이씨는, 명문 사대부가 여성으로서 한평생을 살았다.

그런데 기록상으로는 『완월회맹연』의 작가로 전주이씨에 관한 언급밖에 남아 있지 않지만, 그 내용을 면밀히 검토한 결과 집단적으로 창작되었을 가능성이 제기되고 있다. 작품의 문체나 내용을 면밀히 검토해 볼 때, 서로 상치되는 부분이 존재하기 때문이다. 따라서 이 작품은 전주이씨를 중심으로 하면서도 그녀 주변의 여성들이 함께 지었을 가능성이 크다고 하겠다.

07

대하소설의 원류(原流)를 찾아서
『완월회맹연(玩月會盟宴)』

한길연 | 서울대학교 국어국문학과 강사

『토지』, 『태백산맥』의 연원을 찾아서

『토지』(총 21권), 『태백산맥』(총 10권), 『객주』(총 9권). 우리가 흔히 읽어보았거나 들어본 적이 있는 대하소설 제목이다. 대학 시절 어느 해 겨울 방학인가 당시 금지도서였던 『태백산맥』한 보따리를 친구로부터 빌려다 놓고는 매우 뿌듯해 했던 기억이 난다. 쉽게 볼 수 없는 책을 얻었다는 기쁨과 함께, 금방 읽고 끝나버리는 한두 권 분량의 소설보다는 두고두고 읽을 수 있는 대하소설을 즐겼던 필자는, 마치 겨울을 보낼 양식을 준비해 놓은 듯 가득 쌓여있는 책들을 보며 마음이 설레었다. 이들을 내리읽어나갈 수 있다는 생각에.

이러한 독자가 어디 한두 명이랴! 또 그것이 단지 오늘날의 독자들뿐이랴! 끝없는 이야기의 마력 속에 빠져들기는 조선시대 사람들도 마찬가지였다. 오늘날 소설책을 빌려보는 책방이 있듯 조선시대 후기에도 세책방(貰冊房)이 존재했는데, 이 때 책을 빌리기 위해 비녀, 노리개 등 온갖 패물을 갖다 바치기도 하고 심지어 재산을 탕진하기까지도 했던 사람들이 있을 정도였다. 그들이 즐겨본 소설 가운데는 80권 80책의 『화산선계록(華山仙界綠)』, 100권 100책의 『명주보월빙(明珠寶月聘)』 그리고 180권 180책의 『완월회맹연(玩月會盟宴)』[1] 등 숱한 대장편소설이 있었다. 특히 『완월회맹연』의 경우 오늘날의 소설 분량으로 환산한다면 족히 20권이 넘을 것이니, 그 방대한 양을 충분히 짐작할 수 있다. 일반 대중에게는 제목조차 낯선 이 소설들은 『토지』, 『태백산맥』의 할아버지뻘인 셈이다.

기실 『완월회맹연』 등이 1966년 창덕궁의 낙선재(樂善齋)에서 발견되기 이전, 『토지』 등의 소설은 전통적 소설과는 맥을 달리하는 작품으로 평가되기도 하였다. 『홍길동전』, 『춘향전』 등의 단편소설이나 길어야 『구운몽』, 『사씨남정기』 등의 중·장편소설을 산출한 고전 소설의 전통 속에서는 배태될 수 없는 현대의 별종으로서 말이다. 그러나 낙선재를 비롯한 전국 각지에서 새롭게 발굴된 고전 대하소설을 통해서 『토지』와 『태백산맥』 또한 면면히 흐르는 문학적 전통 속에 자리하고 있음을 여실히 알 수 있게 되었다. 현존 최장편 고전 소설인 『완월회맹연』은 바로 이러한 문학적 전통을 잉태한 조선시대 후기 소설사에서 단연히 그 정상에 우뚝 자리하고

---

1) 현재 180권 180책의 낙선재본 — 한국학중앙연구원 소장 — 과 180권 93책의 규장각본이 완질(完帙)로, 6권 5책의 연세대학교 소장본이 낙질(落帙)로 전해지고 있다.

있다. 도도한 거대 장편의 흐름은 이미 몇 백 년 전부터 그 물꼬를 튼실하게 트고 있었던 것이다.

달밤 연회에서의 맹약(盟約)과 그 실현의 과정

"완월회맹연? 무슨 뜻이에요?", "줄거리는 어떻게 되죠?" 일단 180권이나 되는 최장편 고전 소설이 존재한다는 놀라운 사실을 알게 되었다면, 그 다음으로 궁금한 점은 바로 이 책이 어떤 책인가 하는 점일 것이다. 쉽지 않은 질문이다. '인간행락(人間行樂)의 총서(叢書)'라고 평가될 정도로 숱한 이야기들이 중첩되어 있는 이 어마어마한 거질을 어찌 한두 마디로 논할 수 있겠는가?

우선 '완월회맹연(玩月會盟宴)'이란 제목은, 글자 그대로 달밤에 모여 잔치를 벌이면서 맹약을 한다는 뜻이다. 그리고 이러한 맹약을 실현해 나가는 기나긴 과정이 이 작품의 주된 줄거리다. 한 가문의 4대에 걸친 이야기가 전개되는 작품 초반부에 제1대 인물인 정한의 생일잔치가 열리는데, 그 자리에서 이 집안의 후계자가 결정된다. 그리고 친분 있는 가문들이 모여 겹겹이 약혼을 하게 된다. 특히 완월대(玩月臺)에 올라 달을 구경하면서 맹약을 하는 장면이 인상적이다.

공식적인 잔치가 거의 끝나고 빈객들이 돌아갈 무렵, 달 밝은 봄밤의 정취를 아쉬워하면서 정한은 자손들과 친분 있는 사람들을 이끌고 완월대에 오른다. 이 집의 뒤뜰에 위치한 이곳은 낙락장송(落落長松)이 무성하고 맑은 시냇물이 흐르는 가운데 온갖 기이한 꽃과 풀들이 가득한데다 백학과 오작(烏鵲)이 노니는 별천지이다. 이

「호조낭관계회도(戶曹郞官契會圖)」.
조선시대 선비들의 연회(宴會)를 묘사한 그림(국립중앙박물관 소장).

아름다운 곳에서 마음이 통하는 사람들끼리 술잔을 주고받으면서 서로 손자 혹은 자식들을 엮어준다. 남녀 주인공인 정인성과 이자염, 정인광과 장성완 등 많은 남녀인물들이 이 자리에서 맺어지게 된다.[2] 또 낮의 연회에서 가문의 종손으로 공표된 정인성은 이 자리에서 뛰어난 글재주로 두각을 드러내면서 명실상부한 가문의 후계자로서 인정받는다.

앞으로 펼쳐질 사건들의 조감도라 할 수 있는 이 날의 맹약은 이후 운명과도 같이 이들을 묶어놓는 끈이 된다. 비록 맹약을 주도한 장본인인 정한이 죽은 뒤, 숱한 내우외환(內憂外患) 속에서 이 날의 약속이 깨어질 위기에 처하기도 하지만 종국에는 실현된다. 그것은 바로 충(忠), 효(孝), 열(烈)이라는 세 가지 중요한 가치를 추구해 가는 과정을 통해서였다.

먼저 충(忠)과 관련된 면을 살펴보자. 한국의 고전 소설이 대개 그렇듯 이 작품 또한 중국 명(明)나라를 배경으로 하는데, 영종(英宗) 연간에 이 가문은 큰 정치적 위기를 겪게 된다. 남주인공의 삼촌 정흠은 영종 황제가 태감(太監) 왕진(王振)의 말을 듣고 야선(也先)[3]을 치기 위해 직접 출정(出征)하려는 것을 만류하다가 사사(賜

---

2) 대하소설에서는 주요 사건이 두 개 이상 등장한다. 따라서 남녀 주인공도 각각 한 명이 아니라 복수로 등장하여 남주인공이 2명, 여주인공이 2명인 경우가 허다하다.

3) 야선(也先)은 중국 명나라시대 오이라트의 수장(首長)이었던 '에센'을 말한다. 외몽골을 통일하고 태사회왕(太師淮王)으로 등극하여 실권을 장악하였다. 1449년 무역 문제 때문에 명나라 북변에 침입하여 지금의 하북성(河北省) 북서부의 토목보(土木堡)에서 영종(英宗)을 포로로 삼고 북경(北京)을 포위하였으나, 이듬해 영종을 석방하고 강화하였다.

死)된다. 이 집안의 사위인 조세창도 황제의 친정(親征)을 반대하다가 귀양 간다. 더욱이 왕진 일파의 모해가 지속되자 집안 전체가 은신처로 피신하는 상황에까지 이른다.

그런데 출정한 영종이 토목(土木)이라는 곳에서 야선에게 볼모로 잡히는 '토목지변(土木之變)'이 일어난다. 이에 남주인공의 부친인 정잠과, 귀양 갔던 조세창은 각각 천자를 구하기 위해 적지로 간다. 야선은 그들을 자기 신하로 삼으려고 온갖 회유책을 동원하지만, 그들은 명나라 신하로서의 기개를 굽히지 않는다. 심지어 굶어죽을 위기에 처해서도, 옷에 묻은 피를 빨아먹을지언정 오랑캐가 주는 음식은 먹지 않겠다면서 이렇게 호통 친다.

"내가 만분 위급한 가운데 굶어죽음을 면치 못할지언정 너의 더러운 음식을 가까이 하여 나의 맑은 복장(腹腸)을 흐리게 하지 아니하리니 모름지기 네 배나 채우고 내게 일절 보내지 말라."

결국 이들은 굳은 충성심으로 천자를 구해내고 대신 볼모로 잡혀 수년 간 고초를 겪다가 본국으로 화려하게 귀환한다. 국가의 위기를 막아냄으로써 가문의 위기 또한 극복되고 있는 것이다. 이렇듯 임금에 대한 절대적인 충성을 통해 주인공 가문은 영광스럽게 복귀함으로써, 정인성과 이자염 등이 혼인식을 올릴 수 있게 된다.

다음으로 효(孝)와 관련된 면을 살펴보자. 정한의 탄신연(誕辰宴)에서 이 집안의 후계자로 정해진 정인성은, 본래 정한의 둘째 아들인 정삼의 아들이다. 정한의 장남인 정잠과 양부인과의 사이에서 아들이 태어나지 않자 조카인 정인성을 양자로 입양하여 계후(繼後)로 삼았던 것이다.

그런데 문제는 양부인이 죽고 후처로 들인 소교완이 쌍둥이 형제를 낳으면서부터 시작된다. 소교완은 정인성 때문에 자신의 친자식이 가문의 종통(宗統)을 잇지 못함을 한탄하며 정인성을 눈엣가시 같이 여긴다. 이에 소교완은 온갖 방법으로 정인성을 해치려 한다. 심지어 그녀는 자신의 입에 죽을 떠서 넣어주며 몸소 수발드는 정인성의 손을 물어 그 살점이 떨어져나가게 만들 정도로 악독한 행실을 서슴지 않는다.

그러나 결국 소교완은 정인성의 지극한 효성에 감동하여 자신의 잘못을 뉘우치고 그를 진정한 아들로 받아들이게 된다. 그녀가 중병으로 사경을 헤매다가 문득 살펴보니, 정인성이 다음과 같이 간절히 기도하고 있었다.[4]

> 자신의 몸은 침상 위에 하나의 시신같이 누워 있는데 정인성 등이 자신을 붙들고는 부르짖으며 울면서 스스로 희생(犧牲)이 되어 모친

---

[4] 이 부분은 소교완이 실제로 깨어나서 자신과 정인성의 모습을 살펴보는 장면이 아니라, 사경을 헤매던 소교완의 혼백이 선계(仙界)에 이르러 그곳에서 신기한 거울을 통해 자신의 방 안 풍경을 들여다보는 장면이다. 그녀는 선계에서 돌아가신 모친 및 정잠의 전실(前室)인 양부인을 만나게 되는데, 이들은 소교완이 죄과를 뉘우치지 않으면 그녀 자신뿐만 아니라 친아들인 정인웅까지도 목숨이 위태로울 것이라고 알려준다. 이들은 또한 소교완이 잘못을 뉘우치도록 정인성이 그녀를 위해 간절히 기도하는 장면을 신이한 거울을 통해 보여 주었던 것이다.

의 목숨을 대신하기를 기도하고 있었다. 그 거동은 차마 볼 수 없을 정도이니 정성이 천지를 감동시켰다.

자신의 몸을 제물로 바쳐 계모를 살리고자 하는 정인성의 지극한 효성은 결국 악독한 소교완의 마음마저도 녹게 만들었던 것이다. 기실 정잠은 아들이 없어 조카인 정인성을 계후로 삼았지만, 후처인 소교완 입장에서는 그의 친아들을 낳았기에 후계자를 바꿀 명분이 전혀 없는 것은 아니었다. 정인성의 지극한 효도는 이러한 불만들을 일소하면서 자신과 계모를 지키고 결국은 가문까지도 지켜내고 있다.

마지막으로 열(烈)과 관련된 면을 살펴보자. 완월대에서 맹약할 때 남주인공 가문은 다른 가문과의 약혼은 주저하지 않지만 장씨 가문과의 약혼은 흔쾌히 허락하지 않았다. 장성완의 부친인 장헌이 자신의 안위만을 중시하는 소인형 인물이기에 그의 마음이 바뀔 것을 염려한 까닭이었다. 장헌의 간곡한 청원에 그간의 친분을 생각해서 어쩔 수 없이 약혼하지만 아니나 다를까? 남주인공 가문이 정치적으로 큰 위기에 처하자 장헌은 즉시 등을 돌리고 권력을 쥔 왕진에게 빌붙어 남주인공 가문을 모해하는 일을 서슴지 않는다. 그런 장헌이 자기 딸을 남주인공 정인광과 결혼시킬 리 만무했다. 그는 딸을 권력가에게 시집보내려고 이리저리 궁리를 하게 된다. 더욱이 그녀의 명성을 듣고 모여든 탕자(蕩子)들이 그녀를 차지하려 온갖 계략을 꾸미기까지 한다. 이에 장성완은 정인광과의 신의를 지키기 위해 스스로 얼굴의 낯가죽을 벗기고 귀를 베어내어 한 덩이 육괴(肉塊)가 된다.

> 소제[장성완]가 이불을 쓰고 고요히 누워 낯가죽을 벗기며 귀를 베었기에 이럴 줄이야 어찌 꿈에서라도 생각했으리오? (…) 가는 허리에 깁을 묶었으니 이는 전후에 바뀌지 않았으나 그 밖에는 붉은 피가 가득한 고기 덩어리일 뿐이었다. 이목구비를 분별하지 못 할 지경이니 어느 곳에 눈이 박히고 어느 곳에 코가 있는 줄을 어찌 알겠는가?

장헌 부부가 딸을 들여다보니 얼굴 대신 붉은 피가 가득한 고기 덩어리가 있을 뿐 어디에 코가 있는지 어디에 눈이 있는지조차 분간할 수가 없기에 경악을 금치 못 하는 장면이다. 장성완은 아예 자결하여 세상을 뜨고자 했으나 이는 부모에 대한 크나큰 불효이기에 자신의 낯가죽을 벗김으로써 다른 데 시집보내고자 하는 부모의 마음을 돌리고, 자신을 차지하려는 탕자들의 음심(淫心)을 접게 하였던 것이다.[5]

이처럼, 『완월회맹연』은 충, 효, 열의 이념적 가치를 생생하게 재현하고 있다. 『춘향전』 등의 단편소설과는 달리 『완월회맹연』 등의 대하소설들이 지배층에서 주로 읽혔던 점 또한 이 때문이었으리라.

---

5) 이후 장성완은 '복상단(復常丹)'이라는 신이한 약을 먹고 얼굴이 예전 상태로 돌아오게 된다.

여성 작가와 여성의식

『완월회맹연』을 설명할 때 빼놓아서는 안 될 부분이 있다면 바로 작가에 대한 문제이다. 대개의 고전 소설은 작가 미상인 작품이 대부분이다. 그런데 다행히도 『완월회맹연』과 관련해서는 다음과 같은 기록이 전한다.

> '완월'은 안겸제의 어머니가 지은 것인데, 궁중에 흘려보내 명성과 영예를 넓히고자 했다.[6]

조재삼(趙在三)이 지은 『송남잡지(松南雜識)』의 남정기(南征記) 조(條)에 실린 내용이다. '완월(翫月)'이 『완월회맹연(玩月會盟宴)』과 동일한 글인지에 대해서는 아직도 약간의 의문이 남아 있지만, 여러 가지 주변적인 정황으로 보아 전주이씨가 『완월회맹연』을 지었을 가능성이 매우 높다고 한다. 180권이나 되는 고전 소설이 존재한다는 사실만으로도 놀라운데 그 작가가 여성이라는 사실에 우리는 다시 한 번 놀라움을 금치 못하게 된다. 『토지』의 박경리, 『혼불』의 최명희는 이미 조선시대 후기에 존재하고 있었던 것이다.

그래서일까? 이 작품은 여성적 채취가 짙게 묻어난다. 『완월회맹연』에서는 각계각층의 삶의 애환을 잘 그려내고 있는데, 그 중에서도 특히 여성들과 관련된 면이 잘 형상화되어 있다. 장성완의 경우

---

6) 원문은 다음과 같다.
　翫月, 安兼濟母所著, 欲流入宮禁, 廣聲譽也.

152

가 그 대표적이다. 그녀는 소인형 기질을 가진 부친의 배신에도 불구하고 약혼한 정인광과의 신의를 지키기 위해 자신의 낯가죽을 벗기는 등의 굳은 의지로 결국 정인광과 혼인하게 된다. 그런데 갈등은 그녀가 혼인한 뒤 더욱 불거진다.

정인광은 그의 가문을 배신하고 부친을 모함하려 했던 장인 때문에 죄 없는 아내를 박대한다. 심지어 그는 아내를 집에 둘 수 없다며 자결할 것을 강요한다.

> "내가 이제 세 가지 죽을 수 있는 도구를 주겠노라. 스스로 짐주(鴆酒)[7]에 고요히 목숨을 마치고자 아니 하거든 단검으로 스스로 목을 베고, 나를 괴롭게 여기거든 석 자 깁에 목을 매어 얼른 죽어 속죄하라 하여라. 부질없이 세상에 연연하여 나로 하여금 칼과 노(弩)를 가지고 남을 살해하는 박덕한 행실이 있게 말라 전하여라."

정인광이 시녀를 통해 장성완에게 말을 전달하는 부분이다. 정인광의 입장에서는 부모에 대한 효가 중요하기에 아내를 박대할 명분이 없는 것은 아니다. 그러나 장성완의 입장에서는 참으로 억울한 일이 아닐 수 없다.

조선시대 전기에는 사위가 처가에 들어가 사는 서류부가혼(壻留婦家婚)이 일반적이었으나, 그와는 달리 후기에 이르면 며느리가

---

7) 짐주(鴆酒)란, 짐새라는 독조(毒鳥)의 깃을 담가 만든 술로, 이 술을 마시면 그 독기로 인해 사람이 죽게 된다고 한다.

시집에 들어가 사는 친영례(親迎禮)가 보편화됨에 따라 여성들은 상당한 고난을 겪는다. 이로부터 고부간(姑婦間)의 갈등이 심해진 것은 물론이거니와 사위는 점차 장인·장모를 경시하게 된다. 이러한 혼례제도의 변화 속에서 친정과 시댁의 당파(黨派)가 서로 다르기라도 하면, 여성들은 시댁에서 원죄의식을 가지고 고통스럽게 지낼 수밖에 없다. 한 마디로 시가에서는 '죄인'이 되는 것이다. 장성완은 바로 이런 처지를 잘 반영하고 있다.

비록 자기 부친이 소인배라 하더라도, 자신에게는 시부모에 대한 효를 강요하면서 장인은 인정해주지 않는 남편에 대한 원망은 깊을 수밖에 없다. 효는 누구에게나 보편적인 것인데 시부모에 대한 효만이 중시되고 있기 때문이다. 장성완이 간절한 기도로 중병이 든 시어머니를 살려내고 정인광이 의술로 사경을 헤매는 장인을 살려냄으로써 이들의 갈등이 해결되긴 하지만, 그 과정에 이르기까지 장성완은 지속적으로 피를 토하고 중병에 걸려 사경을 헤매기까지 한다.

그녀 이외에도 『완월회맹연』에서는 다양한 여인들이 등장하여 당대 여성들의 삶의 애환을 구체적으로 드러내고 있다. 모친이 돌아가셨는데도 남편의 눈치를 보다가 빌인(發靷)하는 날이 되어서야 친정에 가는 정명염, 추한 외모 때문에 평생토록 남편과 잠자리 한 번 갖지 못한 채 한스럽게 죽어간 여씨 등등. 그것은 작가의 처지를 반영한 것일 수도 있고, 당대 소설 독자의 대부분이었던 여성의 삶을 반영한 것일 수도 있겠다. 여하튼 조선시대 후기 여성들은 소설을 매개로 자기 목소리를 한껏 내고 있었다. 지금까지도 의미심장한 그녀들의 목소리를 말이다.

　지금까지 간략히 『완월회맹연』에 대해서 설명했지만 왠지 석연치 않다. 『완월회맹연』은 한두 마디로 말할 수 있는 작품이 아니기 때문일 것이다. 그 다양한 모티프들, 살아 숨쉬는 인물 묘사, 절묘한 사건들의 조합 등 읽어보지 않은 사람은 그 묘미를 알기 어렵고 그래서 조명하면 조명할수록 빛이 나는 작품이다. 또 충, 효, 열의 가치를 일깨워줌으로써 삶의 방향을 잃어가고 있는 현대인들에게 주는 교훈적 의미도 상당한 작품이다. 한 번 읽어보는 것은 어떨까? 다 읽지는 못한다 하더라도 1권만이라도 읽어본다면 그 맛을 느낄 수 있을 것이다. 180권을 다 읽기 전까지는 차마 손에서 놓지 못하게 만드는.

더 생각해볼 문제들

1. 여러 대하소설 가운데 『완월회맹연』의 내용적 특색을 찾는다면?

　고전 소설을 짓는 방식은 현대 소설과는 많이 다르다. 요즘에는 조금만 비슷해도 표절 시비에 걸리지만 당대에는 소재를 서로 공유하였다. 그렇기에 비슷한 내용을 담은 작품들이 많이 존재하게 된 것이다. 이는 전통시대의 소설이 구비문학적 전통 속에서 창작되고 향유되었던 점과도 밀접한 관련이 있다.

　『완월회맹연』도 예외는 아니다. 특히 이 작품에서는 "이 부분은 어느 작품에서 가져왔고, 이 부분은 어느 작품에서 가져왔다"는 구체적인 작품의 제명(題名)까지도 언급되고 있다. 그리고 실제로 『완월회맹연』과 흡사한 내용을 『옥원재합기연(玉鴛再合奇緣)』, 『창란호연록(昌蘭好緣錄)』, 『성현공숙렬기(聖賢公淑烈記)』 등에서 찾아볼 수 있다. 중요한 점은 일부 사건에서 다른 작품과 비슷한 뼈대를 지닌다 하더라도 그 살을 붙여나가는 방식이 얼마나 독특한가 하는 점이다. 그리고 여기저기에서 끌어온 사건들을 얼마나 효과적으로 엮어 작품을 읽는 맛을 배가시키는가 하는 점이다.

　혹자는 『완월회맹연』을 여러 작품들을 '짜깁기' 한 작품으로 평가하고 있지만, 그렇다고 해서 이 작품의 가치가 떨어지는 것은 절대 아니다. 이는 전통시대에 소설을 창작하는 하나의 관행이었을 뿐이다. 게다가 이러한 관행 속에서도 『완월회맹연』은 자기 고유의 목소리를 내고 있다.

2. 『완월회맹연』의 주된 독자는 누구인가?

　고전 소설은 크게 하층에서 주로 읽은 '전책류(傳冊類)'와 상층에서 주로 읽은 '녹책류(綠冊類)'로 나뉜다. 전책류는 그 분량이 짧고 문체가 비속하며 구성이 단조롭다. 『유충렬전(劉忠烈傳)』, 『조웅전(趙雄傳)』 등이 여기에 속한다. 이에 비해 녹책류는 그 분량이 길고 문체가 전아(典雅)하며, 구성이 복잡하다. 『소현성록(蘇賢聖錄)』, 『유씨삼대록(劉氏三代錄)』 등이 여기에 속한다. 『완월회맹연』은 이 중 전형적인 녹책류 소설에 속한다. 그 분량에서 고전 소설 가운데 가장 길고 문체 또한 격식이 있는데다 우아하며, 수많은 사건들이 중첩된 구조로 짜여져 있다. 궁중에까지 알려 명예를 높이고자 했다는 『송남잡지』의 기록을 통해서도 볼 수 있듯, 『완월회맹연』은 상층의 독자층을 대상으로 지어진 작품이다.

3. 여성이 지은 고전 소설에는 어떠한 것이 있는가?

여성이 지었다고 할 수 있는 작품으로는 『완월회맹연』 이외에도 『방한림전(方翰林傳)』, 『옥원재합기연(玉鴛再合奇緣)』, 『백계양문선행록(伯季兩門善行錄)』 등이 있다. 『방한림전』은 여성과 여성, 즉 동성간의 결혼을 다룬 획기적인 작품으로 그 내용상 작가가 여성일 것이라고 추정되며, 『옥원재합기연』, 『백계양문선행록』은 여성이 지었다는 구체적인 기록이 전해지고 있다. 아직 밝혀지지는 않았지만 여성이 지은 소설은 이외에도 상당히 많을 것으로 추정된다.

추천할 만한 텍스트
『완월회맹연』(전 12책), 김진세 독해, 서울대학교출판부, 1987~1994.

한길연(韓吉娟)
서울대학교 국어국문학과 강사.
서울대학교 국어국문학과를 졸업하고 동 대학원에서 석사 및 박사 학위를 받았다. 석사논문은 「대하소설의 능동적 보조인물 연구」이고, 박사논문은 「대하소설의 의식성향과 향유층위에 관한 연구」다. 대하소설을 중점적으로 연구해 왔으며, 특히 『완월회맹연』은 박사논문의 연구대상 가운데 하나였다. 현재 조선 시대의 대하소설을 일반인에게까지 널리 알릴 수 있도록 현대어로 옮기는 작업을 진행하고 있다.

II 옛노래에 담긴 뜻

01 월명사,「제망매가(祭亡妹歌)」
02 「청산별곡(靑山別曲)」
03 이황,「도산십이곡(陶山十二曲)」
04 정철,「관동별곡(關東別曲)」
05 이정보, 사설시조(辭說時調)
06 '아리랑'

〈원문〉　　　　　　　　〈해독문〉

生死路隱　　　　　　생사(生死) 길흔

此矣有阿米次肹伊遣　이에 잇어 미즐이견

吾隱去內如辭叱都　　"나는 가ᄂ다" 맔도

毛如云遣去內尼叱古　모다 니르견 가ᄂ닛고

於內秋察早隱風　　　어ᄂ ᄀ슬 이른 ᄇᄅ미

此矣彼矣浮良落尸葉如　이에 뎌에 ᄠ더딜 닢다히

一等隱枝良出古　　　ᄒᄃ 가지아 나고

去奴隱處毛冬乎丁　　가논 곳 모ᄃᆞᆯ온뎌

阿也 彌陁刹良逢乎吾　아야(阿也) 미타찰아 맛보올 나

道修良待是古如　　　도(道) 닷가 기드리고다

― 「제망매가(祭亡妹歌)」 전문

월명사 (생몰연대 미상)

신라 경덕왕 재위기간(742년~765년)에 활동한 인물이다. 그는 국선도(國仙徒)에 속해 있었으며 주로 사천왕사(四天王寺)에서 지내면서 피리(笛)를 잘 불었다고 한다. 그는 향가에도 뛰어난 인물이다. 달밤에 피리를 불면서 대문 앞 큰길을 지나는데 달이 그 소리에 감복하여 운행을 멈추었다고 한다. 이 일로 인해 그 길을 월명리(月明里)라고 하였으며 스님의 이름도 널리 알려지게 되었다. 그는 「제망매가」 외에 「도솔가(兜率歌)」도 지었으며, 능준대사(能俊大師)의 문인이다.

01

죽음의 한계를 뛰어넘는 사랑의 노래
월명사(月明師)의
「제망매가(祭亡妹歌)」

정재영 | 한국기술교육대학교 교양학부 교수

10구체 향가 제망매가

「제망매가(祭亡妹歌)」는 『삼국유사』 권5 감통(感通)[1] 편 월명사(月明師) '도솔가' 조에 「도솔가(兜率歌)」에 이어서 실려 있는 10구체 향가(鄕歌) ― 사뇌가(詞腦歌)라고도 한다 ― 다. 이 노래를 후대의 학자들은 그 배경 설화와 노래 내용 등에 근거하여 '제망매가'라 부르고 있다. 죽음에 대한 인식과 이를 내세적 신앙으로 극복하려는 작가의 정서와 의지가 잘 배어 있는 서정성이 뛰어난 작품이며 형

---

1) 일연(一然)이 지은 『삼국유사』는 전체가 5권 9개의 편목으로 구성되어 있다. 감통편은 주로 신앙의 감흥과 영험에 관한 이야기이다. 특히, 감통편에는 월명사의 「도솔가」와 「제망매가」, 「원왕생가」 외에도 융천사의 「혜성가」 등 총 4수의 주옥같은 향가가 실려 있다.

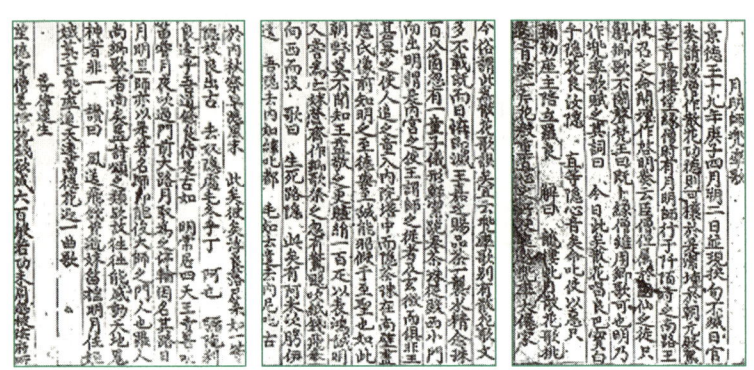

〈사진 1〉 범어사 소장본 『삼국유사』 권5의 '월명사 도솔가' 조.

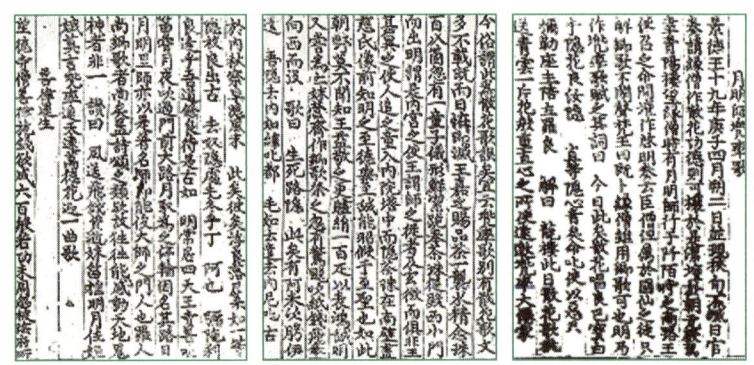

〈사진 2〉 서울대 규장각 소장 정덕본(正德本) 『삼국유사』 권5(국보 제306-2호)의 '도솔가' 조.

식면에서도 정제된 아름다움을 갖추고 있다.

「제망매가」는 〈사진 1〉과 〈사진 2〉에서 보는 것처럼 9개 단위로 분단되어 실려 있다.[2]

여기에서도 확인할 수 있는 것처럼, 현존하는 『삼국유사』 이본(異本)들 중 가장 오래된 범어사 소장본이나 규장각 소장의 정덕본(正德本) 등에는 제6구와 제7구, 그리고 제9구와 제10구가 분절되어 있지 않고 붙어 있다. 일반적으로 10구체 향가 — 사뇌가 — 에서 제9구 앞 부분에 나타나는 차사(嗟辭) — 감탄하는 말 또는 발어사(發語辭) — '阿也'는 분절되어 있다.「원왕생가」의 경우 차사 '阿邪'가 제8구 뒤에 붙어 있는 것과는 차이를 보인다.「제망매가」의 경우가 자연스러운 것이다. 이와 같이 현재 남아 있는 『삼국유사』의 향가 자료들 중에는 각 구절을 정확하게 분단하지 않은 것들이 많다.

---

2) 그 원문은 다음과 같다.

　　月明師兜率歌
　　景德王十九年庚子四月朔 […]
明又嘗爲亡妹營齋 作鄕歌祭之 忽有驚飇吹紙錢 飛擧向西而沒 歌曰 ①生死路隱 ②此矣有阿米次肹伊遣 ③吾隱去內如辭叱都 ④毛如云遣去內尼叱古 ⑤於內秋察早隱風未 ⑥此矣彼矣浮良落尸葉如一等隱枝良出古 ⑦去奴隱處毛冬乎丁 ⑧阿也 ⑨彌陁刹良逢乎吾道修良待是古如 明常居四天王寺 善吹笛 嘗月夜吹過門前大路 月馭爲之停輪 因名其路曰月明里 師亦以是著名 師卽能俊大師之門人也 羅人尙鄕歌者尙矣 盖詩頌之類歟 故往往能感動天地鬼神者 非一 讚曰 風送飛錢資逝妹 笛搖明月住姮娥 莫言兜率連天遠 萬德花迎一曲歌.

밑줄 친 향가 부분은 『삼국유사』의 구절 끊어 쓰기 그대로이다. 다만, 원문에서 분절된 위치에 필자가 편의상 번호를 붙였으며, 「제망매가」 전후의 해설이나 찬(讚) 부분은 필자가 해석을 위해 구절을 끊은 것이다.

선행의 연구들에서도 이미 밝혀진 것처럼 10구체 향가인 「제망매가」는 형식과 내용면에서 세 부분으로 나눌 수 있다. 즉, 제1구에서 제4구까지가 첫째 단락이고, 제5구에서 제8구까지가 둘째 단락이며, 그리고 제9구에서 제10구까지가 셋째 단락이다. 제9는 차사로 시작한다. 바로 이것이 10구체 향가가 가지고 있는 형식상의 특징이다.『삼국유사』에 실려 있는 「제망매가」를 10구체 향가로 다시 정리하여 제시하면 다음과 같다.

〈원문〉　　　　　　　　　　〈해독문〉
① 生死路隱　　　　　　　　生死 길흔
② 此矣有阿米次肹伊遣　　　이에 잇어 미죨이견
③ 吾隱去內如辭叱都　　　　"나는 가ᄂ다" 맔도
④ 毛如云遣去內尼叱古　　　모다 니르견 가ᄂ닛고

⑤ 於內秋察早隱風未　　　　어느 ᄀ슬 이른 ᄇᄅ미
⑥ 此矣彼矣浮良落尸葉如　　이에 뎌에 ᄠ딜 닙다히
⑦ 一等隱枝良出古　　　　　ᄒᆞᆫ 가지아 나고
⑧ 去奴隱處毛冬乎丁　　　　가논 곳 모돌온뎌

⑨ 阿也 彌陁刹良逢乎吾　　 阿也 미타찰아 맛보올 나
⑩ 道修良待是古如　　　　　道 닷가 기드리고다

제망매가 해독의 실제

향가 해석에서 가장 먼저 요구되는 것은 향찰(鄕札)로 기록된 향가를 어학적으로 정확하게 해석하는 일이다. 즉, 그 당시의 언어로 정확하게 풀어내는 것이 가장 중요하기 때문이다. 이를 바탕으로 문학적인 해석이 이루어진다면 우리는 한층 더 향가의 실체에 가깝게 접근할 수 있을 것이다. 실제로 그동안 향가 해독과 감상에서 향가에 나타나는 어휘들과 문법형태소들에 대한 정확한 형태 파악이나 기능 파악을 소홀히 해 왔던 것도 부인할 수 없는 사실이다. 따라서 필자는 선행연구들에 의지하고 또, 다음과 같은 점에 유의하면서 「제망매가」를 해독하려고 한다.

첫째, 석독구결(釋讀口訣)의 문법과 신라, 고려시대의 이두에 나타나는 어형들과 문법 형태들을 참조하여 향가를 해독할 것이다. 즉, 향가에 나타나는 언어 현상을 가능한 한 고대 국어로, 석독구결에 나타나는 어휘나 문법으로 해독하고자 한다. 석독구결 자료와 그 연구 결과들은 향가의 해독에 많은 도움을 줄 수 있기 때문이다. 물론 15세기를 비롯한 국어사 전반에 대한 지식도 필요하다.

둘째, 자료가 부족하여 해독할 수 없거나 해독상에 문제가 있는 어휘나 문법형태들에 대해서는 그 이유를 밝힌다. 향가의 해독에 있어서 어떤 어휘와 문법형태소들 중에는 현재의 국어사적인 지식으로는 그 해독이 불가능한 것이 있기 때문이다. 그동안 축적된 국어사적인 지식 특히, 석독구결과 이두 연구 등으로 고대국어에 대한 많은 문법사적인 지식들이 축적되었음에도 불구하고 향가에 나타나는 어휘 중에는 아직도 우리가 그 정확한 형태를 짐작도 할 수 없는 것들이 존재하기 때문이다.

셋째, 신라와 고려시대의 차자표기법(借字表記法)에 대한 전반적인 이해의 바탕 위에서 향찰 표기 체계를 밝힐 필요가 있다.

넷째, 기본적으로 어학적인 해독을 먼저 한 후에, 향가의 형식이나 향가에 반영되어 있을 운율을 파악할 수 있도록 노력한다.

이 외에도 원전에 대한 철저한 검토가 필요하다. 자료가 지속적으로 더 발굴된다면 앞으로 가능할지도 모르는 원전 비판에도 대비할 수 있기 때문이다.

제1구 ~ 제4구의 해석

첫 구절인 '生死路隱'의 해석에는 별 문제가 없다. '生死 길흔'이 가장 자연스럽다. 이미 이 노래가 불리던 시절에도 많은 한자어들이 사용되었기 때문이다. '生死'를 고유어 '죽사리'로 적극적으로 해석한 서재극의 해석도 일견 별 무리가 없어 보이지만, 차자표기 체계에서 보면 '生死'를 '죽살이'로 읽는 것은 자연스럽지 못하다.

"生死路隱"
〈소창진평〉   生死길오
〈양주동〉   生死路논
〈지헌영〉   生死길온
〈김선기〉   생사 깔깐
〈김준영〉   生死 길은
〈김완진〉   生死 길흔

〈유창균〉   生死 길은

「제망매가」는 비교적 다른 향가에 비해 해독에서 큰 어려움이 없는 것으로 이해되고 있으며 가의(歌意)의 파악에도 큰 어려움이 없다. 다만, 이 구절의 마지막 어절에 사용된 단어의 형태와 의미에 대해서는 추측이 난무하고 있다. 제2구의 경우는 그동안의 해독에 대해 반성이 필요하다.

"此矣有阿米次肹伊遣"
〈소창진평〉   이에 잇아매 저히고
〈양주동〉   예 이샤매 저히고
〈지헌영〉   이이 이샤매 즈흘이고
〈김선기〉   어긔 잇아 마이자갈이고
〈김준영〉   이의 잇사매 ᄌᆞ흘이고
〈김완진〉   이에 이샤매 머뭇그리고
〈유창균〉   이ᄃᆡ 잇아며 즈흘이고

이 구절의 해석에서 먼저, 주의해야 할 것은 이 구절을 어떻게 어절 단위로 분절할 것인가 하는 문제이다. 결론부터 먼저 말한다면 '此矣' '有阿' '米次肹伊遣'으로 분절하는 것이 가장 자연스럽다. 모든 해독자들이 '有阿米'(이샤매)로 파악한 것은 소창진평(小倉進平)의 해독[3] 이후 중세 국어의 어형에 이끌린 해독이다. 중세 국어의 문법으로는 '有阿米(이샤매)'가 가능하지만 월명사가 이 노래를 부를 당시에는 '-매'가 나타나지 않기 때문이다. 즉, 고대 국어 문법에서는 명사형어미 '-옴/움'에 처격(또는 원인)을 나타내는 조사 '-이/-에'가 통합한 어형이 출현하지 않았다. 따라서 '次肹伊遣'에 대한 많은 학자들의 해독들은 다 그 논리적 근거가 빈약한 추정들이라고 해도 지나친 말이 아닐 것이다.

'米次肹伊遣'는 동사 '米次-'(-및)에 동명사어미 '-ㄹ'(肹)과 계사 '-伊-(-이-) 그리고 '-遣(견)'이 통합한 것이다. '米次-'에 쓰인 '次'는 고대 한자음을 고려하면 'ㅈ'이나 '지'로 읽을 수 있는 것이다. '-遣'은 고대 국어에 사용된 선어말어미 '-겨-'와 동명사어미 '-ㄴ'이 통합한 것이다. '米次肹伊遣'(미줄이고)는 어휘 전체가 음가자(音假字)로 구성되어 있다는 점이 특이하다. 일반적으로 향가에서는 훈주음종(訓主音從)의 표기법을 따르는 표기법이 많이 쓰이기 때문이다. 그러나 한국의 차자표기법에도 음가자만으로 어휘들을 표기한 경우가 있기 때문에 이것이 문제가 될 수는 없다. 고대 일본의 『만엽집(萬葉集)』에는 이런 표기가 많이 쓰이고 있다는 점도 우리의 흥미를 끈다.

향가에서 '肹(-흘 또는 -읋)은 다음의 「헌화가」중 한 구절에서처럼 주로 대격이나 동명사어미로 사용되는 것이다.

〈원문〉　　"吾肹 不喩 慙肹伊賜等"

---

3) 소창진평은 향가를 본격적으로 연구한 최초의 학자이다. 『鄕歌及吏讀の研究』가 그 대표작이다.

168

〈해독문〉　　　나롤 안디 붓그리샤둔

〈현대역〉　　　나를 아니 부끄러워하시면

　　문제는 '遣'이다. 이두나 향가 자료에 나타나는 '遣'을 그동안 대부분의 학자들은 후대 이두 학습서에 제시된 독법에 이끌리어 주로 '고'로 읽어온 것이다. '遣'은 '견'이나 '-겨-'로 읽어야 한다.[4] 그 이유를 간략하게 요약하면 다음과 같다. 첫째, '遣'은 한자음이나 차자 표기의 일반적인 특징 등을 고려하면 '고'로 읽을 수 없다. 후대의 이두학습서에 이것을 '고'로 파악한 것은 후대에 변화된 독법이 반영되었을 가능성이 높다. 둘째, 향가에서 연결어미나 선어말어미로 쓰이는 '고'를 표기하기 위해 '古'와 '遣' 두 가지를 사용하였다면 이것은 같은 음상을 지닌 형태소를 두 개의 문자로 표기한 것이 되어 향가의 일반적인 표기법에서 보면 자연스럽지 못하다. 실제로 제망매가에도 '古'와 '遣'이 각각 3회와 2회씩 나타나 각각의 용법에 맞게 사용되고 있다. 셋째, 향가에 사용된 '古'와 '遣'은 각각 그 용법에서도 차이를 보이는 별개의 다른 형태소이다. 즉, 15세기 국어 문법으로는 중세 국어의 연결어미 '-고'가 쓰일 수 없는 환경에 '遣'이 쓰이기 때문이다. 이 외에도 우리가 주목해야 할 것은 석독구결에서 생산적으로 사용되는 선어말어미 '-ナ-'(-겨-)와[5] 동명사어미 '-ㄴ'

---

4) 그 음(音)을 중시하여 '견'으로 읽은 학자도 있지만 기능 파악에서는 부족한 점이 많았다. 나중에 이것을 '-겨'으로 읽고 새로운 해석을 시도하게 되었다.

5) 구결자 'ナ'(겨)는 '在'에서 발전된 '훈가자(訓假字)'다.

과 통합한 '-ナ丁'(-견)이 향가에 쓰이는 '遣'(견 또는 겨)와 같은 것이라는 사실이다. 현재 남아 있는 향가에 '在'가 단 한자도 쓰이지 않는 것도 바로 이런 사실을 뒷받침하는 것이다. 이것은 또, 향가의 차자표기법이나 석독구결의 표기법 각각의 특징이라고도 할 수 있을 것이다. 고대 국어의 선어말어미 '-겨-'는 '완료'나 '완료지속' 정도의 의미를 가지고 있다.

앞의 논의를 근거로 제2구를 다시 해독해 보면 '此矣 有阿 米次肹 伊遣'는 '이 잇아 이견' 정도로 읽을 수 있다. 그 의미는 "이에(이 곳에) 있으면서 맺어진 것이니(것인데)"나 "이에(이 곳에) 있으면서 매여 있으니" 정도로 해석할 수 있 제3구는 다음에서 보는 것처럼 해독이 대체로 같다.

"吾隱去內如辭叱都"
〈소창진평〉　나는 간다(홀) 말ㅅ도
〈양주동〉　　나는 가느다 말ㅅ도

〈지헌영〉　　나는 가느다 말ㅅ도
〈김선기〉　　우리난 까나다 말도
〈김준영〉　　나은 가느다 말도
〈김완진〉　　나는 가느다 말ㅅ도
〈유창균〉　　나는 가느다 말ㅅ도

이 구절은 '吾隱' '去內如' '辭叱都'로 분절되어 '"나는 가느다"

170

많도' 정도로 읽을 수 있다. "나는 가느다"는 인용문이다. 고대 국어의 경우 인용문은 인용조사가 없이 인용되는 특징을 보인다. '去內如'는 동사 '가-'에 고대 국어의 선어말어미 '-ᄂ-'와 서술형종결어미 '-다'가 통합한 것이다. '辭叱都'를 '도' 정도로 해독해도 의미를 파악하는 데는 별로 문제가 없다. 그러나 다만, 이것이 과연 가장 정확한 해석인가 하는 데는 문제가 있을 수 있다. 일반적으로 보조사 '-도'와 명사가 통합할 때 '-ㅅ-'이 개재되는 일이 없기 때문이다. 따라서 '辭叱'이, 중세국어 '말'이나 '맗'에 해당하는 어형이 다른 고대어일 가능성도 완전히 배제할 수 없다. 말음 'ㅅ'을 가진 고대어일 가능성이 있기 때 제4구도 해독에서는 큰 문제가 없는 구절이다.

"毛如云遣去內尼叱古"

〈소창진평〉	몰으다 일으고 가닛고
〈양주동〉	몯다 닏고 가ᄂ닛고
〈지헌영〉	몯닏고 가ᄂ닛고
〈김선기〉	몯 다 닐고 까나닏고
〈김준영〉	모드 니르고 가ᄂ닛고
〈김완진〉	몯다 니르고 가ᄂ닛고
〈유창균〉	모들 니르고 가ᄂ닛고

'모다 니르견 가ᄂ닛고' 정도로 해독할 수 있다. '모다'는 부정사이다. '니르견'은 동사 '니르-'에 선어말어미 '-겨-'와 동명사어미 '-ㄴ'이 통합한 연결어미 '-견'이 통합한 것이다. 이것이 바로, 앞에

서도 지적한 바 있듯이, 15세기 국어 문법으로는 중세국어의 연결어미 '-고'가 쓰일 수 없는 환경에 '遭'이 쓰인다는 그것이다. 현대국어에서 '안고 가다'나 '타고 가다'에 해당하는 15세기 어형은 아래 예에서와 같은 '아나 가-'나 '타 가-'이다.

니블 <u>아나 가</u> 자물 누를 브트르뇨(抱被宿何依)
— 『두시언해』 권24
마조 가싫 부텨는 白象을 <u>타 가거시놀</u>
— 『월인석보』 권21

선행동작의 결과가 유지된 상태에서 후행동작이 이어짐을 나타내는 것이다. 15세기 국어에는 이 경우 연결어미 '-아/-어'가 쓰인다. 현대국어로는 '-고'가 자연스럽다. 따라서 '모다 니르견'은 "몯 이르고"나 또는 "몯 하고서" 정도로 해석할 수 있다. 마지막 어절은 '가ᄂ닛고'로 읽을 수 있다. 이 문장은 의문사가 없는 데도 '-고' 형의 설명의문문이 나타난 것이다. 그리고 '-닛고' 형이 이 당시부터 나타난다는 것도 특이한 것이다. 언표내적으로는 "어찌(어떻게) 갈 수 있겠는가(갔느냐)?" 정도의 의미를 가진 이와 같이 제1구에서 제4구까지 첫째 단락에서는 이 시의 화자가 죽음에 대한 인식을 직설적으로 표현하고 있다.

제5구 ~ 제8구의 해석
제5구의 해석은 이미 소창진평의 해독에서부터 그 실마리를 제대로 잡은 것이다.

"於內秋察早隱風未"
〈소창진평〉　어늬 ㄱ솔 일흔 ᄇ릅애
〈양주동〉　　어느 ㄱ솔 이른 ᄇᄅ매
〈지헌영〉　　어느 ㄱ솔 이른 ᄇᄅ매
〈김선기〉　　아나 가쌀 일온 바람애
〈김준영〉　　어느 ㄱ슬 이른 ᄇᄅ미
〈김완진〉　　어느 ㄱ슬 이른 ᄇᄅ매
〈유창균〉　　어느 ㄱ슬 이른 ᄇᄅ미

　　필자도 차자표기법의 일반적인 체계와 원리에 따라 이 구절을 '어느 ㄱ슬 이른 ᄇᄅ미' 정도로 해독한다. 향가에서 '秋'는 모두 '秋察'로 표기하고 있다.

秋察尸不冬爾屋攴墮米
　－「원가」제2구

覺月明斤秋察羅波處也
　－「청전법륜가」제10구

　　지금까지 이 '秋察'을 향가 해독자들은 'ㄱ솔'이나 'ㄱ줄', 'ㄱ슬' 등으로 해독한 바 있는데, 'ㄱ슬'로 읽는 것이 가장 자연스럽다. 고대 국어 단계에서는 음소 'Δ'이나 'ㅈ, ㅊ'의 존재가 문제가 되기 때문이다. 국어사에서 '어느'는 의문사와 부정사로 쓰인 것인데 여기서는 의문사로 해석하는 것이 자연스럽다. 왜냐하면, '어/어느'가 국어사에서 18세기 이전에는 부정사로 사용되지 않았기 때문이다. 'ᄇᆞᄅᆞ미'는 명사 'ᄇᆞᄅᆞᆷ에 원인을 나타내는 조사 '의'가 통합한 것이다. 이 구절의 '가을 이른 바람에'의 '이른 바람에'에도 죽은 누이에 대한 비유적 이미지가 함축되어 있는 것으로 제6구도 해독에 별 어려움이 없는 구절로 파악해온 것이다.

"此矣彼矣浮良落尸葉如"
〈소창진평〉　이에 뎌에 ᄠᅥ딜 닙(히)여
〈양주동〉　　이에 저에 ᄠᅥ딜 닙다이
〈지헌영〉　　이에 저에 ᄲᅥ딜 닙다이
〈김선기〉　　어긔 뎌긔 ᄣᅡ랑딜 이ᄠᅦ다
〈김준영〉　　이의 뎌의 셜아딜 닙 다비
〈김완진〉　　이에 저에 ᄲᅥ러딜 닙ᄀᆞᆫ
〈유창균〉　　이듸 뎌듸 브라딜 닙ᄃᆞᆺ

'此矣 彼矣'는 해독에 별 문제가 없다. '浮良落尸'는 'ᄠᅳ-'에 부동사형어미 '-아/-어'가 통합한 것에 다시 동사어간 '디-'와 동명사어미 '-ㄹ'이 통합한 것이다. 따라서 이것을 정확하게 해독하면 'ᄠᅥ딜'로 해독하고 "떴다가 질" 정도로 해석할 수 있다. '葉如'는 이 향가의 내면에 흐르고 있는 운율을 고려한다면 한 어절로 읽는 것이 자연스럽다, 다만 해독에서는 더 정밀하게 검토할 필요가 있다. 현대어로 번역하면 "잎과 같이", "잎처럼"으로 해석할 수 있다. '如'는 향가나 석독구결 등에서 'ᄀᆞᆮ-'이나 '다ᄒᆞ-'(如) 등으로 훈독되는 것이다. 그런데 고대국어에서 'ᄀᆞᆮ-'이나 'ᄀᆞᆮ'은 주로 대격을 지배한다. 따라서 김완진의 '닙ᄀᆞᆮ'은 문제가 된다. 중세국어 '다ᄒᆞ'(如)의 활용형 '다히' 정도로 해독하는 것이 가장 자연스럽다. '닙다히' 정도로 해독할 제7구도 해독상 별 문제가 없는 구절이다.

"一等隱枝良出古"
〈소창진평〉 한 무리난 가지애 나고
〈양주동〉 ᄒᆞ든 가재 나고
〈지헌영〉 ᄒᆞ든 가재나고
〈김선기〉 까단 가달애 나고
〈김준영〉 ᄒᆞ든 갖애 나고
〈김완진〉 ᄒᆞ든 가지라 나고
〈유창균〉 ᄒᆞ든 가라 나고

'枝良'는 '가지'에 처소격조사 '-아'가 통합한 것이다. 향가 전체 차자표기법을 고려하여 '가지아'로 해독하는 것이 가장 자연스럽다.
  제8구에서 문제가 되는 것은 마지막 어절에 통합되어 있는 어미 '-ㄴ뎌'에 대한 해석의 문제다.

"去奴隱處毛冬乎丁"

〈소창진평〉　가논 곧(올) 몰으온뎡
〈양주동〉　　가논곧 모두온뎌
〈지헌영〉　　가는듸 모두오져 아으
〈김선기〉　　까논 곧 몰온땡
〈김준영〉　　가논 곧 모돌온뎌
〈김완진〉　　가논 곧 모두론뎌
〈유창균〉　　가논 곧 모돌온뎌

'去奴隱'은 동사어간 '가-'와 선어말어미 '-ᄂ-'와 선어말어미 '-오-'의 통합형 '-노-'와 관형사형어미 '-ㄴ'이 통합한 것이다. 지금까지는 '毛冬乎丁'에 통합되어 있는 '-ㄴ뎌'를 15세기 국어의 감탄형어미 '-ㄴ뎌'에 이끌려 모두가 다 이 문장을 감탄문으로 해석해왔다. 그러나 이 문장은 감탄문보다는 의문문으로 해석하는 것이 더 자연스럽다. 고대 국어에서 '-ㄴ뎌'(-ㄴ두여)와 '-ㄹ뎌'(-ㄹ두여)는 감탄문뿐 아니라, 드물긴 하지만 의문문 종결어미로도 쓰이고 있기 때문이다. 「제망매가」의 '去奴隱 處 毛冬乎丁'에 통합되어 있는 '-ㄴ뎌'는 감탄문으로 해석하는 것보다 제5구에 있는 '어느'와 이 詩歌의 문맥 등을 고려하면 의문문으로 해석하는 것이 더 자연스럽다. 이 노래 전체 구성과 문맥 내용을 파악해 보면 제4구가 의문문으로 되어 있을 뿐 아니라, 의미 내용면에서도 제8구가 의문문으로 해석되는 것이 자연스럽다. 이 구절은 "(한 가지에서 나고도) 가는 곳을 (어찌) 모르겠는가?" 정도로 해석할 수 있다. 이 외에 「안민가」의 제7구에도 '-ㄹ뎌' 의문형이 보인다.

此地肹捨遣只於冬是去於丁
— 「안민가」

위의 '去於丁'을 어떻게 해독할 것인가가 문제이긴 하지만 앞에 보이는 의문사 '於冬是'(어드리)를 보면 이 문장도 의문사 '於冬是'와 '去於丁'(가놀뎌)가 호응하는 의문문으로 파악할 수 있다.[6]

이와 같이 제5구에서 제8구까지 「제망매가」 둘째 단락은 죽음으로 인한 남매의 이별과 인생무상에 대한 정서를 비유적으로 표현한 것이다. 함축적인 시어들의 반복 사용으로 이미지와 비유의 효과가 아주 뛰어나고 전체 형식에서도 세련된 아름다움이 돋보인다. 따라서 많은 학자들이 「제망매가」를 서정성이 뛰어난 아름다운 작품으로 인정하고 있는 것이다.

제9와 제10구의 해석

10구체 향가에서 셋째 단락은 그 형식에서도 큰 특징을 보여준다. 즉, 9구가 차사(嗟辭)로 시작한다는 것이다.

"阿也 彌陁刹良逢乎吾

---

6) 이 문장을 '이 따홀 브리곡 어드리 가놀뎌' 정도로 해석한 학자도 있지만 이 경우 몇 가지 해독상 문제가 있다. '去於丁'에서의 '於'의 독법 등이 그것이다. 일반적으로 차자표기에서 '於'가 '놀'이나 '르'로 읽히지 않기 때문이다. 이 구절은 '此 地肹 捨遣只 於冬是 去於丁'로 분절하여 해석해야 한다.

〈소창진평〉　阿也 彌陀刹애 맛나온 나(는)
〈양주동〉　　아으 彌陀刹애 맛보올 내
〈지헌영〉　　彌陀刹(수드릭)애 맛보올 내
〈김선기〉　　아아 미따 더래 맞은 우리
〈김준영〉　　아- 彌陀刹애 맛보온 나
〈김완진〉　　아야 彌陀刹아 맛보올 나
〈유창균〉　　아라, 彌陀刹이라 맞본 나

'彌陁刹良'는 '彌陁刹'에 처소격조사 '-아'가 통합한 것이다. 여기서 '彌陁刹'은 미타정토(彌陀淨土) 즉, 서방 극락세계를 말한다. '逢乎'는 '逢'을 훈독한 동사어간 '맞보-'에 선어말어미 '-오-'와 관형사형어미 '-ㄹ'이 통합한 것이다. 차자표기법에서 동명사어미(관형사형어미 포함)는 일반적으로 생략되어 표기되는 경우가 많다. '逢乎 吾'의 '吾' 뒤에 조사 등이 통합되지 않았기 때문에 여기서는 '나' 정도로 해독하는 것이 자연스럽다.

『삼국유사』에 전하는 10구체 향가는 차사가 두 가지 유형으로 나타난다. 하나는 「제망매가」의 '阿也'와 같은 것으로 '阿耶' ―「찬기파랑가」와 「우적가」를 들 수 있다 ― , '阿邪' ―「원왕생가」를 들 수 있다 ― , '阿邪也' ―「도천수관음가」를 들 수 있다 ― 등이 있고, 다른 하나는 '後句' ―「안민가」, 「혜성가」를 들 수 있다 ― 이다. 균여의 향가 11수도 모두 10구체 향가, 사뇌가로 같은 형식이다. 제9구의 처음에는 차사가 있다. 균여의 향가에는 차사가 다양하게 나타나 『삼국유사』의 10구체 향가의 차사와는 다소 차이를 보인다.

제10구도 해독에는 별 문제가 없다.

"道修良待是古如"
〈소창진평〉　道(룰) 닥가 기다리고다
〈양주동〉　　道닷가 기드리고다
〈지헌영〉　　길닷가 기드리고다
〈김선기〉　　깔 대달아 기두리고라
〈김준영〉　　道 닷가 기드리고다
〈김완진〉　　道 닷가 기드리고다
〈유창균〉　　道 다스라 기드리고다

'道'는 중의적 표현이다. '길'의 의미도 좋고 '도'의 의미도 좋다. 구태여 고유어 '길'로 해석해야 한다고 고집할 필요는 없는 것이다. 8세기 당시에도 이미 한자어는 일반적으로 많이 쓰였기 때문이다. 의미상으로는 화자가 죽은 누이가 미타정토로 갈 수 있도록 "道를" 또는 "길을" 닦고 싶다는 것이다. '修良'는 동사어간 '-'에 '-아'가 통합한 것으로 보면 자연스럽다. '待是古如'는 동사 '기드리-'에 원망(願望)이나 기원(祈願, 바람)을 표시하는 선어말어미 '-고-'와 종결어미 '-다'가 통합한 것이다. 이 '-고다'는 중세국어의 '-고라'와는 차이를 보인다. '待是-'의 '是'(ㅣ)는 동사 '기드리-'의 말음첨기로 보는 것이 자연스럽다. 차사 '阿也'로 시작하는 셋째 단락은 화자의 종교적 의지를 강하게 표현한 것이다. 죽음에 대한 인간 한계나 두려움 등을 극복하려는 화자의 의지가 담겨있는 것이다. 함축적인 단어와 또는 유사한 단어들을 적절게 사용함으로써 이미지를 유기적으로 연결할 뿐만 아니라 이 노래 전체의 구성면에서도 더 완벽한 짜임새를 보여주는 것이다.

제망매가의 해독과 감상

앞에서 논의한 내용을 바탕으로「제망매가」에 대한 필자의 해독을 제시하면 다음과 같다.

〈원문〉	〈해독〉
生死路隱	生死 길흔
此矣有阿米次肹伊遣	이에 잇어 미줄이견
吾隱去內如辭叱都	"나는 가ᄂ다" 맔도
毛如云遣去內尼叱古	모다 니르견 가ᄂ닛고
於內秋察早隱風未	어느 ᄀ슬 이른 ᄇᄅ미
此矣彼矣浮良落尸葉如	이에 뎌에 ᄠ딜 닢다히
一等隱枝良出古	ᄒᄃᆫ 가지아 나고
去奴隱處毛冬乎丁	가논 곳 모도ᄂ더
阿也 彌陁刹良逢乎吾	阿也 미타찰아 맛보올 나
道修良待是古如	道 닷가 기드리고다

180

〈현대역〉

생사(生死)의 길은

이에[이곳에] 있으면서 맺어진 것이니

"나는 간다"는 말도

못하고서 [어찌] 갈 수 있겠는가[갔느냐]?

어찌, 가을 이른 바람에

이에 저에 떴다가 질[떨어질] 잎처럼

한 가지에 나고서도

가는 곳을 [어찌] 모르겠는가[모르느냐]?

아아, 미타찰(彌陀刹)에서 만날 나

도(道)를 닦으면서 기다리고자 하나이다.

    물론,「제망매가」는 그 배경설화에서도 말해주고 있듯이 누이의 죽음에 대한 영재(營齋)의 노래로 작가의 정서가 잘 표현된 노래이다.「제망매가」의 시적 의미는 구본기의 글에서도 지적된 바 있듯이 "누이의 죽음을 당하여 그 비탈속적인 미망과 집착을 안타까운 심정으로 깨우치고 대속적(代贖的) 구도로 영혼을 편히 왕생케 하려는 추모의 시"이다. 또, 그는 시간성의 문제인 죽음을 공간적이고 가시적인 심상으로 치환시킨 점에서 이 시가 서정시로서 탁월한 수준을 보이는 것이라고 평가한 바 있다.「제망매가」에 나타난 죽음에 대한 인식이나 인간 존재의 한계와 허무를 깊이 있게 인식한 정서 표현은 현대 문학에서 보아도 조금도 손색이 없는 아주 돋보이는 것이다. 이 시에서 사용한 비유의 장치나 구조 등도 세련된 모습을 보인다.

더 생각해볼 문제들

향가는 20세기 초부터 가나자와 쇼사부로(金澤庄三郞) 등의 일본 학자에 의해 연구되기 시작하여 오구라 신뻬이(小倉進平)의 『鄕歌及吏讀の硏究』와 양주동의 『고가연구』 등에서 본격적인 꽃을 피우기 시작했다. 그 이후 현존하는 향가 전체를 연구한 단행본만도 10여 권이 넘는다. 하지만, 정확한 해독에 대한 더 정밀한 검토가 필요하다.

1. 향가의 형식상의 특징에 대하여 살펴보자.

    향가에는 4구체, 8구체 10구체 향가가 있다. 4구체 향가는 민요풍의 노래 형식에서 온 것이다. 「도솔가」, 「헌화가」, 「서동요」 등이 4구체 향가다. 「처용가」와 「모죽지랑가」는 8구체 향가이다. 10구체 향가는 사뇌가라고도 하는데 「제망매가」를 비롯하여 「찬기파랑가」, 「원왕생가」 및 균여가 지은 「보현십원가(普賢十願歌)」 11수가 이것에 해당한다. 10구체 향가는 제9구가 차사(嗟辭)로 시작하며, 향가 형식미의 극치를 보여준다.

2. 「제망매가」는 비유와 이미지 등의 표현이 뛰어난 작품으로 많은 학자들이 이 작품을 최고의 향가로 뽑는데 주저하지 않는다. 이 작품에 나타난 수사법적인 장치와 체계에 대해 공부해 보자.

    「제망매가」는 월명사가 지은 작품으로 죽음에 대한 인식과 인간 존재의 한계 등이 직설법과 비유법 등의 적절한 조화와 함축적인 시어의 사용 등으로 내용면에서뿐만 아니라 형식면에서도 고도의 정제된 모습을 보인다. 월명사의 또 다른 작품인 「도솔가」와 충담사의 「찬기파랑가」 등과 비교하면서 살펴보면 좋을 것이다.

3. 향가의 해독에는 많은 문제가 따른다. 기존의 연구들에서는 자료의 부족으로, 또 고대국어에 대한 지식 부족으로 정확한 해독에는 이르지 못했다. 따라서 향가의 정확한 해독에 대해 더 관심을 가져야 할 것이다.

향가 해독에서 가장 중요한 것은 먼저 어학적인 해독을 정밀하게 하는 것이다. 최근에 석독구결과 차자표기 자료를 통하여 본격적으로 연구되고 있는 고대국어의 연구 성과들을 적극 반영하여 향찰로 표기된 향가를 중세국어로 해독할 것이 아니라 향가가 불려졌을 당시 또는 기록된 당시의 언어 문법으로 해독해야 한다. 향가의 해독을 주관적인 느낌이나 짐작으로 해석하는 것은 피해야 한다. 현재 우리가 해독할 수 없는 단어나 문법형태소들에 대해서는 그 이유도 밝힐 필요가 있다. 향찰 표기 중 음독이나 음가자로 표기된 것을 이해하기 위해서는 고대 한국한자음에 대한 이해도 필요하다. 이와 같이 향가 해독을 정밀하게 진행할 수 있다면 향가의 정확한 내용 파악은 물론, 향가에 나타나는 운율의 특징도 앞으로는 밝힐 수 있을 것이다.

추천할 만한 텍스트

『한국고전시가작품론』, 백영정병욱선생 10주기 추모논문집간행위원회 편, 집문당, 1992.
『향가해독법연구』, 김완진, 서울대학교 출판부, 1980.
『증정 고가연구』, 양주동, 일조각, 1965.

정재영(鄭在永)

한국기술교육대학교 교양학부 교수.
한국외국어대학교 한국어교육과를 졸업하고 동 대학원 국어국문학과에서 석사 및 박사 학위를 취득했다. 규장각 특별연구원을 역임한 바 있고, 현재는 구결학회 대표이사, 국어학회 편집이사, 한국서지학회 부회장으로 활동하고 있다.
저서로는 『依存名詞 'ᄃ'의 文法化』(1996년), 『정조대의 한글 문헌』(공저, 2000년), 『茶山 정약용의 兒學編』(2002) 『韓國 角筆 符號口訣 資料와 日本 訓點 資料 연구-華嚴經 資料를 중심으로』(공저, 2003) 등이 있으며, 논문으로는 「高麗時代의 釋讀口訣」, 「前期中世國語의 疑問法」, 「고대 국어의 선어말어미 '-ᄂᆞ-'와 그 변화」, 「新羅華嚴經寫經造成記 연구」, 「禮敬諸佛歌 해석」 등이 있다.

살어리 살어리랏다, 청산(靑山)에 살어리랏다.

머루랑 다래랑 먹고 청산(靑山)에 살어리랏다.

얄리 얄리 얄랑셩 얄라리 얄라.

― 「청산별곡」 제1연

가다가 가다가 들었다! 에정지 가다가 들었다!

사슴이 짐대에 올라서 해금(奚琴)을 켜거늘 들었다!

얄리 얄리 얄라셩 얄라리 얄라.

― 「청산별곡」 제7연

작자 미상

「청산별곡」은 『악장가사』(판각본), 『악학편고』(필사본) 등에 실려 전한다. 누가 언제 어떻게 지었는지는 알려져 있지 않지만, 고려시대 무신란(武臣亂) 이후의 어느 시기에 생성된 것으로 추정하는 것이 일반적이다. 작품 속 화자의 처지를 분석하여 국가 혼란기에 유랑(流浪)하는 농민, 예능인이나 궁중에 갇혀 사는 궁녀 등의 삶의 애환을 표현한 작품으로 보기도 한다.

하지만 남효온(南孝溫, 1454~1492)의 『송경록(松京錄)』에는 다음과 같이 「청산별곡」이 송도(松都)의 남서쪽 바다 위에 떠 있는 청산(靑山) 곧 강화도(江華島)·교동도(喬桐島)를 공간 배경으로 하며 수용자로 하여금 서글픔 보다는 상쾌함으로 느끼게 하는 노래였을 가능성을 시사하고 있다.

바다 남쪽에는 강화군이라는 섬이 있으며, 서쪽에는 교동군이라는 섬이 있다. 두 군의 산은 마치 나고(螺髻) ― 청산(靑山) ― 이 물위에 떠 있는 듯하다. … 창을 열고 바다를 바라보니 마치 신령이 기운을 만드는 것 같았다. 정중(正中)과 자용(子容)은 크게 기뻐하였다. 정중이 청산별곡 제1결을 연주하자 주승(主僧)인 성호(性浩) 또한 크게 기뻐하였다.

02

몽골에 억눌린 시대의 저항의 노래
「청산별곡(青山別曲)」

임주탁 | 부산대학교 국어교육과 교수

'청산에 살어리랏다'와 '금강에 살어리랏다'의 차이

살어리 살어리랏다.
청산(青山)애 살어리랏다.

이렇게 시작되는 「청산별곡(青山別曲)」은 일찍부터 고려가요의 백미(白眉)로 평가되어 고등학교 국어 교과서에도 수록되었다. 그리하여 고등학교 교육과정을 이수한 사람이라면 누구나 다 알고 있는 노래가 되었다. 하지만 「청산별곡」은 여느 고려가요에 비해 텍스트를 이루는 어휘의 의미를 파악하기가 매우 어려운 작품이다. 우선 위의 인용 구절부터 명확한 뜻을 알기 어려운데, 그러한 사정은 학계라고 해서 다르지 않다.

이러한 상황에서 시인 이은상(李殷相)은 우리가 익히 알고 있는 노래 「금강(金剛)에 살어리랏다」의 노랫말을 지었다. 금강산에 살고 싶다는 욕망을, 죽어 넋이 되어서라도 금강에 살겠다는 의지로 표현한 이 노래는 「청산별곡」의 해석에 적잖은 영향을 미치고 있다.

「금강에 살어리랏다」는 번뇌(煩惱)로 점철되는 인간 사회에서 벗어나고픈 욕망 — 이 욕망은 따지고 보면 인간의 본질적인 욕망 가운데 하나인 '게으르게 살고 싶은 욕망'이라 할 수 있다 — 을 표현하고 있다. 따라서 '금강'이란 이상향을 상징한다고 생각해볼 수 있다. 그런데 「청산별곡」의 청산도 이와 같은 의미로 이해되곤 한다. 특히 현행 고등학교 국어 교과서에는 이러한 이해가 적극 수용되어 있다. 하지만 「청산별곡」의 청산과 바다는 금강(=금강산)과는 사뭇 다른 성격을 가지고 있다.

작품 속의 공간 구조와 갈등 구조

비록 난해한 어구가 적지 않지만 「청산별곡」의 갈등 구조를 파악하기란 어렵지 않다. 공간 지시어의 상호 관계를 따져보면 이 노래가 어떤 문제를 중심에 두고 갈등을 토로하고 있는지 쉽게 파악할 수 있기 때문이다. 청산, 물아래, 바다 그리고 아직 뜻이 명확하게 밝혀지지 않은 '에정지'[1] 등 「청산별곡」에는 네 개의 공간 지시어가

---

1) 필자는 「'청산별곡'의 독법과 해석」(『한국시가연구』 제13집)에서 이것을 버려두어 황폐해진 농경지라는 뜻을 가지는 '에정지(曀井地)'로 읽을 수 있다고 주장한 바 있다.

등장한다. 그리고 이들 공간 지시어들에는 '살다'와 '가다'라는 두 동사가 가장 가까이 결합되어 있다. 즉, 청산과 바다에는 '살다'가, 물아래와 '에정지'에는 '가다'가 각각 결합되어 있다. '살다'는 '~에서 살다'와 같이 특정한 공간에 머묾을 의미하는 데 비해, '가다'는 '~으로 가다'와 같이 현재의 공간에서 떠남을 의미한다. 따라서 「청산별곡」은 청산과 바다로 상징되는 공간에 머물러 사느냐 아니면 물아래, '에정지'로 상징되는 공간을 향해 현재 머물러 살고 있는 청산과 바다를 떠나가느냐는 문제가 갈등의 핵심을 이루고 있는 노래라고 할 수 있다.

물리적인 세계에서는 청산과 바다 사이에 거리가 있을 수 있다. 하지만 상징적 세계에서 둘 사이에는 거리가 없을 수도 있다. 둘이 동일한 상징적 의미를 갖는다면 '청산에 살다'와 '바다에 살다' 또한 한 가지 의미의 다른 표현일 수 있는 것이다. 또한 물아래, '에정지'와 결합된 동사 '가다'의 시제(時制)가 모두 현재가 아닌 과거라는 사실은 현재 화자의 위치가 어디에 있는지를 가늠하는 데 매우 중요한 실마리가 된다. "잉무든 장글란 가지고 믈 아래 가던 새 본다"와 "가다가 가다가 드로라"는 현대 국어로 옮기면 각각 "녹슨 농구(農具)를 가지고 물 아래 갔던 새 보았느냐", "에정지 갔다가 들었다" 정도로 옮겨진다. 두 진술의 발화자(화자)는 현재 물아래나 에정지로 이동하고 있지는 않다. 두 진술의 발화자는 현재 청산과 바다에 머물러 살면서 물아래와 '에정지'에 관심을 표명하며 그 공간으로 이동할 것인가 아니면 거기에 계속해서 머물러 살 것인가를 두고 갈등하고 있다. 이동은 과거에 이루어진 행위일 뿐이다.

청산과 바다가 동일한 상징적 의미를 가진 것이라는 데 대한 역사적 맥락은 박노준(朴魯埻) 교수가 『고려가요의 연구』에서 비교적 정확하게 찾아 놓았다. 하지만 현재 전하는 대부분의 고려가요가 민요이던 것이 어느 시기에 궁중 음악으로 수용된 것이라는 검증되지 않은 가설을 적극 수용함으로써 「청산별곡」은 강화 천도와 함께 발령된 '산성해도입보(山城海島入保)'[2] 조치 이후 산성(山城)으로 해도(海島)로 이동하던 백성들이 지어 부른 노래들이 어느 시기에 궁중으로 수용되면서 한 편의 노래로 합성(合成)된 것이라는 추정에 머물렀다. 청산과 바다가 산성과 해도의 문학적 표상이고 '청산에 살다', '바다에 살다'가 '산성에 살다', '해도에 살다'의 상징적 표현이라는 점을 발견하고도 「청산별곡」은 생성 단계에서 일관된 흐름을 가지지 않은 노래라고 본 셈이다.

산성과 해도 사이에도 물리적 차원에서 거리가 있을 수 있다. 하지만 그가 찾은 역사적인 문맥에서 산성과 해도는 몽고군의 침입에 대항하기 위해 고려 조정에서 백성들을 강제 이주시킨 공간이라는 점에서 동일한 의미를 가진다. 두루 알다시피 그 중심 공간은 강화(江華)였다. 이는 '산성해도입보' 조치에 의해 고려가 강화도 중심의 임시적인 국가 통치 체제를 수립하고 몽고에 맞서고 있었음을 의미한다. 이러한 역사적 문맥에서 산성에 사는 것이나 해도에 사

---

[2] 몽골의 대대적인 침공이 임박한 조짐을 보이자 최우를 중심으로 하는 무신정권은 강화도로 천도할 계획을 수립하고 전국에 산성과 해도에 들어가 방비할 태세를 갖출 것을 명령한다. 이 조치는 강화 천도 이후에도 몽골의 간헐적이지만 대대적인 침공이 예견될 때마다 취해진다.

강화도에 있는 고려시대 궁터.

는 것은 다같이 강화도 중심의 임시적인 국가 체제 안에 머물러 사는 것을 의미한다. 청산과 바다에 머물러 삶은 바로 그와 같은 임시 체제 안에 머묾을 의미하므로 청산과 바다는 한 가지 상징적 의미를 가지는 것이다.

 산성과 해도에 입보(入保)하여 몽고에 대항하는 일시적인 통치 체제의 지속 여부는 강화 천도 이후 집권 세력 내부에서조차 심한 대립과 갈등을 일으키는 핵심 문제로 자리하였다. 그것은 강화 천도 기간 내내 환도(還都)를 둘러싼 논쟁이 그치지 않았던 사실에서도 알 수 있다. 물아래와 '에정지'가 청산과 바다에 대립적인 공간인 만큼 두 공간은 강화도 중심의 국가 통치 체제가 구축되기 이전

삶의 공간이거나 그 체제에서 벗어난 공간이라고 볼 수 있다. 그렇다면 「청산별곡」의 핵심 갈등은 강화도 중심의 임시적 체제 안에 머무느냐 아니면 거기에서 벗어나느냐는 문제를 두고 겪는 갈등이라고 할 수 있다.

공간 구조와 갈등 구조를 이와 같이 이해할 때 「청산별곡」 텍스트 속의 난해한 어구들까지도 한층 분명하게 풀이할 수 있게 된다. 우선 제1연은 화자 자신이 과거에 청산에 살아야 할 것이라고 판단하여 현재까지 청산에 살아왔음을 감동적으로 확인하는 표현으로 읽을 수 있다. '-리랏다'는 그와 같은 화자의 행위와 태도를 함축하고 있는 말이다. 제6연의 "바다에(바ᄅ래) 살어리랏다"도 이와 같이 읽어야 함은 물론이다. 제2연의 화자는 자신이 '울고 있다'고 하는데, 이 행위를 부정적 감정의 표출로 볼 것이냐, 아니면 긍정적 감정의 표출로 볼 것이냐는 연구사적 쟁점의 하나다. 그런데 "울어라, 울어라 새여 너보다 시름이 많은 나도 울고 있노라"는 진술은 그 자체로 자연스럽지 못하다. "노래하라, 노래하라 새여 너보다 시름이 많은 나도 노래하고 있노라"와 같이 풀이해야 의미가 자연스러운 문장이 된다. 그런데도 불구하고 뒤의 풀이가 널리 받아들여지지 않은 데는 「청산별곡」의 화자를 단일한 인물로 보려는 시각이 크게 작용한 듯하다.

「청산별곡」에서 모든 연의 화자가 같다고 보아야 할 분명한 근거가 있는 것은 아니다. 단일 화자라야 「청산별곡」이 한 편의 통일성을 갖는 작품일 수 있다는 것은 선입견일 뿐이다. 제4연, 제5연에 나타난 부정적 정서를 고려할 때 제2연의 '울다'를 기쁨과 즐거움

같은 긍정적 정서보다는 슬픔과 괴로움 같은 부정적 정서의 표현으로 보아야 정서 흐름에 일관성이 있다고 보았던 것이다. 하지만 단일 화자로 파악한다고 해서 「청산별곡」이 정서 흐름에 일관성이 있는 노래가 되는 것은 아니다.

화자가 단일하다고 볼 때 「청산별곡」 전체에서 정서 흐름의 일관성을 발견하기 어렵다면 화자가 단일하지 않을 수 있다는 생각도 가져 볼 필요가 있다. 화자의 단일성 여부가 작품의 통일성을 가름하는 결정적인 잣대가 될 수는 없다. 검증이 더욱 어려운 가설을 세우거나 받아들이기보다는 「청산별곡」이 대화적 전개에 의해 구성된 노래일 가능성을 고려하는 것이 오히려 온당한 태도일 것이다.

인간 표상인 새들의 논쟁적인 대화

살아야 할 것, 살아야 할 것이었다! 청산에 살아야 할 것이었다!
머루랑 다래랑 먹고 청산에 살아야 할 것이었다!
– 제1연[3])

노래하라, 노래하라, 새여! 자고 일어나 노래하라, 새여!

---

3) 각 연에 대한 필자의 해독을 내세우고, 원문은 각주로 밝혀 둔다. 후렴구는 생략함. 이하 같음.

살어리 살어리랏다 靑청山산애 살어리랏다
멀위랑 ᄃᆞ래랑 다래랑 먹고 靑청山산애 살어리랏다

너보다 시름 많은 나도, 자고 일어나 노래하고 있노라.
　　　　- 제2연[4]

　　제1연의 화자는 청산에서의 삶에 대해 반성적 사유를 하기 시작한다. 그에 비해 제2연의 화자는 새로 비유된 존재가 지속적으로 청산에서의 삶을 즐겁게 받아들이기를 희구하고 있다. 제2연에 드러난 새는 청자 — 제2연의 화자는 '새'에게 명령하고 있다 — 인데, 이 청자가 제1연의 화자와 동일하다고 볼 때 제2연의 화자는 청산에서의 삶에 대해 반성적 사유를 하기 시작한 제1연의 화자에게 자신과 같이 청산에 즐겁게 머물러 살기를 희망하고 요구하고 있는 셈이다. 반성적 사유는 곧 현재의 삶에 대한 회의가 시작되었음을 의미한다. 그리고 그러한 회의는 당연히 현재의 청산에서의 삶을 괴롭고 힘든 삶이라고 느낀 데서 시작되었다고 보아야 한다.

　　　갔던 새 갔던 새 보았느냐? 물 아래 갔던 새 보았느냐?
　　　이끼 묻은[녹슨] 농구를 가지고 물 아래 갔던 새 보았느냐?[5]

　　위의 제3연의 화자는 청산과 대립하는 공간으로 이동한 새를 보

---

4) 우러라 우러라 새여 자고 니러 우러라 새여
　　널라와 시름 한 나도 자고 니러 우니로라
5) 가던 새 가던 새 본다 물 아래 가던 새 본다
　　잉 무든 장글란 가지고 물 아래 가던 새 본다

앉느냐고 묻고 있다. 여기서의 새가 제2연의 새와 같다고 보면 정서의 자연스런 흐름을 파악하기 어렵다. 그렇다면 제3연의 새는 제1연의 화자이자 제2연의 청자인 새와는 다른 제3의 존재로 보지 않을 수 없다. 제3연의 화자는 제1연이나 제2연의 화자 가운데 하나일 수 있다. 그런데 제4연의 화자가 청산에서의 삶이 지내기 어렵다고 하소연하고 있음을 고려할 때 제3연의 화자는 제1연의 화자가 아닌 제2연의 화자로 보는 것이 적절하다. 제2연의 화자는 제1연의 화자에 대해 반론을 제기한 셈인데, 이렇게 반론을 제기하였으면 근거도 제시해야 한다. 그 근거가 바로 제3연에 제시되고 있다.

제3연의 물음은 이미 알고 있는 사실을 새삼 확인하는 물음의 성격을 띠고 있다. "물아래 갔던 새 보았느냐"라는 물음은 단순히 '갔다'는 사실을 확인하는 물음에 그치지 않고 물아래 공간으로 이동한 새가 직면한 상황을 확인하는 진술이기도 하다. 일찍이 청산에 온 후 생업을 유지하며 살 수 없었다면 가지고 온 농구 ─ 전쟁 때는 무기로 사용되는 까닭에 한 가지 말이 두 가지 뜻을 가지게 됨 ─ 에 녹이 스는 것은 당연하다. 제1연의 화자나 제2연·제3연의 화자는 그래도 여전히 청산에 머물러 있지만, 제3연의 새는 그동안 쓰지 않아 녹이 슨 농구를 가지고 물아래로 돌아갔던 것이다. 제3연은 그렇게 청산을 떠나간 새가 '물아래'에서 맞게 된 상황이 어떤 것이었는지 확인하고 상기시키는 물음이다. 그 상황에 대한 정보를 제1연의 화자와 제2연의 화자가 모두 알고 있는 매우 비극적 상황이었다면 제3연의 물음은 제1연의 화자에 대한 제2연의 화자의 반론에 중요한 근거가 되기에 충분하다. 이처럼 제3연의 화자는 제2연의 화자와 동일하다고 볼 때 정서의 자연스런 흐름이 파악된다.

　　이렇게 저렇게 하여 낮은 지낼 수 있다 손치더라도
　　왕래하는 이 없는 밤은 또 어찌 할 것이라고 하느냐?[6)]
　　　-제4연

　　어디라고 던진 돌인가? 누구라고 맞힌 돌인가?
　　호오(好惡)하는 사람도 없이 맞아서 울고 있노라.[7)]
　　　-제5연

　　살아야 할 것, 살아야 할 것이었다! 바다에 살아야 할 것이었다!
　　나마자기 구조개랑 먹고 바다에 살아야 할 것이었다![8)]
　　　-제6연

　　제4연은 제2·3연의 화자의 반론에 대한 하나의 재반론이다. 하나라 함은 제5연 또한 그러한 반론의 성격을 지니고 있음을 염두에 둔 말이다. 제4연의 화자는 왕래하는 사람이 없는 밤에 대한 두려

---

6) 이링공 뎌링공 ᄒᆞ야 나즈란 디내와손뎌
　　오리도 가리도 업슨 바므른 또 엇디 호리라

7) 어디라 더디던 돌코 누리라 마티던 돌코
　　믜리도 괴리도 업시 마자셔 우니노라

8) 살어리 살어리랏다 바ᄅᆞ래 살어리랏다
　　ᄂᆞᄆᆞ자기 구조개랑 먹고 바ᄅᆞ래 살어리랏다

196

움과 공포를 제시한다. 앞에서 말한 것처럼 청산이 강화도 중심의 임시적 체제라면 그 체제 안에 머물고 있는 그 자체로 매우 불안하였을 것이다. 외부적인 침입의 가능성이 상존하고 그러한 침입의 가능성이란 낮보다 밤이 더 높았을 터이므로 청산에서의 밤은 두려움과 공포의 시간으로 다가왔을 것이다. 그런데도 제1연의 화자는 청산에서의 삶, 곧 임시적인 통치체제 안에 머묾이 옳다고 판단하여 지금까지 머물러 살아왔다. 그런 만큼 밤의 공포나 두려움이 새삼스러운 것은 아니다. 따라서 밤의 공포나 두려움이 그 체제에서 벗어나고자 하는 지금의 판단과 행동을 합리화시켜 줄 수는 없다. 제2연에 대한 반론은 될 수 있지만 제3연에 대한 반론이 되기에는 근거가 미약하다. 그렇다면 이보다 더 확실한 논거를 아울러 제시할 필요가 있다. 그 논거가 바로 제5연에 제시되고 있다.

제5연은 호오(好惡) 관계도 없는데 돌아 맞아 우는 화자의 처지를 드러내고 있다. 임시적인 통치체제 안에 머문다는 것이 돌까지 맞아야 하는 비극적 상황이고 또 이것이 지금 새롭게 변모된 상황이라면 이것이야말로 「청산별곡」이란 노래가 생성되는 가장 직접적인 계기가 될 수 있다. 호오 관계도 없는 자신이 돌에 맞아 울고 있어야 하는 상황, 이것은 제1연, 제4연의 화자로 하여금 청산에서의 삶에 대한 근본적인 반성과 회의를 하게 하기에 충분하다. 돌을 던지는 행위의 주체 안에 제2·3연의 화자도 포함되는 것이라면 이러한 상황은 한층 더 강한 반론 근거가 될 것이며, 제2연, 제5연의 화자는 더 이상 반론을 제기하기 어려울 것이다. 이처럼 제5연의 화자가 제1연, 제4연의 화자와 동일하다고 볼 때 비로소 정서 흐름에 일관성을 파악할 수 있다.

제5연의 화자는 제1연에서와 같이 청산에서의 삶을 반성하고 회의하는 것이 이제는 불가피하다는 생각이 정당하다고 판단하고 있다. 과거 청산에서 살아야 한다는 판단도 정당한 것이지만 지금 청산에서 벗어나야 한다는 판단도 정당하다고 생각하고 있는 것이다. 결국 제2연에서 제5연까지 이어진 두 화자의 논쟁은 제1연에서와 같은 반성과 회의가 부당하지 않다는 결론에 도달한 셈이다. 그런 점에서 제6연이 제1연의 "청산에 살어리랏다"와 같은 의미를 갖는 "바다에 살어리랏다"인 까닭도 자연스럽게 이해할 수 있을 것이다.

제6연의 화자는 제1연의 화자와 동일하고, 따라서 제4·5연의 화자와도 동일하다. 그는 "청산에 살어리랏다"에서 표명한 바와 같이 강화 중심의 임시 체제 안에 머물러 살았던 지난 삶을 반성하고 그 삶을 미래에도 지속하는 것에 대해 회의하기 시작하고 있는 자신을 다시 한 번 확인하고 있다. 이러한 화자의 생각을 제7연의 화자는 한층 더 강화해 주고 있다.

> 갔다가 갔다가 들었다. 에정지 갔다가 들었다!
> 사슴이 짐대에 올라서 해금을 켜니까 들었다![9)]
> ─제7연

[9)] 가다가 가다가 드로라 에정지 가다가 드로라
　　사ᄉᆞ미 짒대예 올아셔 奚희琴금을 혀거를 드로라

제7연의 화자는 '에정지'라는 청산과 바다에 대립되는 공간에 갔다 온 경험을 갖고 있는 새로운 화자다. 그의 말은 물아래의 공간에 대한 두 화자의 선지식(제3연)보다 한층 더 생생한 정보를 담은 증언이 될 수 있다. 그는 증언하고 있다. '에정지'에 갔더니 사슴이 짐대에 올라 해금을 켜고 있었다고.

물론 이 구절은 「청산별곡」의 이해에서 가장 큰 난관의 하나이다. 청산과 바다, 새 등에 대해서도 그러하였듯이 노래의 언어를 축자적(逐字的)인 차원 ― 사전적·지시적인 의미를 가리킴 ― 에서 파악할 때 이 구절의 의미는 도무지 알기 어렵다. 옛 노래의 언어에 대한 이해는 그 작품이 생성되고 그 작품의 의미가 고스란히 전승되던 시대의 언어에 대한 이해가 선행되지 않으면 불가능하다. '사슴', '짐대', '해금(奚琴)'이 가지는 의미는 물론 이 세 낱말이 결합하여 이루는 문장이 갖는 의미는 현재의 언어 관습에 의존해서는 파악되지 않을 수도 있기 때문이다.

「청산별곡」이 생성된 시대, 청산과 바다가 하나의 상징적 의미를 가지는 역사적 시공에서의 언어 관습을 고려할 때 사슴이 짐대에 올라 해금을 키는 행위는 '호(胡) 황제(皇帝)가 세속의 인간들을 향해 문화적인 통치를 지향한다는 메시지를 전하고 있음'을 상징적으로 표현한 것이라 풀이할 수 있다. 사슴은 황제를 상징하며,[10] 짐대는 신성 공간과 세속 공간 또는 문화적인 공간과 반문화적이거나

---

10) 진나라의 황제는 '진록(秦鹿)'이라고 불렸다.

비문화적인 공간의 경계에 자리하며 신성한 존재, 문화적인 인간의 메시지를 세속적인 인간, 비문화적·반문화적인 인간들에게 전하는 매개이다.[11] 그리고 해금은 문화적인 통치의 수단이며, 많은 악기 가운데 오랑캐 족속이 만들어낸 악기이다. 청산과 바다가 강화도 중심의 임시 체제의 상징이라면 해금을 켜는 주체인 사슴은 고려의 황제가 아니라 고려와 맞서 있는 몽골의 황제를 상징한다.

청산과 바다에서의 삶이 무력적인 힘을 피하고 또 그 힘에 맞설 수밖에 없는 상황에서 불가피하게 선택한 당위적인 행동이었다면 이 증언은 제1연과 제4·5·6연의 화자로 하여금 청산과 바다에 살아야 하는 이유가 더 이상 존재하지 않는다는 판단에 이르게 한다. 청산과 바다에 머묾이 힘들어 견디어 어려웠지만 그곳을 피해 녹이 슨 농구를 가지고 물아래로 돌아간 이들의 비극적인 운명을 알기 때문에 차마 벗어나지 못하는 처지였다면, 이제 물아래 또는 '에졍지'의 공간에 문화적인 통치가 실현되고 있다는 제7연의 화자의 증언은 제1연과 제4·5·6연의 화자로 하여금 청산과 바다에서의 삶을 청산하고 물아래 혹은 '에졍지'로의 이동을 결심하게 만들기에 충분하다. 따라서 제7연에 이르면 제2·3연의 화자는 더 이상 합리적

---

11) 짐대는 당간(幢竿), 돛대의 뜻을 가지는 말이다. 당간은 사찰의 문 앞이나 대웅전 앞에 부처의 메시지를 그려내는 그림을 거는 곳이며, 돛대는 돛을 거는 곳이다. 중국 중심의 세계관에서 바다는 오랑캐들이 사는 비문화적인 공간이며, 배는 그 비문화적인 공간에 사는 인간들에게 문화적인 메시지를 전달하는 매개이다. 따라서 돛대의 돛 역시 사찰의 불화 혹은 탱화와 마찬가지로 문화적인 메시지를 담아내는 그릇이라는 점에서 동일한 의미를 가지며, 불화나 탱화를 거는 돛대나 돛을 다는 돛대 또한 동일한 의미를 가진다.

인 반론을 전개할 수 없는 상황에 부딪힌다.

> 가다니? 배부른 독에 설진강 술을 빚었다!
> 조롱꽃 누룩이 매워 잡사오니 내 어찌 하리까?[12]
>   -제8연

제8연의 화자는 "술이 당신을 붙잡는데 난들 어찌할까?"라고 묻고 있다. 이 물음은 세 화자 가운데 제2·3연의 화자가 낼 수 있는 목소리이다. 제2·3연의 화자는 더 이상 청산과 바다에 머물게 할 명분을 찾을 수 없으므로 제1연, 제4·5·6연의 화자를 스스로 나서서 적극 붙잡을 수는 없다. 그래도 붙잡아 두고 싶었다면 합리적인 명분은 사라졌다 하더라도 가능한 방법은 달리 강구해 볼 수 있다. 그런 점에서 제8연은 제2·3연의 화자와 같다고 할 수 있다. 그는 자신이 붙잡고자 하는 것이 아니라 "잘 익은 술이 당신을 붙잡으니 난들 어찌하겠느냐"고 반문하며 제1연, 제4·5·6연의 화자를 회유하고 있기 때문이다. 술이 갈등을 근본적으로 해결(解決)해 주지는 않지만 일시적으로 해소(解消)해 줄 수 있는 까닭에 술로써 붙잡아 보고자 하는 것이다.

이처럼 「청산별곡」은 청산과 바다에 머무느냐 아니면 물아래, '에정지'로 떠나가느냐는 문제로 갈등하는 화자 A(제1연, 제4·5·6

---

12) 가다니 비브른 도긔 설진강 수를 비조라
    조롱곳 누로기 미와 잡스와니 내 엇디호리잇고

연)와 그가 청산과 바다에 계속해서 머물기를 희구하는 화자 B(제2·3연, 제8연)가 그 문제를 놓고 벌이는 논쟁적 대화로 전개되고 있는 작품으로 볼 때 합리적인 이해가 비로소 가능해진다. 논쟁은 물 아래 또는 '에정지'에 갔다온 화자 C(제7연)의 증언에 의해 종결된 셈이지만, 화자 B는 화자 A가 그 결론에 따르기보다는 술과 같은 환각적인 수단으로써 갈등을 해소함으로써 청산과 바다, 곧 강화도 중심의 임시 체제 안에 머물러 있기를 희구하고 있다. 이로써 노래가 마무리된다.

「청산별곡」이 우리에게 던져 놓은 문제

「청산별곡」은 강화도 중심의 임시 체제 안에 머무느냐 아니면 그 체제에서 벗어나느냐를 둘러싸고 서로 다른 생각을 가진 인간들이 새의 형상으로 등장하여 서로 논쟁적인 대화를 벌이고 있는 작품이다. 그 논쟁적인 대화가 논거의 확실성이나 현실성 여부로 판가름나는 것이 아니라는 점에서 「청산별곡」은 문제적인 작품이라 할 수 있다.

    강화 천도와 삼별초의 반란 등 몽골(蒙古)에 대한 저항이 민족을 위한 판단인 듯하지만, 그 이면에는 무신정권의 권력 유지 동기가 한층 더 강하게 작용한 것이 사실이다. 송(宋)나라 금(金)나라를 대국으로 섬기는 것과 몽골을 대국으로 섬기는 것이 어찌 다를까마는 몽골을 대국으로 섬기지 않으려는 국가 내부 세력의 움직임은 고려 백성들에게 너무도 큰 비극을 안겨다 주었다. 그런 움직임을 민족주의로 옹호하는 것이 진정 민족을 위한 판단인지 「청산별곡」을 매개로 우리는 진지하게 따져볼 필요가 있다. 「청산별곡」은 바로 그러한 움직임을 주도한 세력들이 강화 중심의 국가 통치 체제를 영속하려는 의도에서 제작된 노래인 까닭이다.

더 생각해볼 문제들

1. "얄리얄라 얄라셩 얄라리 얄라"와 같은 후렴의 반복(8회)과 동일한 선율의 반복이 생각과 감정이 서로 다른 화자의 정서 변화에 어떤 영향을 미칠 수 있었을지 추론해 보자.

    「청산별곡」의 각 연은 선후창(先後唱)의 방식으로, 연과 연은 교환창(交換唱)의 방식으로 불린 노래라고 할 수 있다. 선후창이란 어떤 사람이 후렴을 제외한 부분을 먼저 부르고 나머지 사람들이 함께 후렴을 부르는 방식이며, 교환창이란 선창하는 사람을 바꾸어가며 부르는 방식이다. 이 두 가지 방식을 혼합하여 부르면 노래를 부르는 데 참여한 사람이면 누구나 "얄리 얄리 얄라(랑)셩 얄라리 얄라"를 부르게 된다. 그리고 서로 다른 목소리를 내는 사람들도 동일한 선율에 따라 노래를 부르게 된다. 이렇게 될 때 비록 서로 다른 생각을 가지고 있다손 치더라도 노래를 부르는 집단에 소속된 사람들이면 누구나 동일 집단에 대한 소속감, 유대감을 가지게 된다.

2. 「청산별곡」처럼 8연으로 구성된 노래를 더 찾아보고, 8연 구성이 가지는 상징적 의미를 알아보자.

    8연 구성으로 이루어진 노래로는 「한림별곡」이 있으며, 「서경별곡」, 「정석가」 등에도 8연 구성이 포함되어 있다. 이 8연 구성은 이 노래가 8방의 세계 즉, 각기 다른 풍속을 가진 세계 — 팔풍(八風) — 를 아우르는 의미를 가진다. 그런 점에서 「청산별곡」은 신성 공간에 대비되는 세속 공간 곧 8방의 세계에 존재하는 사람들이 모두 참여하여 만들어내는 목소리라 할 수 있다.

3. 삼별초의 대몽 항쟁의 역사와 그에 대한 여러 평가의 실제적 적합성을 따져 보자.

　　삼별초의 대몽 항전 — 몽골은 세조 집권 시기(고려 원종 즉위년)부터 국호를 '원(元)'으로 바꾸었다. 따라서 삼별초의 대몽 항전 시기의 몽골은 정확하게 말하면 원나라다. — 에 대해서는 민족주의의 발로로 평가하는 것이 일반적이다. 그런데 이 항전은 국가 권력이 무신정권에서 고려 국왕으로 옮겨진 이후에 일어났다. 또 대몽 항전 초기에 부분적인 지지를 받기는 하였지만 고려 백성들의 전폭적인 지지를 얻어내지는 못하였다. 더욱이 이후 역사가들에 의해서도 강화 천도와 대몽 항전은 부정적인 평가를 받았다. 무엇보다 고려 국가의 기틀이 이들의 '반란'으로 현저하게 붕괴되었다는 것이 가장 큰 이유였다.

4. 「청산별곡」의 고전적 가치가 어떤 것인지 따져 보자.

　　고전적 가치는 당대적 가치와 현재적 가치로 구분하는 것이 일반적이지만, 두 가지는 서로 모순되거나 무관한 것이 아니라 한 가지로 통합된 것이다. 당대적인 가치와 현재적인 가치를 아울러 가져야 고전이 될 수 있다는 것이다. 「청산별곡」은 우리 민족이 이민족과의 대결에서 패배할 수밖에 없었던 국가적 위기 국면에서 필연적인 역사의 흐름을 거스른 사람들에 의해 제작된 노래이다. 역사적 필연성에 순응하느냐 아니면 대항하느냐 하는 문제는 오늘날 우리가 언제든지 직면할 수 있는 문제이다. 그런 점에서 「청산별곡」은 국가적 위기 국면에서 우리의 선택이 어떠해야 하는지에 대한 반성적 사유의 계기를 마련해 준다 할 것이다.

추천할 만한 텍스트

『고려가요집성』, 김명준 풀이, 다운샘, 2002.

임주탁

부산대학교 사범대학 국어교육과 교수.
서울대학교 인문대학 국어국문학과를 졸업하고 동 대학원에서 석사 및 박사 학위를 취득했다. 학위 논문은 『고려시대 국어시가의 창작·전승 기반 연구』(1999, 이 논문은 2004년 부산대학교 출반부에서 출판함)다.
「청산별곡」을 비롯하여 「서경별곡」, 「가시리」, 「정석가」, 「만전춘별사」, 「한림별곡」 등 고려 가요 작품을 독특한 방법론으로 새로이 해석한 작품론을 묶어 『강화 천도, 그 비운의 역사와 노래』(새문사, 2004)로 출판하는 등 고려가요에 대한 전면적이고 새로운 연구를 수행하고 있다. 그리고 고려 가요 연구에서 선보인 새로운 방법론으로 그 이전과 이후의 시가 작품에 대한 논의도 진척하고 있는 바, 「황조가(黃鳥歌)의 새로운 해석」(『관악어문연구』 29집, 서울대학교 국어국문학과, 2005)과 「시조에서의 사상(事象) 인식의 양상과 그 의미」(『성심어문논집』 27집, 성심어문학회, 2006) 등이 그 사례이다.
최근에는 고전 시가작품의 연구 성과를 교육의 장에서 활용하는 방안을 모색하는 데에도 열중하여 고전 문학의 이해와 감상이 '가치 발견 과정'으로 나아갈 수 있는 기틀을 마련하는 작업을 하고 있다.

이런달 엇더하며 뎌런달 엇더하료.
초야우생(草野愚生)이 이러타 엇더하료.
하믈며 천석고황(泉石膏肓)을 곳텨 무슴 하료.
— 「도산십이곡」1

연하(煙霞)로 집을 삼고 풍월(風月)로 벗을 사마
태평성대(太平聖代)에 병(病)으로 늘거가뇌
이 듕에 바라난 일은 허므리나 업고쟈.
— 「도산십이곡」2

이황 (1501~1570)

태어난 지 1년 만에 아버지를 여의고 홀어머니 밑에서 성장한 퇴계(退溪) 이황은 몇 번의 과거에서 낙방을 거쳐 34세 대과에 급제했으나 원리원칙주의자라 벼슬길이 순탄치 않았다. 게다가 을사사화가 일어나자 더욱 정계를 떠나고 싶어 했다. 49세 때 풍기군수 자리를 내놓고 귀향했는데 사표 수리도 않고 임지를 떠났다 하여 강등과 비난을 한꺼번에 받았다.

50세 이후 학문과 교육에 나머지 삶을 바치기로 결심했다. 53세 때 「천명도」를 개정하고 55세 때는 『주자서절요』를 편찬했으며 58세 때는 『자성록』을 묶었다. 그리고 이 무렵 30초반의 젊은 선비 기대승과 조선 유학의 일대 화두인 사단칠정(四端七情) 논쟁을 시작했다.

한때 임금과 조정의 요청으로 정계복귀를 했으나 67세 때 『성학십도』를 지은 후 다시 고향으로 돌아왔다. 그때 왕실에 대한 정치적 조언을 담은 「무진육조소」를 남겼다. 70세 되던 해 겨울, 눈이 내려 쌓이던 어느 날, 매화에 물을 주라고 하고선 자리를 정돈하고 앉아 조용히 떠났다. "그러자 곧 구름이 흩어지고 눈이 개였다."

03

이런들 어떠하며, 저런들 어떠하료
이황(李滉)의
「도산십이곡(陶山十二曲)」

한형조 | 한국학중앙연구원 철학과 교수

우리말로 부르는 노래

퇴계(退溪) 이황(李滉)은 65세 때, 「도산십이곡(陶山十二曲)」을 지었다. 왜 한시를 두고 이 우리말 가사 12곡을 지었을까. 「발문」에서 그는 이 특이한 창작에 대해 이렇게 변명했다.

> 한시는 우리 음으로 노래를 부를 수가 없어서 이런 쓰잘데없는(閑事) 일을 해 보았다. 나는 악곡의 형식은 모르지만 이 노래를 아이들부터 유행시켜 나가다 보면, 마음속의 비린내와 인색함을 씻어내는 데 도움이 될 것이라고 생각했다.

물론 선비들이 부른 우리말 노래가 없었던 것은 아니다. 이황은 그러나 그 동기와 가사에 문제가 있었다고 말한다.

> 시나 노래를 지을 때는 흉중의 객기가 없어야 하는데, 「한림별곡」류는 자신을 뻐기거나, 세상에 한탄을 늘어놓거나, 아니면 한판 놀아보자는 마음들을 노래로 풀어놓았고, 이별이 지은 「육가」는 좀 나은 듯하지만, 그러나 세상을 내리깔아보는 오만에 차 있어, 권할 것이 아니다. 그것들은 풍속을 교화하고 자신을 수양하는 데 별 도움이 안된다. 모름지기 시란 원망도 기대도 없이, 자기 충족감을 키우고, 세상에 대한 이해와 관용을 표현하는 것이라야 한다.
> ―「도산십이곡 발」

이것이 시와 노래에 대한 그의 생각이지만, 동시에 그가 평생을 추구한 철학이기도 했다.

새장을 벗어나

그는 사화(士禍)의 한 가운데 있었다. 그 정쟁의 소용돌이 속에서 이황은 나아갈 수도 물러설 수도 없었다. 뜻있는 사람들은 그에게 조정을 지켜, 관료들의 기풍을 바로잡아달라고 요청했지만, 그러나 한편에서는 을사사화(1945)로 해서 권력이 문정왕후와 윤원형 그리고 난정이 농락하고 있는 그 난장판에 왜 얼쩡대고 있냐고 손가락질이었다.

이 두 기대 사이에서 이황은 곤혹스러웠다. 그래도 물러나는 것이 길이다 싶어 사직을 청했더니, 허락은 떨어지지 않고 거꾸로 관작과 품계만 올라갔다. 그게 또 정치배들의 비난을 불러왔다. "경호(景浩) — 이황의 자(字)다 — 의 이번 행차도 소득이 적지 않았군!" 이라거나, "물러남을 구해 나아감을 얻고, 작은 벼슬을 사양하여 큰 벼슬을 받는다"고 빈정대는 소리가 귀에 들릴 정도였다.

그는 정치에 나아갔으나 한번도 행복했던 적이 없었다. 그는 '산야(山野)의 기질'이었다. 무자비한 권력 앞에 형이 죽은 것도 한 요인이었고, 무엇보다 그는 실무행정보다 책을 읽고 산책하는 삶을 사랑했다. 그는 행동적 인간(via activa)이라기보다 사색하는 인간(via contemplativa)이었던 것이다.

그는 친구와 후배들에게 "자신이 젊어 벼슬길에 잘못 들어섰다"는 후회를 자주 적어 보냈다. 아까운 시간을 낭비했으니 이제 늦게나마 '학문'에 정진해야겠다고 작심했다.

> 당시(當時)에 녀던 길흘 몇 힉를 브려 두고
> 어듸 가 둔니다가 이제아 도라온고
> 이제나 도라오나니 년듸 ᄆᆞᅀᆞᆷ 마로리.
> —「도산십이곡」 10

'당시에 여던 길'이란 진정한 학문의 길이다. 그것을 내버려두고 과거시험을 치르고 관료생활에 빠졌는데, 이제 본령인 학문으로 돌아왔으니, 다시 벼슬길에 마음을 두지 않겠다고 다짐했다.

그는 스스로를 "인간에 어긋나고 하늘과 짝하는" 유형이라고 생각했다. 속계에는 어울리지 않으나 선계(仙界)에서는 환영받을 사람, 그가 이황이다. 그는 자주 신선이 되어 선계로 떠나가는 꿈을 꾸었고, 그 꿈을 시에 담기도 했다.

고인(古人)과 벗하다

이황이 그토록 하고 싶어 한 '학문'은 지금의 대학에서 가르치는 커리큘럼하고는 십만 팔천 리나 떨어져 있다. 그것은 생계를 위한 직업적 기능도 아니고, 또 세계를 읽는 객관적 정보도 아닌, 이를테면 우주의 과정을 성찰하고 삶의 의미를 습득해 나가는 훈련이라고 할 수 있다.

조선조 선비들 가운데 '이 길'을 걷는 사람은 희귀했다. 지금도 그렇지만, 대개는 과거 시험에 합격해서 관료로 출세하는 것을 가문의 영광으로 알았기 때문이다. 그를 찾아 도산에 온 학생 제자들도 이런 부류가 더 많았다. 학부모들은 이황이 과거시험의 기술이나 정보를 가르치기보다, 『소학』이나 『심경(心經)』, 『근사록(近思錄)』 같은 인격 수양서를 강의하는 것을 탐탁치 않게 생각했다고 한다.

1558년, 이황은 자신을 찾아온 젊은 수재 율곡이 '이 학문'에 뜻을 두고 있는 것을 보고 크게 반가워하며 이렇게 당부했다.

> 세상에 영재(英才)가 얼마나 많겠습니까마는, 다만 '옛 학문[古學]'에 마음을 두려 하지 않으니, 다들 그렇습니다. 그 가운데 세상의 진창에서 벗어난 사람이 있어도 재주가 미치지 못하거나, 혹 나이가 너무 많습니다. 당신은 나이도 젊고 재주가 뛰어나니 바른 길로 나아간다면 후일의 성취를 어찌 짐작하겠오. 다만 천만 원대(遠大)하기를

기약할 일이지, 작은 성공에 자족하지 마시오.

둘러보니 그만큼 '사람'이 없었다. 이황은 외로웠다. 금세(今世)에 사람이 없어 그는 옛 사람들을 연모했다. 그들의 삶과 목소리는 책에 담겨 있었다.

고인(古人)도 날 몯보고 나도 고인 몯 뵈
고인을 몯 봐도 녀던 길 알픠 잇뇌.
녀던 길 알픠 잇거든 아니 녀고 엇뎔고.
－「도산십이곡」9

그 가운데 가장 큰 스승이자 동지는 주자(朱子)였다. 그는 주자와 만나고 싶어서 벼슬길을 그만두었다고 해도 과언이 아니다. 47세 무렵 이황은 그를 꿈에서 만나는 감격을 누리기도 한다. 그는 『주자서(朱子書)』를 일자 일구도 빠뜨리지 않고 육화시키고자 했다.

주자의 철학뿐만 아니라, 그가 만난 사람과 사건들, 주고받은 말, 그가 느낀 감회, 의견을 올린 상소에 이르기까지, 그야말로 숨소리와 기침소리 하나까지 놓치지 않고 들었다.

이황에게 있어 주자는 그야말로 '님'이었다. 『퇴계선생문집(退溪先生文集)』에서 그는 "주자는 나의 스승이고, 또한 천하고금의 스승이다"고 밝힌 바 있다.

유곡(幽谷)이 재곡(在谷)호니 자연(自然)이 듣디 됴해.

> 백운(白雲)이 재산(在山)ᄒᆞ니 자연이 보디 됴해.
> 이 듕에 피미일인(彼美一人)을 더옥 닛디 몯ᄒᆞ얘.
> (또는. 이 듕에 고온 ᄒᆞᆫ 니믈 더옥 닛디 몯ᄒᆞ뇌.)
> ―「도산십이곡」 4

여기서 미인(美人), 즉 '고온 님'은 고인(古人)을 가리키며, 그 가운데서도 '주자'를 염두에 두고 있다. 교과서에는 다들 임금을 가리킨다고 적혀 있는데, 이는 잘못이다. 송강 정철이 그리워한 미인은 분명 임금이지만, 이황은 벼슬길에 뜻이 없었기에 임금에 대한 그리움이 없었다. 그의 영원의 지향은 학문이었기에, 그 길을 걸은 선배들 그리고 그 길을 성취한 성현들을 늘 그리워했다는 것을 기억해야 한다. 여기 미인은 주자임에 틀림없다. 주자라고 꼭 찍기가 뭣하다면, '이 학문의 길'을 걸은 선배들과 옛 성현들을 총칭한다고 해 두자.

산수(山水)를 즐기다

이황 학문의 커리큘럼은 단 두 개였다. 하나는 책을 통해 옛 사람을 만나는 것이었고, 다른 하나는 산수 자연과 더불어 노니는 것이었다. 그는 이 삶을 「도산기(陶山記)」에서 가감 없이 적어두었다.

> 나는 늘 오랜 지병에 감겨 있어 비록 산에 있다 해도 마음대로 글을 읽지 못한다. 답답한 마음을 조식(調息)하다보면, 때로 신체가 편안하고 마음이 쇄락하여 우주를 우러르고 굽어보다 감개가 이어지면,

책을 던지고 지팡이를 짚고 나가 난간에서 연못을 완상한다. 단(壇)에 오르고 사(社)를 찾으며 밭을 돌면서 약초를 심고, 숲을 헤치며 꽃을 따거나 혹은 바위에 앉아 샘물을 희롱하고 대(臺)에 올라 구름을 바라본다. 혹은 여울에서 고기를 보며, 배 안에서 백구와 친하면서 마음대로 소요하다가 경치를 만나면 흥취가 일어 한껏 즐기다 돌아오면, 방안은 고요하고 책은 벽에 가득하다.

책상을 대하여 묵묵히 앉아, 마음을 다잡고 연구·사색한다. 때로 이해되는 바가 있으면 문득 기뻐서 먹을 것을 잊어버리고, 혹 이해되지 않는 곳은 주변의 도움에 기대며 그래도 얻지 못하면, 분비(憤悱)에 발할 뿐, 억지로 통하려 하지 않고 한 쪽에 밀쳐두었다가 때때로 끌어내, 빈 마음으로 궁구하여 저절로 이해되기를 기다린다. 오늘도 이렇게 하고 내일도 또 이렇게 한다.

산새가 지저귀고, 사물이 무성하고, 서릿바람이 차갑고 눈과 달빛이 엉기어 네 계절의 경치가 같지 않으니 그에 따라 흥취도 무궁하다. 큰 추위나 큰 더위, 큰 바람이나 큰 비가 아니면 어느 때고 어느 날이고 나가지 않는 적이 없으니, 이렇게 나갔다가 또 그렇게 돌아온다.

이는 한가히 지내면서 병을 요양하는 무용(無用)의 공업(功業)이니, 비록 옛 사람의 문간을 엿볼 수는 없지만, 마음속의 즐거움과 기쁨은 얕지 않아서 아무리 말이 없고자 해도 그럴 수 없다.

그는 매일 새벽 일어나 책을 읽고 주변을 산책하며, 그 흥취에서 일어나는 감흥을 시로 읊거나 때로는 편지를 썼다. 거기 제자들을 가르치고, 가끔 들르는 손님과 환담하는 것이 덧붙여진다.

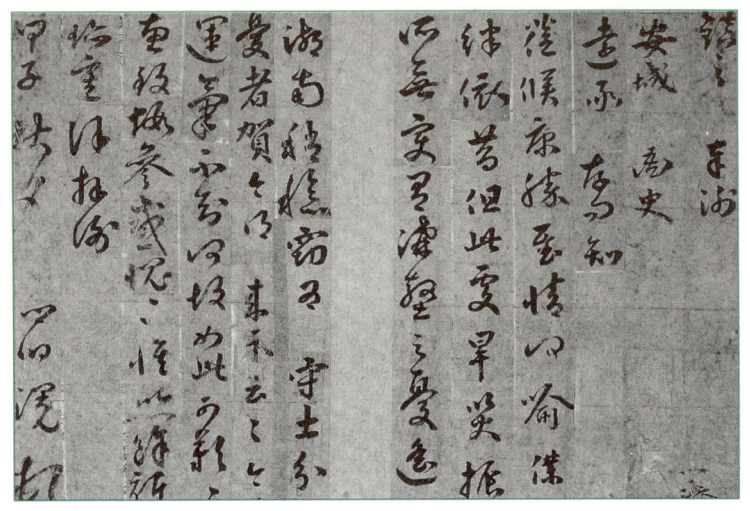

이황의 글씨.

천운대(天雲臺) 도라드러 완락재(玩樂齋) 소쇄(蕭洒)혼듸
만권생애(萬卷生涯)로 낙사(樂事)이 무궁(無窮)ᄒ얘라.
이 듕에 왕래풍류(往來風流)를 닐어 므슴홀고.
— 「도산십이곡」 7

그는 산책과 독서에 무궁한 즐거움이 있다고 자랑한다. 지금 수험생들이 들으면, 뻥이라고 입을 삐죽할 만하다. 그러나 이황의 말은 진정이다. 책을 읽을 때 '가슴에 오가는 풍류'를 느끼기 위해서는 준비와 훈련이 필요하다.

책과 산수, 철학과 시

예전 사람의 글의 스타일은 지금의 우리와는 판이하다. 이황은 편지를 통해 철학적 논쟁을 폈다. 그 안에는 또 일상의 안부에, 감흥을 적은 시들이 뒤섞여 있다. 양식적으로 뒤섞여 있을 뿐만 아니라, 시와 철학이 아예 구분되지 않는다!

이황의 산수시는 그대로 철학시인 경우가 많다. 산수를 읊은 듯한데 거기에 철학적 메시지가 담겨 있는 것이다. 주자에게 「관서(觀書)」라는 유명한 시가 있다.

> 반 이랑 네모진 연못이 거울처럼 열려 있어
> 하늘 빛과 구름 그림자 어울려 오가네.
> 묻노니, 그대 어찌 그리 맑을 수 있는가.
> 아득한 샘에서 싱싱한 물이 솟아 오기 때문이지.[1]

『퇴계선생언행록』에는, 그가 이 시를 철학적으로 해석한 내용이 있다. 첫 구절은 "마음 전체가 담연(湛然)히 허령(虛靈)한 기상을 말한 것"이며, 둘째 구절은 "적(寂)하면서도 능히 감(感)하고, 사물이 오면 남김없이 비춘다는 뜻"이며, 셋째 구절은 "어떻게 그처럼 '비어있으면서도 밝은' 본바탕을 가지고 있는가 하는 것"이며, 마지막 구절은 "천명(天命)의 본연(本然)을 밝힌 것"이다.

---

1) 원문은 다음과 같다.

半畝方塘一鑑開 / 天光雲影共徘徊 / 問渠那得淸如許 / 爲有源頭活水來.

이황은 자신의 시가 순전한 "자연의 감상" 이상임을 의식하고 있었다. 제자들도 늘 스승의 시에서 숨겨진 철학적 의미를 읽으려고 애썼다. 한 예를 들어보자.

> 춘풍(春風)에 화만산(花萬山)하고 추야(秋夜)에 월만대(月萬臺)라.
> 사시가흥(四時佳興)ㅣ사롬과 한가지라.
> 하말며 어약연비(魚躍鳶飛) 운영천광(雲影天光)이야 어늬 그지 이슬고.
> ―「도산십이곡」 6

이 곡에 등장하는 '운영천광'과, 앞의 7곡 첫머리에 '천운대'는 공히 앞에서 말한 주자의 시 "하늘 빛과 구름 그림자 어울려 오가네"[2]에서 왔다. 대체 여기 '구름과 하늘빛'은 무엇을 상징하고 있을까. 그것은 이황이 적은 대로, 거울같이 맑은 마음에 비친 적감(寂感)의 풍경이다.

적감을 부연설명하자면 이렇다. 마음이 세속의 때와 먼지를 벗을 때, 그것은 거울처럼 맑고 투명해진다. 그때 외부의 자극에 대한 반응, 총체적으로 삶의 영위는 외곡이나 이지러짐 없이 완전한 행동으로 드러난다. 이것이 천광운영의 의미이고, 이황이 천운대를 지은 뜻이다.

그는 자연을 빌려, 산수를 빌려 자신의 내면 풍경을 읊고 있는 것

---

[2] 즉, "천광운영공배회(天光雲影共徘徊)"라는 구절이다.

이다. 그리고 그 내면의 완성을 위해 평생을 노력했다. 그는 이것이 그의 삶에 주어진 의무라고 생각했다.

시를 짓자면 비린내부터 없애야

이황은 시(詩)의 한 경지를 열었다. 그는 시가 자아의 의도적 개입 없이 물상의 변화와 더불어 자연발생한다고 생각한다. 비유하자면 시란 내가 짓는 것이 아니라 누군가의 목소리를 받아적는 것과 같다.

> 시가 사람을 그르치리, 사람이 스스로 잘못 되지.
> 흥이 오고 정에 맞으면 가만 있지 못하는 걸.
> 풍운이 이는 곳에 신이 나서서 도와주고
> 비린 피 삭을 제 속된 소리 끊어지네.
> ─「화자중한거(和子中閒居) 이십영(二十詠) 중 양정(養靜)」.[3]

시를 지으려면, 우선 "창자 속의 속되고 지저분한 비린내와 기름기를 씻어내야 한다." 이는 또한 사람되는 공부의 기초이기도 하니, 그런 점에서도 시와 철학은 둘이 아니다.

이황은 『자성록(自省錄)』의 첫 머리, 남시보(南時甫)에게 준 편지에서 "마음의 병을 치료하려면, 먼저 세간(世間)의 궁통이나 영욕, 이해와 득실을 일체 치지도외(置之度外)하라"고 권했다. 세간

---

3) 원문은 다음과 같다.
詩不誤人人自誤 / 興來情適已難禁 / 風雲動處有神助 / 葷血消時絶俗音.

의 홍진에 일체 마음을 두지 않으면 비린내와 기름기의 반 이상은 제거된다. 그런 다음 "기욕(嗜慾)을 절제하고 수작(酬酌)을 절제하며, 마음을 한가롭고 편안하게 하여, 도서(圖書)와 화초를 완상하고 산수간의 흥취를 즐기는 것", 그것이 수양의 비결이라고 말했다.

이렇게 마음이 한가해지면 무슨 일이 일어나는가? 우선 마음에 원망과 치기가 사라지고, 주어진 것을 있는 그대로 받아들이는 마음이 자란다. 인간사의 득실이 밖으로 밀려가는 만큼, 자연의 표정과 풍경이 자신의 내면에 일체의 흥취를 불러일으킨다. 앞의 시에서 비유한 바, "고요한 연못에 맑게 비치는 하늘과 오가는 구름"이 바로 그 경지를 일러주고 있다.

이 수련을 오래 계속하면, 마음이 점차 순일(純一)해지고, 오고 감에 걸림이 없어진다. 그 궁극처에서 물아무간(物我無間), 나와 남 사이의 구분이 엷어진다. 이황은 주자학에 입각하여 나와 너, 주체와 대상 사이가 서로 호응하고 간격이나 갈등이 없는 경지, 즉 천인합일(天人合一)을 이상으로 설정했다.

그는 더 이상 의도적으로 할 일이 없어진다. 한가한 노인네가 되는 것이다. 「도산십이곡」의 첫머리 노래가 그 풍경을 읊고 있다.

> 이런달 엇더하며 뎌런달 엇더하료
> 초야우생(草野愚生)이 이러타 엇더하료
> 하믈며 천석고황(泉石膏肓)을 곳텨 무슴 하료.
> ―「도산십이곡」 1

> 연하(煙霞)에 집을 삼고 풍월(風月)로 벗을 사마
> 태평성대(太平聖代)에 병(病)으로 늘거나뇌.
> 이 듕에 바라난 일은 허므리나 업고쟈.
> ―「도산십이곡」 2

그리하여 그는 따로 할 일이 없게 되었다. 그는 마침내 자신이 바란 대로 "인간에 어긋나 하늘과 짝하는" 한가하고 쓸모없는 노인이 된 것이다. 「도산십이곡」의 마지막 노래를 보자.

> 우부(愚夫)도 알며 ᄒ거니 긔 아니 쉬운가.
> 성인(聖人)도 몯 다 ᄒ시니 긔 아니 어려운가
> 쉽거나 어렵거낫 듕에 늙는 주를 몰래라.
> ―「도산십이곡」 12

이 노래는, 해야할 일도 말아야할 일도 없는, 나도 남도 의식하지 않게 된, 그리하여 시간도 비껴가는 정신의 풍경이 그려져 있다.

여기 쓸모없다는 것은 "이런들 어떠하료, 저런들 어떠하료"의 노래가 알려주듯, 세속의 기준에 따라 자신을 판단하지 않게 되었다는 자신감의 표현이다. 한가하다는 것은 무엇을 해야 할지 말아야 할지에 대한 의도적 고민이 없다는 뜻이다. 그는 오랜 훈련의 결과, 자연을 성취한 듯하다.

드디어 성취한 자연이란, 언제나 푸른 산같은 내적 고요를 확보하면서도, 늘 푸르게 흘러가는 강처럼 상황의 변화와 요구에 맞게

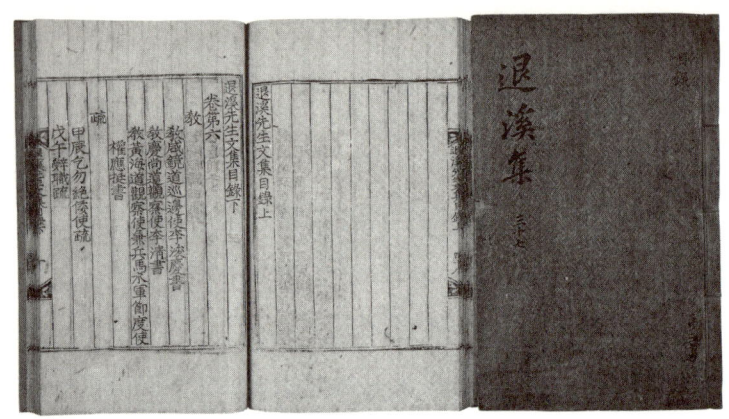
이황이 저술한 『퇴계집(退溪集)』의 표지와 내용.

적절한 행동을 해 나가는 것을 의미한다.

이황 노인이 기울인 오랜 세월의 자기훈련은, 막혀 있던 마음의 움직임(心)과 자연의 과정(理) 사이의 벽을 점차 허물고 마침내 상호 융통하는 경지에 이르른 듯하다.

> 청산(靑山)은 엇뎨하야 만고(萬古)애 프르르며,
> 유수(流水)난 엇뎨하야 주야(晝夜)에 긋디 아니난고.
> 우리도 그치디 마라 만고상청(萬古常靑)호리라.
> — 「도산십이곡」 11

마음과 우주가 하나가 되면, 이때 나도 남도 탈각한다. 이 순일(純一) 속에서는 주체인 아(我)와 대상인 물(物)의 구분이나 갈등이 존재하지 않는다. 오직 그 둘이 상관(相管)하는 사건과 과정만이 있다. "하늘에는 소리개가 날고, 연못에는 물고기가 뛴다. 그리고 구름 그림자와 하늘 빛이 금빛 물결 속에서 배회한다." 아무 걸림이나 이지러짐 없이….

　여기 이황 노인은 없다. 그는 "계절의 변화와 그 흥취에 하나가 되어 버려" 자기 자신의 표지를 잃어 버렸다. 노인이 없으므로 시간도 없다. 스스로를 의식하지 않기에, "병으로 늙어가던" 그는 이제 자신이 "늙는 줄도 모른다."

더 생각해볼 문제들

1. 다음 「도산십이곡」 8의 의미는 고래로 오리무중이다. 그 뜻을 각자 새겨보자.

    뇌정(雷霆)이 파산(破山)하여도 농자(聾者)난 못 듯나니.
    백일(白日)이 중천(中天)하야도 고자(瞽者)난 못 보나니.
    우리는 이목 총명 남자(耳目聰明男子)로 농고갇디 마로리.

2. 지금 우리가 이황의 삶과 그가 설정한 이상에 동의할 수 있을까. 전원생활이야 늘그막에 동경할 수도 있지만, 삶의 목표를 사회와 격절되고 자연과 어울림에 둘 수 있을까. 역사와 사회의 현장에서 떠난 그의 개인주의를 어떻게 평가해야 할까.

추천할 만한 텍스트

『이황의 생애와 학문』, 이상은 지음, 예문서원, 1999.
『이황평전』, 정순목 지음, 지식산업사, 1992.

한형조(韓亨祚)
한국학중앙연구원 철학과 교수.
서울대학교 철학과를 졸업하고, 한국정신문화연구원에서 박사 학위를 취득했다.
아시아의 전통과 새 휴머니티의 지평을 탐색하고 있다.
저서로 조선 유학의 범형 이동을 다룬 『주희에서 정약용으로』(1996), 선(禪)의 이념과 역사, 방법을 해설한 『무문관, 혹은 너는 누구냐』(1999) 그리고 동아시아 제자백가의 초대 혹은 입문서인 『왜 동양철학인가』(2000) 등이 있다.

珠簾(주렴)을 고텨 것고 玉階(옥계)를 다시 쓸며
啓明星(계명셩) 돗도록 곳초 안자 ᄇ라보니
白蓮花(ᄇᆡ년화) ᄒᆞ 가지를 뉘라셔 보내신고
일이 됴흔 셰계 ᄂᆞᆷ대되 다 뵈고져
流霞酒(뉴하쥬) ᄀᆞ득 부어 ᄃᆞᆯᄃᆞ려 무론 말이
영웅은 어ᄃᆡ가며, 四仙(ᄉᆞ션)은 긔 뉘러니
아미나 맛나 보아 녯 긔별 뭇쟈 ᄒᆞ니
션산 동ᄒᆡ예 갈 길히 머도 멀샤.
－「관동별곡(關東別曲)」에서

정철 (1536〜1593)

조선시대 전기, 사림 출신의 문인관료다. 그의 큰누이는 인종(仁宗)의 후궁이 되고 작은누이는 계림군(桂林君) 유(瑠)의 부인이 되었는데, 이에 따라 어린 시절 그는 수시로 궁중 출입을 할 수 있었으며, 특히 뒤에 명종(明宗)이 된 동갑의 경원대군(慶源大君)과 친해졌다. 그러나 1545년 을사사화에 계림군이 관련되자 그의 삶은 완전히 달라져 버렸다. 그의 집안은 풍비박산이 나 아버지가 유배당하고 그도 유배지를 따라다니게 된 것이다. 이처럼 그의 유년 기억에는 소망충족의 궁궐 체험에 뒤이어 공포와 상실의 가화(家禍)가 함께 각인되었다.

1580년 이후 3년 동안 강원도·전라도·함경도의 관찰사를 지내면서「관동별곡(關東別曲)」,「훈민가(訓民歌)」등을 지었으며 1585년 대사헌을 사직하고 고향으로 돌아가「사미인곡(思美人曲)」,「속미인곡(續美人曲)」등의 많은 가사와 단가를 지었다. 정철은 가사의 대가로서, 시조의 윤선도(尹善道)와 더불어 한국시가의 쌍벽으로 일컬어진다.

04

사대부 가사의 정점
정철(鄭澈)의 「관동별곡(關東別曲)」

조세형 | 서울시립대학교 국어국문학과 교수

가사의 시학과 점묘(點描)의 수사법

「관동별곡(關東別曲)」에는 강원도 관찰사인 송강(松江) 정철(鄭澈)이 자신의 임지를 둘러본 기행 체험이 형상화되어 있다. 그런데, 당대 사대부들의 미학 내지 세계관에 머무르지 않고 오늘날의 우리까지 공감하고 애송할 수 있는 초시대적인 미적 원리를 획득해 내었다. 즉, 정철이라는 개인이 금강산을 유람하였다는 개별적인 서술물은, 조선시대 전기 사대부로서 사물을 바라보며 거기에 내재한 성리학적 원리를 생각하는 특수한 서술물인 동시에, 한 인간의 시적 체험 과정 내지 진리의 탐색 과정이라는 일반적 서술물로 보편화된 것이기도 하다.

이 과정에서, 정철은 가사의 시학을 최대한 활용하여 진리에 도달하는 인식의 과정 그 자체를 박진감있게 그려내고 있다. 격물치지(格物致知)라는 말은 식상하지만 그 과정을 체험한 사람은 드물다. 수백 년의 시간이 흘러 그냥 보아서는 그 말뜻을 모르니 어렵고 따분하게 느껴지지만, 알고 보면 그래서 재미가 있고 뛰어난 문학성도 인정받는다. 어떤 재미일까? 어떻게 뛰어난 문학성을 지녔을까?「관동별곡」을 읽으며 거기에 빠져드는 재미, 느껴볼 만하지 않겠는가.

정철은 가사문학의 대표 작가이고「관동별곡」은 그 대표 작품이다. 이에 우리는, 다른 방향을 가리키지만 실은 동일한 두 질문을 해볼 수 있다. 정철은 가사라는 역사적 장르의 문학적 관습을 어떻게 활용했을까, 또는「관동별곡」에는 가사를 구성하는 관습들이 어떻게 모범적으로 활용되고 있을까? "마하연(摩訶衍) 묘길샹(妙吉祥) 안문(雁門)재 너머 디여〔내려〕/ 외나모 뻐근 두리 블뎡딕(佛頂臺) 올라ᄒᆞ니"라는 부분을 보자. 여기서는 문장의 구성이 'n+n+n+v'의 형태로 — 즉, '명사+명사+명사+동사'의 형태로 — 명사를 동사로써 아우르고 있어, 예컨대 경기체가「한림별곡」에서 "위 순문 인로시 공로사륙"이라 했을 때 명사만 나열되어 'n+n+n'의 형태로 된 것과 비교하면, 구성진 율독이 가능하며 묘미도 생긴다.

흔히 가사는 '4음보격을 지니는 율문 연속체'로 정의된다. "압개예 안 기것고 뒫뫼희 히비췬다"나 "우는 거시 벅구기가 프른 거시 버들숩가" 등「어부사시사(漁父四時詞)」가 보여주는 시조시학의 모범이 1장(章)내 2구(句)의 형태임을 상기하면, 한 행에서 다음 행으로 계기적 진행을 하는 가사의 시학이 시조의 그것과는 다름을 알 수 있다. 곧 겉으로는 시조의 한 장이나 가사의 한 행이 다 4음보로 구성되지만 그 시학적 함축에서는 가사의 계기성이 더욱 강조되고 있는 것이다.

이러한 시학을 바탕으로 「관동별곡」에서는 이른바 점묘(點描)의 수사법을 동원할 수 있었고, 또 그로써 신정(神情)에 의한 낭만적 묘사가 가능하였다. 그 점을 자세히 살펴보자.

> 강호에 병이 깊어 죽림에 누웠더니, 관동 팔백 리의 관찰사를 맡기시니, 아, 성은이여 갈수록 망극하다. 연추문 들어달려 경회 남문 바라보며, 하직하고 물러나니 옥절이 앞에 섰다.[1]

정철은 강원도 관찰사가 되기 전의 상황과 임금이 다시 부른 사연은 전혀 말하지 않는다. 다만 죽림에 누웠다가 성은이 망극하게도 관동백(關東伯)이 되었다는 간결한 진술만을 하고, 연추문과 경회남문과 옥절을 시각적으로 제시하면서 부임과정의 복잡한 절차를 대신하기도 한다. 특별히 대표성을 지니는 하나의 사물만으로 전체의 상황을 독자로 하여금 상상케 하는 조사법(措辭法)으로, 대표적 사물에 대한 묘사는 하나의 점(點)으로 던져두고 독자의 상상

---

1) 원문은 다음과 같다.
　강호(江湖)에 병(病)이 깁퍼 듁님(竹林)의 누엇더니 관동(關東) 팔빅니(八百里)에 방면(方面)을 맛디시니 어와 셩은(聖恩)이야 가디록 망극(罔極)ᄒ다. 연츄문(延秋門) 드리드라 경회(慶會) 남문(南門) 브라보며 하직하고 믈러나니 옥졀(玉節)이 알픽 섯다.

관동팔경의 하나인 월송정.

력을 통해 이를 선(線)으로 잇게 하는 방식이라 하겠다. 지명 등의 고유명사들이 점으로 제시된다면 화자의 움직임은 동사로 포괄되며 이는 독자의 상상을 촉발하여 선으로 연결되는 것이다.

> 감영(監營)에 일이 없고 시절이 삼월인 제, 화천 계곡 길이 풍악으로 뻗어 있다. 여장(旅裝)을 다 버리고 돌길에 막대 짚어, 백천동 곁에 두고 만폭동 들어가니, 은 같은 무지개 옥 같은 용의 꼬리, 섞어 돌며 뿜는 소리 십 리에 잦았으니, 들을 때는 우레더니 본 것은 눈이로다.[2)]

화천에서 풍악으로 뻗어 있는 길을 따라가는 화자 정철의 모습이 백천동을 보고나서 만폭동을 찾아간다는 요약적 진술로 제시된 다음, 만폭동에 대해서만 세밀히 묘사하고 있다. 이것은 특징적인 경물을 몇 개의 점으로 던져둔 다음 대상의 역동적인 움직임, 곧 '무지개'와 '용의 꼬리'의 움직임과 같은 역동적인 찰나를 포착하여 독자들에게 생생하게 전달하는 수법이다.

현실의 비시적 진술에서 내면의 시적 진술로

이 작품이 가사시학을 모범적으로 구현하고 있을 뿐더러 그것을 적극적으로 잘 활용하기도 하였음을 살펴보았다. 확장적 문체 또는 점묘의 수사법이 그 결론이었는데, 이를 통해 또 하나 생각해볼 사항이 있다. 가령 시조가 3장 6구의 짧은 형식인 데 비해 가사는 어쨌든 무한정 길어지는 것을 허용하고 있으니, 시조가 일회적이며 단언적일 수밖에 없음에 비해 가사는 한 번에 결론으로 나아가기보다 자기 내면의 운동을 포착하고 표현하기 용이하다는 점이다.

「관동별곡」은 단지 작가인 정철의 생애에서 어느 한 순간을 차지했던 외적 체험의 기록일 뿐만 아니라 '목적-추구-방황-회귀'라는 인간 생명의 보편적 역정에 대한 내적 체험의 기록이다. 이 작품의

---

2) 영듕(營中)이 무수(無事)하고 시절(時節)이 삼월(三月)인 제 화천(花川) 시내길히 풍악(風樂)으로 버더 잇다. 힝장(行裝)을 다 썰티고 셕경(石逕)의 막대 디퍼 빅쳔동(百千洞) 겨틱 두고 만폭동(萬瀑洞) 드러가니 은 그툰 무지게, 옥 그툰 용의 초리 섯돌며 뿜는 소리 십리의 조자시니 들을 제는 우레러니 보니는 눈이로다.

시작 부분에는 수명(受命)에 대한 감격이라는 주된 동기가 드러나며, 이어서 공인으로서 의무와 목민관으로서 직무를 다하려는 정신이 표출된다.

> 나라 떠난 외로운 신하 백발이 많기도 하네. 동주(東州) 밤 겨우 새어 북관정에 오르니, 삼각산 제일봉이 조금이면 보일까. 궁예 임금 대궐 터에 까막까치 지저귀니, 천고의 흥망을 아는가 모르는가. 회양 옛 이름 마침 같을시고. 급장유 풍채를 고쳐 보지 않겠는가.[3]

"백발도 많구나"라는 토로에서 힘겨운 의무감이, '급장유' — 중국 한나라 때, 회양 태수를 지낸 인물이다 — 를 떠올리는 데서 직무에 대한 긍지를 읽을 수 있다. 그런데 이때 화자의 어조는 직설적으로 영탄되는 것이어서, 시적 언어가 아니라 일상적 관습의 언어가 생경하게 직설될 뿐이다. 이러한 의무 및 직무의 정신은 개인이 사회와 절충 내지 타협한 결과로, 현실원칙(reality principle)에 입각하여 의식적 지향만을 견지함으로써 사회적 기대나 여망에만 반응한 데 따른 가면(persona) — 사회의 기대나 여망에만 반응하는 의식적 지향 — 인 것이다. '성은망극', '고신거국' 등 벽돌처럼 판에

---

3) 고신거국(孤臣去國)에 빅발(白髮)도 하도 할샤. 동쥐(東州) 밤 계오 새와 븍관뎡(北寬亭)의 올나ᄒᆞ니 삼각산(三角山) 뎨일봉(第一峯)이 ᄒᆞ마면 뵈리로다. 궁왕대궐(弓王大闕) 터희 오쟉(烏鵲)이 지지괴니 쳔고(千古) 흥망(興亡)을 아는다 몰으는다. 회양(淮陽) 녜 일홈이 마초아 ᄀᆞᄐᆞ시고 급댱유(汲長孺) 풍ᄎᆡ(風采)를 고텨 아니 볼 게이고.

박은 듯한 일상적 관습적 언어가 지배하게 된 까닭은 사회적 가면이 직설적 어법을 통해서 생경하게 제시된 결과라 하겠다.

다음, 그러한 비시적 진술은 작품의 진행에 따라 객관적 사물에 투사됨으로써 시적 긴장 상태로 진입하게 된다.

> 정양사 진헐대 고쳐 올라 앉아 [하는] 말이, 여산 진면목이 여기서야 다 보인다. 아, 조화옹이 야단도 야단스럽다. 날거든 뛰지 말거나, 섰거든 솟지 말거나. 부용을 꽂은 듯, 백옥을 묶은 듯, 동해를 박차는 듯, 북극을 괸 듯. 높을시고 망고대 외롭구나 혈망봉이, 하늘에 치밀어 무슨 일을 사뢰려고, 천만 겁 지나도록 굽힐 줄 모르는가. 아, 너로구나. 너 같은 이 또 있는가. 개심대 고쳐 올라 중향성 바라보며 만이천봉을 역력히 헤어 보니, 봉마다 맺혀 있고 긋마다 서린 기운, 맑거든 깨끗지 말거나 깨끗커든 맑지 말거나. 저 기운 흩어 내어 인걸을 만들고파. 형용도 끝이 없고 모양도 많기도 하네. 천지 생기실 때 저절로 되었건만, 이제 와 보게 되니 유정도 유정하네.[4]

---

4) 정양ᄉᆞ(正陽寺) 진헐디(眞歇臺) 고텨 올나 안존 마리 녀산(廬山) 진면목이 여긔야 다 뵈ᄂᆞ다. 어와 조화옹이 헌ᄉᆞ토 헌ᄉᆞ훌샤. 놀거든 뛰디 마나 셧거든 솟디 마나. 부용을 고잣ᄂᆞᆫ 닷 ᄇᆡᆨ옥을 믓것ᄂᆞᆫ 닷 동명(東明)을 박ᄎᆞᄂᆞᆫ 닷 북극을 괴왓ᄂᆞᆫ 닷 놉흘시고 망고디(望高臺) 외로올샤 혈망봉(穴望峯)이 하ᄂᆞᆯ의 추미러 므ᄉᆞ 일을 ᄉᆞ로리라. 천만겁(千萬劫) 디나도록 구필 줄 모르ᄂᆞᆫ다. 어와 어여이고. 너 ᄀᆞᄐᆞ니 ᄯᅩ 잇ᄂᆞᆫ가. 기심디(開心臺) 고텨 올나 듕향셩(衆香城) ᄇᆞ라보며 만이쳔봉을 녁녁히 혀여ᄒᆞ니 봉(峯)마다 밋쳐 잇고 긋마다 서린 긔운 ᄆᆞᆰ거든 조티 마나 조커든 ᄆᆞᆰ디 마나. 뎌 긔운 흐텨 내야 인걸(人傑)을 만둘고자 형용도 그지업고 톄셰(體勢)도 하도 할샤. 텬디(天地) 삼기실 제 ᄌᆞ연(自然)이 되연마는 이제 와 보게 되니 유정(有情)도 유정홀샤.

「관동별곡」에서 우리가 관심을 가지는 것은 금강산 그 자체가 아니라 공공연한 목소리로 화자를 통하여 드러나는, 정철이 금강산을 보는 방식이다. 그는 진혈대 상의 조망에서 '부용'과 '백옥'의 청백한 이미지, "천만겁 지나도록 굽힐 줄 모르는" 강직성 그리고 '북극'이 환기하는 바 지존의 존재를 향해 "하늘에 추밀어" 간언을 "사뢰려고" 하는 진충의 정신을 통해 금강산을 본다. 또한 개심대 상의 만이천봉에서는 "뎌 긔운 흐텨 내야 인걸을 만들고쟈" 하는 이상적 인간상에의 추구와 지향을 통해서 금강산을 본다. 내금강 산중의 세계는 "의리에 편안하므로 두텁고 무거워서 움직이지 않는다"는 산의 덕성에 충·효·청·직을 지향하는 작자의 사회적 가면이 투사된 결과다.

우리는 그가 보는 방식대로 내금강에서 페르소나의 원리가 지배하는 세계를 보게 되며, 객관적으로 존재하는 사물에 대해 화자-행위자(narrater-agent)의 비전(vision)을 투사해 나가는 가운데 내적 긴장상태로 몰입한다. 원래 "천지는 생길 때 스스로 그렇게 된" 객관적 실체지만 인식의 주체가 사물에 다가섬으로써, 즉 '이제 와 봄'으로써 그 사물과 관계를 맺게 되었으니 말뜻 그대로의 격물치지(格物致知)를 떠올릴 수 있다.

'비로봉 상상두' 대목은 잠시 두고 하산길을 보기로 하자. 이제 화자는 외·해금강 및 동해로 접어든다. 그는 점차로 심리 내면의 깊이로 내향하는 모습을 보여 준다. 이른바 리비도의 세계, 쾌락 원칙(pleasure principle)이 지배하는 세계로 접어드는 것이다. "이별을 원망하듯" 지저귀는 새 소리, "오색이 넘노는 듯" 휘날리는 깃

관동팔경의 하나인 청간정.

발, "해운이 다 걷히도록" 섞어 부는 고각 소리 등. 이들은 모두 방황 편력하는 심리 운동의 정서적 현실을 반영하는 심상들이며, 내적 욕구에 순응하는 퇴행운동(regression)[5]의 결과이다. 이 퇴행운동에는 마땅히 환경에 대해 적극적으로 순응하는 전진운동(progression)이 짝이 될 수밖에 없겠는데, 이른바 연군(戀君)과 선어(仙語)는 그러한 의식적 지향과 내면적 지향을 반영한다. 그리고 그 둘은 대립하기도 하지만 보완하고 교차하는 관계에 있다.

---

5) 무의식의 요구를 충족시키는, 뒤를 향한 운동이다.

삼척 죽서루 오십천 내린 물이 태백산 그림자를 동해로 담아 가니, 차라리 한강에 남산에 닿고파라. 왕정이 유한하고 풍경이 싫지 않으니, 그윽한 회포도 많고 객수도 둘 데 없다. 신선 뗏목 띄워 내어 북두·견우로 향할까, 신선을 찾으러 단혈에 머무를까.[6)]

여기서 '왕정(王程)' — 왕(王)으로부터 임무를 받은 관리의 여정(旅程) — 은 의식적으로 지향해야 할 유한하고 고정된 현실로서, 사회적 가면이 지향하는 의무 및 직무의 정신이다. 또 '객수(客愁)'는 무한하고 정처 없는 영혼의 세계로서, 아니마(anima)[7)]의 속성인 영혼의 자율적 정신이다. 아니마의 속성은 의식세계를 넘어서는 자유롭고 분방함이라 한다. '선사(仙槎)' — 신선이 타는 뗏목 — 를 띄우고, 선인(仙人)을 찾는 모습은 바로 불후성을 찾아 자유롭고도 분방하게 나서는 아니마의 그것이라 하겠다. 동양의 전통적인 사고에서는 서양의 로고스와 파토스가 서로 대립적인 개념인 것과는 달리 감성이 이성을 배제하지 않고 포괄한다고 했던 점을 다시 확인할 수 있다.

---

6) 진주관(眞珠館) 듁셔류(竹西樓) 오십천(五十川) 느린 믈이 태빅산(太白山) 그림재를 동희로 다마 가니 출하리 한강의 목멱(木覓)의 다히고져. 왕뎡(王程)이 유흔ᄒ고 풍경이 못 슬믜니 유회(幽懷)도 하도 할샤. 긱수(客愁)도 둘 듸 업다. 션사(仙槎)를 띄워 내여 두우(斗牛)로 향(向)ᄒ살가, 션인(仙人)을 추조려 단혈(丹穴)의 머므살가.

7) 진정한 내적 존재로서 무의식적인 자기 자신을 가리킨다.

관동팔경의 하나인 죽서루.

진리는 빛, 진리 담지자의 목소리

가사시학이 지닌 확장적 성격은 비시적 진술에서 출발한 「관동별곡」이 내면의 시적 진술로 전환하여 결말에 이르도록 허용하였다. 또한 가사는 끊임없이 머뭇거리며 결론으로 나아가기를 유보하고 다른 언술을 향해서도 곁눈질한다. 「관동별곡」은 가사의 그러한 면을 가장 적절하게 활용하면서 가사의 시학을 완성시켜 놓았다. 「관동별곡」의 화자-행위자는, 마치 『잃어버린 시간을 찾아서』에서 작자인 마르셀 프루스트가 항상 알고 있는 사실을 화자와 독자가 모두 끊임없이 조금씩 알아 나가는 것처럼, 내포작자로서의 정철이 최종적으로 제시하고자 하는 결론에 조금씩 접근하고 있다. 그 점을 확인해 보자.

「관동별곡」의 공간구조는 '비로봉 상상두'를 향해서 오르는 과정과 '망양정'을 향해서 내려오는 과정으로 나눌 수 있다. 아래 인용문의 방점 부분이 작품 전체의 공간구조가 상승에서 하강으로 바뀌는 지점으로, 언술방식은 대화의 극적재현에 가까워지면서 내포작자와 화자가 분리된다.

> 형용도 끝이 없고 모습도 많기도 하구나.
> 천지 생기실 때 스스로 되었건만
> 이제 와 보게 되니 유정도 유정하네.
> 비로봉 꼭대기에 올라본 이 그 뉘신고.　　　①
> 동산, 태산이 어느 것이 높돗던고.　　　②
> 노나라 좁은 줄도 우리는 모르는데
> 넓거나 넓은 천하 어찌하여 작단 말인고.　　　③
> 어와, 저 경계를 어이하면 알 것인고.　　　④
> 오르지 못하거니 내려감이 이상할까.[8]

대개 사고과정은 변증법적인 절차를 거치는데, 이 과정에서 바흐

---

8) 형용도 그지업고 체세도 하도 할샤. 천지 삼기실 제 자연이 되연마는 이제 와 보게 되니 유정도 유정홀샤. 비로봉 상상두의 올라보니 긔 뉘신고. 동산 태산이 어느야 놉돗던고. 노국 조븐 줄도 우리는 모르거든 넙거나 넙은 천하 엇찌ᄒ야 젹닷말고. 어와 뎌 디위롤 어이ᄒ면 알 거이고. 오르디 못 ᄒ거니 ᄂ려가미 고이 홀가.

친이 "태초의 인간 아담을 제외하고 모든 인간은 다른 인간을 곁눈질한다"고 할 때와 같은 의미의 '타인', 즉 다른 동료인간이 개재한다. 이 작품처럼 사물의 관찰을 통하여 진리를 인식하려고 할 경우에는 필연적으로 '권위 있는 타인'으로서 그 진리를 담지한 사람의 목소리가 개재하기 마련이다. 진리 담지자의 목소리와 그 탐색자의 목소리가 극적대화에 근사한 형식으로 재현되는 것이 위의 인용 부분이다. 작품에서 가장 핵심인 이 부분을 미시적으로 분석할 필요가 있다.

①은 행위자 또는 작중인물로서의 화자 — 진리 탐색자 — 가 한 발화로서, 거기에 이미 올라보았을지도 모를 사람에 대한 부러움 또는 오를 수 없는 자신에 대한 안타까움을 표출하고 있다. ②는 진리 담지자의 되물음이다. '비로봉'이 '동산'이나 '태산'과 마찬가지의 의미를 지니며 비로봉에 오르는 행위도 동산이나 태산에 오르는 것과 동일한 맥락임을 일깨워 준다. 『맹자(孟子)』「진심장구(盡心章句)」의 "공자께서 동산(東山)에 올라서서는 노(魯)나라를 작게 여기시고, 태산(泰山)에 올라서서는 천하를 작다고 여기셨다"는 부분을 인유(allusion)하였는데, 그것이 작자의 마음 깊숙이 타인의 언어로 자리잡고 있다가 관념으로 반영된 결과이다.

③은 진리 탐색자의 재발언으로,「진심장구」인유 부분은 인식의 수준 또는 단계를 의미한다. 곧, 천하를 눈 아래 볼 수 있는 호연지기(浩然之氣)가 있는 자만이 태산에 올라야 하는 것이다. 성인이 동산과 태산에 오르면 바로 노나라와 천하가 작다고 여기는 데 비추어, "노나라가 작다는 것도 모른다"는 말은 동산에 오를 정도도 되

지 못하는 자신의 한계를 깨닫는 부분이다. ④는 그 의문에 대해 진리 담지자가 삶의 지혜를 들려주는 부분이다. 우선 인식의 방법을 모색한 다음, 결론적으로 "오르지 못하니 내려감이 이상하겠는가?"라고 일깨워주는 것이다. 위의 『맹자』에서 인유 부분에 대한 주자의 해석 "이 장(章)은, 성현의 도(道)가 크고 근본이 있는 것이어서 그것을 배우는 자는 점차로 하여야 이에 능히 이를 수 있음을 말한다"는 구절에 따르면, '성인의 경지'에 이르기 위해서는 반드시 단계를 밟을 것이 요구된다.

인식의 완성을 위해서는 인식방법의 전환이 필요하다. '내려간다'는 것은 포기가 아니라, 한계에 부딪친 산의 관찰에 이어 대상의 확장을 시도하는 행동이다. 그러한 사고과정을 거친 결과가 "[인식의 여러 단계를 거치지 않고 한꺼번에는] 오르지 못하니 [우선은] 내려감이 좋지 않겠는가?"이다. 이 부분은 변증법적 특성을 지니는 인간의 사고과정 자체를 대화체로써 생생하게 보여주며, 이로써 작품의 전체적 특성을 진리에 대한 탐색과정으로 파악할 수 있다. 화자는 '금강산'이라는 사물의 관찰을 통해서 진리에 대한 인식을 완성해 나가려는 태도를 보이는 것이다.

산의 관찰을 통해서 진리에 대한 인식을 완성하지 못할 때 해야 할 일은 인식방법의 전환이다.

> 이태백 이제 있어 고쳐 논의하게 되면, 여산이 여기보다 낫단 말 못하려니, 산중을 매양 보랴 동해로 가자꾸나.[9]

인식대상의 전환이 시도되는 대목으로, 산과 물도 합해져야 할 대상임을 깨닫고 관찰할 대상을 바다로 전환하는 순간의 표현이다. 즉, 완전한 인식은 로고스와 파토스가 합해져야 이루어질 수 있는 바, 로고스만으로는 사물에 대한 인식이 완성될 수 없음을 깨닫고 파토스적인 것을 탐색하게 되는 순간인 것이다. 관찰대상이 바뀌면서 관찰주체의 태도도 달라지며, 연약한 여성의 정감인 파토스의 속성이 드러난다. 감성을 통하여 사물을 관찰함으로써 인식은 일단 완성된다.

앞에서 본 바 아니마 또는 파토스로서의 '객수'는 그 속성상 물리적 법칙에 의해 제한되는 현실세계에서 나아가 '선사를 띄워내고 선인을 찾는' 시도, 즉 초현실세계(超現實世界)에 이르려 노력하였다.

> 하늘 끝을 끝내 못 봐 망양정에 올라 [하는] 말이, 바다 밖은 하늘이
> 니 하늘 밖은 무엇인고. 가뜩 노한 고래 뉘라서 놀래관데, 불거니 뿜
> 거니 어지러이 구는지고.[10)]

'하늘 끝'은 화자가 지향하는 초현실세계이며, 거기에 대한 지향의 결과 방점 부분의 의문을 제기하였다. 이어 "불거니 뿜거니 어지

---

9) 이적선 이제 이셔 고텨 논의 ᄒ게 되면 여산이 여긔도곤 낫단 말 못 ᄒ려니 산중을 미양 보랴 동해로 가쟈ᄉ라.

10) 천근을 못내 보와 망양뎡의 올은 말이 바다 밧근 하ᄂᆞ리니 하ᄂᆞᆯ 밧근 므서신고, 굿득 노ᄒᆞᆫ 고래 뉘라셔 놀내관ᄃᆡ 블거니 쁨거니 어즈러이 구ᄂᆞᆫ디고.

러이 구는, 노한 고래", 즉 파도에 발화초점이 놓인 것은 진리 담지자의 목소리가 내재되어 화자의 의문에 대해 되묻는 일로서, 파도의 이미지는 "물에 여울이 있는 것을 보고 그 근원에 근본이 있음을 안다"고 한 『맹자』「진심장구」의 언급대로 물의 속성에 투사할 수 있는 파토스의 세계를 보여주는 셈이다. 이는 초현실세계에 빠져드는 진리 탐색자에게 현실세계를 잘 관찰하는 일만으로도 인식이 완성될 수 있음을 암시한다. 감성이 이성에 의해 주재되지 않고 그 자체의 속성으로만 빠져든다면, 기(氣)가 이(理)를 은폐하는 것과 같아지기 때문이다. 이렇게 화자-행위자는 내포작자 정철이 최종적으로 제시하고자 하는 결론에 조금씩 접근해 간다.

　산과 바다에 대한 통합된 관찰 또는 이성과 감성의 조화를 통하여 진리에 대한 인식은 일단 완성되었는데, '멀고 먼 선산(仙山) 동해(東海)'를 바라는 것은 초현실세계에 대한 관심을 다시 제기하는 행위이다. 이미 완성된 진리의 인식은 비록 현실세계에서 이루어진 것일지라도 초현실세계에서도 적용될 수 있어야 함은 물론이다. 이로 볼 때 흔히 '몽중선유(夢中仙遊)'라고 일컬어 왔던 결말부분은 통합된, 그리고 완성된 인식체계의 시험장이 된다.

솔뿌리를 베고 누워 풋잠을 얼핏 드니, 꿈에 한 사람이 나더러 이른 말이, 그대를 내 모르랴 천상계의 진선(眞仙)이라. 황정경 한 자를 어찌 그릇 읽어, 인간계에 내려와서 우리를 따르는가. 잠깐만 가지 마오. 이 술 한 잔 먹어 보오. 북두성 기울여 창해수 부어 내어 저 먹고 날 먹이거늘, 서너 잔 기울이니 따신 바람 산들산들 겨드랑이 추켜

드니, 구만 리 장공에 조금이면 날겠도다. 이 술 가져다가 사해에 고루 나눠, 모든 사람을 다 취케 만든 후에, 그제야 고쳐 만나 또 한 잔 하자꾸나. 말 끝나자 학을 타고 하늘에 올라가니, 공중 옥소 소리 어제런가, 그제런가.[11]

여기서 '꿈의 한 사람'은 인간의 사고력을 인격화한 형상으로 진리 담지자의 목소리를 대변하는 인물이다. 화자는 현실세계에서 진리의 참모습을 깨달았으므로 초현실세계의 쾌락에 끝없이 빠져드는 것이 아니라 선우후락(先憂後樂)의 의지를 표명하게 된다. 화자는 "송근(松根)을 베고 누워서 풋잠에 얼핏" 들었다가 초현실세계를 체험한 뒤 자신이 깨달은 인식의 세계가 초현실세계에서도 통용되는 것임을 확인하고, 그럼으로써 더욱 완전한 인식이 가능해진 것이다.

나도 잠을 깨어 바다를 굽어보니
깊이를 모르거니 가인들 어찌 알리.

---

11) 숑근을 베여 누어 풋줌을 얼픗 드니 꿈애 훈 사름이 날드려 닐온 말이 그디를 내 모르랴 샹계(上界)예 진션(眞仙)이라. 황명경(黃庭經) 일쟈(一字)를 엇디 그릇 닐거 두고 인간의 내려와서 우리를 쏠오는다. 져근덧 가디 마오. 이 술 훈 잔 머거 보오. 븍두셩 기우려 창희슈(滄海水) 부어 내여 저 먹고 날 머겨놀 서너 잔 거후로니 화풍(和風)이 습습(習習)ᄒ야 냥익(兩腋)을 추혀 드니 구만리댱공(九萬里長空)애 져기면 눌리로다 이 술 가져다가 ᄉ희(四海)예 고로 눈화 억만창싱(億萬蒼生)을 다 취(醉)케 밍근 후의 그제야 고텨 맛나 또 훈 잔 ᄒ잣고야. 말 디자 학을 토고 구공(九空)의 올나가니 공듕옥쇼(空中玉籟) 소리 어제런가 그제런가.

밝은 달 모든 천지에 아니 비친 데 업다.[12]

　초현실의 세계란 "잠을 깨어" 현실로 돌아오면 다시 인식할 수 없는 부분이다. 그리고 망양정에서 제기한 의문과 마찬가지로, "깊이도 가도 모르는" 초현실적 세계에 대한 의문 또한 초현실 그 자체가 아니라 현실에 비춤으로써 해결된다. 최종적으로 진리담지자는 "명월이 천산만락에 아니 비친 데 없다"고 하여 진리의 진면목을 보여주며, 이는 "해와 달이 빛을 허용하는 틈만 있으면 아니 비추는 데가 없음을 보면, 밝음의 근원이 있음을 안다"고 한 『맹자』「진심장구」의 언급이 다시 작자의 관념으로 반영된 것이다.
　이같이 「관동별곡」은 성리학적 진리를 진리담지자/진리탐색자 사이의 대화를 통해 제시하고 있다. 하나의 진리에 도달하기까지의 과정을 끝없이 묻고 대답하는 방식으로 표출하는 모습은 "사고로 생각하지 않고 관점이나 의식 혹은 목소리로 생각했다"는 말은 송강가사의 문체적 특성에도 해당될 것이다.

전기 가사의 완성 그리고 해체의 단초

「관동별곡」은 하나의 진리에 도달하기까지의 과정을 끝없이 묻고 대답하는, 전체 담론 차원에서 대화적 성격을 지닌다. 해당 부분만

---

12) 나도 줌을 쌔여 바다흘 구버 보니
　　기픠롤 모르거니 그인돌 엇디 알리.
　　명월(明月)이 쳔산만낙(千山萬落)의 아니 비쵠 듸 업다.

모아 보면 다음과 같다.

> 비로봉 맨 꼭대기에 올라 본 사람이 그 누구인가?
> 동산과 태산은 [그 중에서] 어느 것이 높았던가?
> 노나라가 좁은 줄도 우리는 모르는데, 넓으나 넓은 천하가 어찌하여 작다는 말인가?
> 어와 저 경계를 어떻게 하면 알겠는가? 오르지 못하니 내려감이 이상하겠는가?
> 바다 밖은 하늘이니, 하늘 밖은 무엇인가?
> 명월이 천산 만락에 아니 비친 데 없다.

"명월이 천산 만락에 아니 비친 데 없다"는 결어 — 가사작품에서 시조의 종장에 해당하는 부분을 가리킨다 — 를 통하여 '명월'로 상징되는 진리 또는 만물의 원리는 비치지 않는 데가 없음을 언명하는 것으로 대단원을 맺는다. 진리의 실체는 외물(外物)의 가장 구체적인 모습들이라 할 '천산 만락'에 골고루 비치며, 구체적인 물물(物物)의 실상에서 총체적인 진리를 볼 수 있는 셈이다.「관동별곡」의 결어는 서술을 진행하는 화자의 한 부분만이 반영된 언술일 뿐인데, 그렇기 때문에 오히려 이 결어를 생략하고서는 전체의 서술 의도를 달성하기가 어렵다.

정도의 차이는 있으나 송강의 다른 가사작품들도 그러하다.「성산별곡」에서 주인과 과객 사이의 논쟁은 이념과 현실 사이에서 끊임없이 갈등할 뿐 애당초 그 해결점이 없다고 볼 수 있다. 마지막

결어 "손이 주인더러 이르되, 그대 긘가 하노라"에서 은일할 수 없는 화자 '손〔客〕'과 은둔하는 상대인 선옹(仙翁) '그대' 사이의 거리가 대화의 일부로 제시된다. 「사미인곡」의 화자는 전형적인 사대부의 목소리 — 연모의 정조 — 와 전형적인 서민의 목소리 — 원망과 한탄의 정조 — 가 통합된 화자로, 그 결과 단순한 독백이 아니라 복수(複數)의 대화가 된다. 이러한 의식의 이중성에 따라 결어에서는 "임이야 날인 줄 모르셔도 〔그것과는 상관없이〕 나는 임을 좇으려 하노라"고 하여 이들 두 목소리를 나란히 지닌 채 끝맺고 있다. 「속미인곡」은 별도의 인물이 등장하여 '궂은비'가 되라고 함으로써 동일한 인물의 내면에서 있을 법한 모순된 심리를 나누어 맡고 있어 결어가 가장 뚜렷이 대화의 일부가 된다.

　송강가사는 전기(前期) 가사의 최고봉이면서 그 마지막에 놓인다. 어떤 점에서 그럴까? 송강가사의 대화적 양상은 지배계급의 언어만으로는 세계를 다 설명할 수 없게 되어 자기도 모르게 민중의 언어가 스며든 결과이다. 송강가사에서 전기가사 자체의 원리가 해체되고 있었음을 가장 잘 드러내는 부분이 결어이다. 율격적으로 시조 종장과 유사한 규칙을 잘 지키고 있지만, 기능면에서는 부언·첨언의 역할이 아니라 생략할 수 없는 대화의 한 부분으로 자리잡고 있기 때문이다.

　16세기 가사는 사대부의 보수화와 함께 서정성을 띤 바 있다. 전기 서정가사의 결어는 첨언적 기능을 띤다. 「상춘곡」은 이미 완결된 담론에 다시 요약적인 언술을 덧붙여서 담론의 절대성을 추구하고, 「면앙정가」의 결어에서는 텍스트 전체의 의미구조와 연관된 새로운 내용을 부연한다. 시조 종장과 동일한 결어 형식은 성리학적 정신사와 관련하여 이념적 완결성을 형식적 완결성으로 담보하려는 의식이 작용한 것이라는 해석이 가능하다.

이와 달리「누항사」처럼 결어가 본문의 맥락과는 유리되거나 상충하는 경우도 있다. 이 경우는 화자가 처한 상황이 현실과 이상 사이의 갈등에 있는 이상, 결어가 작품 전체의 맥락에서 벗어나 있다는 그 자체가 의미를 지닌다. 텍스트의 중점과 어긋난 것 같으면서도 전체로 보아 하나의 의미구조를 형성하는 결어의 기능은 화자가 처한 갈등과 모순의 상황을 대변하는 것이다.

송강가사는 노계가사와는 대칭이 된다. 송강가사는 전기 가사의 끝이요 노계가사는 후기 가사의 처음에 위치하는 것이다.

더 생각해볼 문제들

1. 「관동별곡」은 그것을 인간 보편의 심리가 반영된 작품으로 볼 때는 사회적 가면과 내면적 진실의 대립 및 교호로 읽히고, 성리학적 진리의 탐색이라는 측면에서 볼 때는 이기(理氣)가 내재하고 발현하는 산수(山水)의 의미 추구로 볼 수도 있다. 이밖에 음양(陰陽)의 논리로 파악한다면「관동별곡」이 지닌 상승과 하강의 공간구조, 가면과 진실의 내면원리 등이 일목요연하게 드러날 가능성도 있다. 음양은 서로 대립하면서 보완한다는 대대(待對)의 관계에 있을뿐더러 음중양(陰中陽), 양중음(陽中陰)의 특성을 지니기 때문이다. 이런 측면에서 현실세계와 초현실세계, 초현실세계 속의 현실세계 그리고 그 둘의 조화 등을 생각해 보자.

2. 「관동별곡」은 성리학적 진리에 도달하기까지의 과정을 일방적이고 독백적

인 언술로써 전달하지 않고 끝없이 묻고 대답하는 방식으로 제시한 것이 특징이다. 그것은 다음의 경우와 비교된다.

> 마르셀 프루스트가 항상 알고 있는 사실을 화자와 독자가 모두 조금씩조금씩 끊임없이 알아 나간다. 마지막에 가서 마르셀은 예술과 인생에 대한 궁극적인 진리, 시간의 세계로부터의 탈출수단으로서의 기억과 예술에 관한 진리를 발견한다. … 이 작품의 전체적인 힘은 마르셀의 발견에 관한 추론적 설명을 우리가 최초로부터 찾아 나온 하나의 클라이맥스나 목표나 보상으로서 간주함으로써만 설명될 수 있다.
> — 웨인 부스의 『소설의 수사학(The Rhetoric of Fiction)』 중에서

「관동별곡」은 내적으로는 진리 담지자와 그 탐색자 사이에 교체 서술이 이루어지면서도, 전체의 언술 특성은 서술자의 직접 보고라는 면으로 파악된다. 이는 「속미인곡」 및 「사미인곡」과 구별되고 「성산별곡」과 가깝지만 작중인물 사이의 대화가 거의 없다는 점에서는 「성산별곡」과도 차이를 보이는 부분이다. 이들과 비교하여 「관동별곡」의 언술 특성을 더 분명히 정리해 보자.

3. 결어를 중심으로 송강가사의 시가사적 위상을 정리하면 다음과 같이 도식화된다.

서정가사	· 오히려 결어를 생략해도 좋을 정도로 담론의 완결성을 지향함.
송강가사	· 대화의 일부가 됨으로써 생략이 불가능하며 텍스트에 역동성을 부여. · 자기완결성에는 틈이 생김.

노계가사	· 텍스트의 주된 서술 방향과는 유리된 결어를 제시함. · 완결성에서는 한층 멀어졌지만 역설적으로 자기 역할을 충실히 함.
후기가사	· 결어의 존재에 무관심하거나, 텍스트의 구조와 상관없이 의도적으로 결어를 마련.

이러한 결어의 기능을 담당층의 세계관이라는 측면에서 재론해 본다면, 송강가사는 전기의 일원론적 세계관 속에서 다원주의적 인식체계의 가능성을 보였다고 할 수 있다. 의식의 완결성이 담론의 완결성으로 연결됨을 고려할 때 송강가사 결어의 성격 변화를 시가사적으로 어떻게 보아야 할지 생각해 보자.

추천할 만한 텍스트
『송강가사(松江歌辭)』, 정철 지음, 통문관(通文館), 1954.
『송강전집(松江全集)』, 정철 지음, 성균관대학교 대동문화연구원, 1964.
『송강가사(松江歌辭)』, 정철 지음, 박성의(朴晟義) 주해, 정음사, 1968.

조세형(趙世衡)
서울시립대학교 국어국문학과 교수.
서울대학교 국어교육과를 졸업하고 동 대학원 국어국문학과에서 박사학위를 받았다. 서경대학교 교수를 역임했으며, 국문학회·한국고전여성문학회·한국시가학회·한국어교육학회 임원으로 활동하였다.
공저로『조선 후기 시가와 여성』,『고전 문학과 화자』,『고전 산문 교육의 이론』,『장르 교섭과 고전 시가』 등이 있고, 주요 논문으로 「사설시조의 시학적 고찰」, 「송강가사에 나타난 여성 화자와 송강의 세계관」, 「전기 가사 결어의 존재양상과 담당층의 세계관」 등이 있다.

물 위에 사공 물 아래 사공놈들이 삼사월 전세 대동 실으러 갈 때

일천석 싣는 대동선을 자귀 대어 꾸며내어 삼색과일 골라

좋은 것 갖추고 피리 무고를 둥둥 치며

오강 성황신과 남해 용왕신께 손 곧추어 고사할 때,

"전라도라 경상도라 울산바다 나주바다 칠산바다 휘돌아 안흥목이라

손돌목 강화목 감돌아 들 제, 쟁반에 물 담듯이 만리창파에 가는 듯

돌아오게 고스레 고스레 사망 일게 하오소서."

어어라 어어라 저어어어라 배 띄워라 지국총 나무아미타불.

— 『해동가요(海東歌謠)』 중 이정보의 한 작품

이정보 (1693~1766)

자는 사수(士受), 호는 삼주(三洲)다. 그의 현조, 고조, 증조가 내리 대제학을 지낸 명문 벌열가에서 태어났다. 공조·이조판서, 함경감사, 대사성, 대제학 등 요직을 두루 거쳤다. 관직에 있는 동안 직언을 자주 하여 누차 파직되거나 좌천되었다. 그러나 대개는 그의 강직함이 인정되어 곧바로 복직되곤 했다. 음악에 조예가 깊어 악보와 새로운 가사를 많이 지었으며, 수많은 남녀 명창들을 배출했다.

만년에는 벼슬에서 물러나 한강변 학여울 가에 정자를 짓고 음악에 전념하는 생을 보냈다. 문집은 발견되지 않으며, 김수장의 『해동가요(海東歌謠)』에 82수 작품이 전한다. 이 중 18수 사설시조가 있다. 그 외 가집들의 전하는 작품들을 합하면 100여 수가 된다.

05

사대부가 노래한 시정 풍속도
이정보(李鼎輔)의 사설시조(辭說時調)

신경숙 | 한성대학교 한국어문학부 교수

작자 시비에 휘말린 야한 사설시조

간밤에 자고 간 그놈 아마도 못 잊으리.
기와공의 아들놈인지 진흙에 뽐내듯이, 두더지 아드님인지 국국이 뒤지듯이, 사공놈의 큰 아들인지 삿대로 찌르듯이, 평생에 처음이요 흉중에서 야릇해라.
전후에 나도 무던히 겪었으되 참 맹세하지 간밤 그 놈은 차마 못 잊을까 하노라.

이 노래의 여성 화자 목소리는 매우 도발적이다. 어젯밤 자기 생애 최고의 성적 만족을 못 잊겠다는 언급만으로는 성이 차지 않아,

'기와공, 두더지, 사공놈' 세 비유를 동원해 쾌감의 강도까지 적시하려 한다. 이 비유들은 너무 직접적이고 과격해서 그 내용이 비유에 가려지지 않고 오히려 노출되고 말았다. 뿐만이 아니다. 이런 성적 능력을 가진 상대를 가리켜 거침없이 '그놈'이라고 말한다. 이런 거칠고도 노골적인 표현에 이르면 우리는 그만 아연실색케 된다.

문제는 이 작품이 영조 때 대제학까지 지낸 이정보(李鼎輔)의 작품이라는 데 있다. 대제학은 당대 최고 문형(文衡)[1]의 자리이다. 이정보는 4대에 걸쳐 대제학을 지낸 명문가 태생이다. 이는 조선조 유일의 사례로 알려져 있다. 이렇게 지체높은 가문의 대제학 나리께서 비속한 말을 섞어가며 노골적인 성행위를 드러낸 작품을 썼다는 것이 도무지 믿기지 않는다. 게다가 이정보는 명문 가문에 값하는 많은 정치적 행적을 남긴 인물이다. 대표적인 것이 탕평책의 폐단을 골자로 하는 「임금이 바르고 성실하게 힘쓸 9조목」을 영조에게 올려 조정을 놀라게 한 일이다. 그 중 '언로(言路)'에 대해 말한 조목을 살펴보자.

"전하께서는 언관(言官)에 대해 종을 나무라고 짐승을 꾸짖듯이 꺾어 누르고 몰아대십니다. … 사람들이 모두 입을 다문 채 대각(臺閣)에 들어가는 것을 죽을 곳에 들어가는 것처럼 싫어하여 피하고 있습니다. … 삼가 원하건대, 기탄없이 하는 말을 온화한 자세로 받아들

---

1) 조선시대 관직인 대제학을 일컫는 말이다. 대제학은 홍문관과 예문관의 최고 벼슬로, 경전과 학문 그리고 임금의 각종 자문에 응하는 역할을 했다.

이시고, 말 때문에 죄 얻은 사람들을 모두 용서하십시오."

임금의 실책을 거침없이 지적하고, 임금의 할 일을 서슴없이 제시하는 말들은 가히 놀랍다. 그만큼 이정보는 정치에서 강직하고 타협이 없었다. 이런 그가 속된 말로 노골적인 성행위를 노래한 천박한 작품을 썼을까? 이는 조선시대에도 지금도 여전히 의문이다. 조선시대 가집(歌集)들에는 이 작품을 무명(無名)으로 처리하는 것이 많더니, 오늘날에도 작가에 대한 시비는 끊이지 않고 일어난다.

그렇다면 도대체 이정보가 지은 것이라는 근거는 어디에 있는가? 시조가객 김수장(金壽長)은 가집 『해동가요』를 편찬하면서, 이정보의 작품을 무려 82수나 실었다. 이는 다른 작가들에 비해 현격히 많은 양이다. 이 중 18수가 사설시조이고, 여기에 문제작 여러 편이 끼어있다. 그럼 김수장의 이 주장은 믿을만한가? 김수장은 『해동가요』를 세 차례 이상 개편했는데, 그때마다 동시대 작가들의 작품을 새로이 수집해 보완했다. 이정보의 작품은 두 번째 개편할 때 수록되었다. 그런데 이 가집에 수록된 다른 작품들은 각기 그 작자가 문제된 적은 한번도 없다. 그만큼 신뢰도가 높은 가집이다. 그리고 김수장과 이정보는 동시대 인물로 둘 다 서울에서 살았다. 결국 이정보의 문제작들은 당시 서울에서 활동하던 가객 김수장이 직접 수록한 것이므로 오류가 있었을 확률은 거의 없다고 보아야 한다.

그렇다면 이제 원작자에 대한 논란의 핵심은 '증거 부족' 때문이 아니다. 지체 높은 사대부가 일반의 통념을 깨고 비속한 작품을 지었다는 데 있다. 즉, 우리의 '이해 부족'에 그 원인이 있다고 하겠

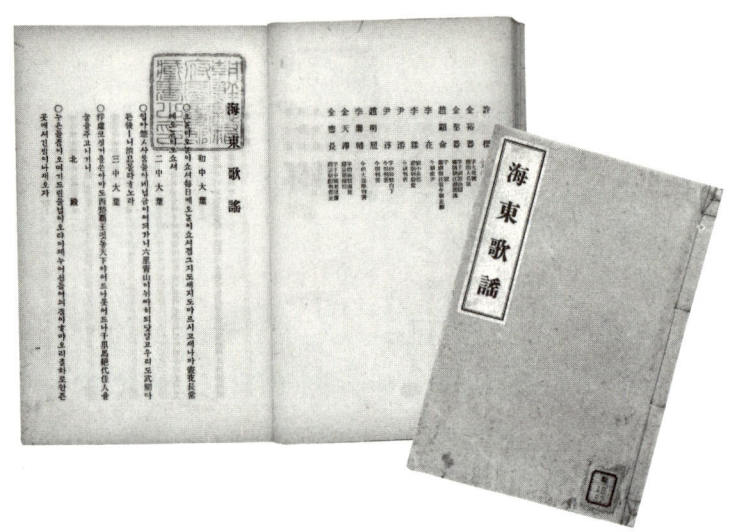

김수장이 편찬한 『해동가요(海東歌謠)』의 표지와 내용.

다. 그러므로 이정보의 사설시조를 제대로 이해하기 위해서는 기존의 통념을 넘어서야 한다. 그것은 또한 우리의 현재적 사유의 틀을 깨고 우리 자신을 확장해보려는 시도이기도 하다.

사대부의 시선으로 그려낸 시정 풍속도

이정보의 작품 중에서 가장 주목되는 작품들은 시정바닥의 인물군상들을 노래한 것들이다. 그의 사설시조를 감상한다는 것은 바로 18세기 시정풍속과 마주하는 일이다.

중놈이 젊은 사당년을 얻어 시부모께 효도를 그 무엇을 하여 갈꼬.

송기떡 갈송편과 더덕편포 천초자반 뫼으로 치달아 시금치라 삽주
고사리 그런 멧나물과 들밭으로 내리달아 곰달래 물쑥 게여목 꽃다
지와 씀바귀 잔다귀 고돌빼기 두루 캐어 바랑에 꾹꾹 넣어가지, 무
엇을 타고 갈꼬.
어화 잡말 한다, 암소 등에 안장 놓아 세샀갓 모시장삼 고깔에 염주
바쳐 어울려 타고 가리라.

'중놈과 사당년'의 만남. 여기서 중은 더 이상 불도를 닦는 스님
이 아니다. 중 행세를 하는 시정잡배일 뿐이다. 이들이 만나 사랑을
하고, 부모님께 인사를 간다. 효도 선물을 마련하려는 이들 하층 예
비부부의 발걸음은 가볍다. 산으로 내달아 지천으로 널린 산나물
을, 밭으로 달려가 가지가지 밭나물을 캐내는 이들의 경중거림은
경쾌하기만 하다. 그뿐이랴, 부모님께 보일 첫선을 위해 치장도 놓
치지 않는다. 여전히 중과 사당패의 옷일 뿐인 샀갓과 장삼, 고깔과
염주가 어디 어울리랴만, 이미 죽이 맞아 돌아가는 이들에게는 제
법 그럴듯하게만 여겨진다. 하잘 것 없는 것들뿐이지만, 이들 행동
은 야단스러움으로 넘쳐난다.

'중놈과 사당년', 이들이 작품소재가 된 것은 특수계층 인물이라
는 호기심 때문은 아닐까? 조선시대 후기 토지마저 잃은 평민들은
유랑민이 되어 사찰로 흘러들거나 떠돌이 사당패 집단에 합류한다.
이들에 대해 실학자 이익(1681~1763)은 서울에서 조금만 벗어나
면 중이 되어 떠도는 자들이 헤아릴 수 없이 많다면서, 자식이 셋이
면 그 중 하나가 중인 것은 예사라고 증언한다. 그래서 이들 대량으

로 발생한 유랑민은 국가 세금수취에 위협이 되고 있다고 결론짓기까지 한다. 얼마나 많은 숫자인가. 중놈과 사당년, 이들은 바로 당시 전형적인 하층민인 것이다.

'중놈과 사당년', 이들 하층민은 어설프지만 모처럼 가족이라는 평상적 삶을 살아갈 기대에 부풀어 있다. 그 기대는 시정의 일상적 일조차도 과도한 진지성과 열정으로 움직이게 한다. 이정보가 발견한 것은 이런 하층민 삶 안에 자리한 생의 활력이다. '중놈', '사당년', '잡말' 같은 비속어들은 이들이 가진 삶의 활력을 사실적으로 끌어내기 위해 반드시 필요한 어휘이다. 이런 비속어들은 작품의 격을 떨어뜨리는 저속한 언어가 아니고, 이들 삶에서 건져 올린 살아있는 언어다. 비속어를 시어로 이끌어와 시정바닥 하층민의 삶을 핍진하게 그려낸 이정보는 가히 시정 풍속 묘사의 달인이라 할 만하다.

나룻터 풍경묘사를 보여주는 작품을 통해 뱃사람들의 시정 풍속과 만나보자.

> 물 위에 사공 물 아래 사공놈들이 삼사월 전세 대동 실으러 갈 때 일천석 싣는 대동선을 자귀[2] 대어 꾸며내어 삼색과일 골라 좋은 것 갖추고 피리 무고를 둥둥 치며 오강 성황신과 남해 용왕신께 손 곧추어 고사할 때, "전라도라 경상도라 울산바다 나주바다 칠산바다 휘돌아 안홍목이라 손돌목 강화목 감돌아들 때, 쟁반에 물 담듯이 만리창

---

2) 나무를 깍고 다듬는데 사용하는 연장을 말한다.

파에 가는 듯 돌아오게 고스레 고스레 사망 일게[3] 하오소서."
어어라 어어라 저어어어라 배 띄워라 지국총 나무아미타불.

　삼남지방의 세금 대동미를 실으러 떠나는 배의 무사귀향을 비는 고사 모습이다. 이 작품에는 고사 상차림과 악기들, 그리고 성황신·용왕신께 비는 무당의 움직임까지 고스란히 담아냈다. 이처럼 고사 장면을 세세히 그려 나루 풍속을 보여준 것도 탁월하지만, 무엇보다 고사소리를 당시 무당의 말 그대로 시 안에 옮겨놓음으로써 이 풍속도는 완벽하게 완성되었다. 누구나 봤음직한 장면, 그러나 이를 시정의 의미 있는 모습으로 포착한 것은 오직 이정보이다. 현재까지 알려진 바로는, 사대부로서 사설시조를 제일 처음 짓기 시작한 사람이 이정보이다. 사설시조 장르를 새로이 시도하는 것, 이는 사대부로서 하층 시정인의 삶을 새로운 의미로 발견해냈음을 말해준다.
　앞의 "어젯밤 자고 간 그놈"에서 보여주는 것 역시 시정 풍속 중 하나이다. 이 노래 속 여인은 이미 예사 여자는 아니다. 성을 팔아 살아가는 창녀 혹은 기생일 것이다. 그녀가 어젯밤 그놈을 뿌듯함으로 기억하고 있지만, 정작 그녀가 상대하는 인물들은 기와공, 사공놈 같은 시정바닥의 인물들일 뿐이다. 이들 시정인이 뒤얽혀 살아가는 한가운데 자리한 성, 이것이 이정보가 그려낸 성이다. 여기

---

[3] '사망'은 '장사에 이익이 많이 남는 운수'라는 뜻의 순 우리말이고, '사망일게'는 '운수가 일어나도록'이라는 뜻이다.

「행려풍속도병(行旅風俗圖屛)」부분도.
조선시대 시조가객(時調歌客)을 묘사한 그림(김홍도 작, 국립중앙박물관 소장).

에 작가의 윤리적 시선은 어디에도 없다. 정작 윤리적 시선을 가지고 원작자를 의심하는 이들은 다름 아닌 우리다. 조선시대 사대부보다 우리의 시선이 훨씬 경직된 채 작품과 작가를 대해왔다.

　많지 않은 사설시조지만 이정보가 포착한 시정적 삶은 다양하고 활기차다. 온갖 금은보화로 여자를 유혹하려는 남정네, 님과의 인연을 이어달라고 부처님께 비는 절규하는 사람 등. 이들의 유혹과 기도는 절박하며, 그만큼 열정으로 충만해 있다. 때로 소설의 한 대목이 사설시조로 노래되기도 한다. 정태제의 『천군연의(天君演義)』, 작자미상의 『숙향전(淑香傳)』, 『삼국지』 등. 이정보 사설시조에는 시정의 인물군상과 시정의 소설들이 함께 포착될 만큼 다양하다. 처음 사설시조를 짓기 시작한 사대부이면서도 그의 작품 폭은 넓고, 내용은 너무도 생동감 있다.

　이정보가 이런 사설시조를 지을 수 있었던 것은 일찍부터 사설시조를 접해왔기 때문이다. 사설시조 탄생은 오래되었을 것으로 짐작되는데, 1728년 가객 김천택에 의해 수집된 전승 사설시조만도 무려 116수나 된다. 이정보 30대의 일이니, 그는 더 일찍부터 사설시조를 향유해 왔을 것이다. 그리고 이들 사설시조가 대개는 평민적 삶을 노래하고 있다는 것은 널리 알려진 사실이다. 이정보 사설시조에 보이는 시정인들의 다양한 풍속도는 바로 그 이전부터 불려왔던 사설시조들의 시정모습과 아주 닮아있다. 이정보는 자기 당대에 불리고 있던 사설시조를 적극 즐기고, 그로부터 사설시조 장르가 가진 관심들을 배웠던 것이다. 지체 높은 사대부지만 이정보는 시정의 질탕한 삶을 노래한 사설시조 장르에 열려있었고, 그로부터 하층민 삶을 배우고 끝내는 창작으로까지 나아갔다.

사대부 음악가 이정보가 개척한 시적 경지

사설시조를 창작한다는 것은 오늘날 시를 짓는 것과는 사뭇 다르다. 악곡을 이해해야 노랫말을 지을 수 있기 때문이다. 45자 내외의 평시조와 달리 작품마다 길이가 다 다르기에 더욱 그러하다. 흔히 사설시조는 장단을 빠르게 진행시키면서 그 안에 많은 사설을 촘촘히 몰아 박아낸다고 한다. 그러나 사설을 촘촘히 박아내는 데에도 나름의 악곡적 규칙에 따라야만 가능하다. 따라서 이정보가 사설시조를 창작했다는 것은 바로 사설시조의 악곡적 원리에 따라 노랫말을 만들 줄 알았다는 의미이다.

사설시조의 '악곡과 노랫말' 사이의 관계는 어떠한가? 여기서 악곡을 다 이야기할 수는 없다. 다만 사설시조의 길이가 저마다 다르게 되는 원인, 곧 중장에 대해 한 가지만 이야기 하자. 사설시조는 초장과 종장을 놔두고 주로 중장을 자유로이 늘려 노랫말을 짓는다. 반자유 형식인 셈이다. 이 형식을 '평시조, 가사'와 비교하면 쉽게 판별이 된다. '평시조'는 4음보를 정확히 지켜야만 하고, '가사'는 아예 초·중·종장 개념이 없이 수십 수백 수천 음보 얼마든지 늘려간다. 그래서 평시조는 노래할 수 있지만, 가사는 너무 길어 몇몇 작품 외에는 거의 노래하지 못한다. 그에 비해 사설시조는 평시조와 동일하게 초장·중장·종장으로 되어 있으면서, 중장만은 초장·종장과 달리 하고 싶은 말을 적게는 10여 음보에서 많게는 20여 음보 이상으로 자유로이 늘려가며 노래가사를 지을 수 있다. 그리고 길어진 만큼 평시조보다 박자를 짧게 해서 빠르게 부르도록 한다.

따라서 사설시조는 중장의 늘어난 노랫말만큼 장단을 늘려가며 자유로이 곡을 짤 수 있는 구조를 갖고 있다. 그래서 흔히 가객들은 중장 부분에서 목 자랑, 즉 남이 못내는 자기만의 예술성을 보이기도 한다. 그만큼 사설시조에서 중장은 음악적으로나 문학적으로나 중요하다.

그렇다면 이정보의 사설시조도 역시 중장에서 그만의 특색이 찾아질까?

> 님은 회양 금성의 오리나무 되고, 나는 삼사월 칡넝쿨 되어
> 그 나무에 그 칡이 납거미가 나비 감듯, 이리로 칭칭 저리로 칭칭, 외오 풀어 옳게 감아, 얽어져 풀어져, 밑부터 끝까지, 조금도 빈틈없이, 찬찬 굽이지게, 휘휘 감겨, 주야장상 뒤틀어져 감겨있어
> 동지섣달 바람비 눈서리를 아무리 맞은들 떨어질 줄 있으랴

님과 결코 이별하지 않겠다는 결심 한 가지를 표현하기 위해, 중장은 '나무-칡' '납거미-나비' 비유를 가져왔다. 그러나 중장의 핵심은 이 두 비유물에 있지 않고, 그 이후 얽힘의 모습을 일일이 열거하는데 있다. 중장이 길어진 것도 이 열거 때문이다. 그런데 이 열거를 따라가다 보면 어느새 서로 얽혀 있는 적나라한 연인의 모습을 마주하게 된다. 단순한 비유와 나열들이, 시간이 지남에 따라 관능적인 것으로 변해가고 있다. 바로 이 점에서 이정보가 중장에서 이룩한 그만의 시적 경지는 성공적이다. 이정보가 발견한 시정

의 사랑모습은 몸으로 뒤얽힌 관능적 사랑인데, 이정보는 이를 나열만으로도 충분히 도달해내는 시적 재능을 보였다.

중장을 늘려 개성을 표현하는 이 오래된 형식으로부터 이정보만의 새로운 변주를 좀더 뚜렷이 확인해보기 위해 이전의 전승 작품과 이정보의 작품을 나란히 놓아보기로 한다.

> 고대광실 나는 마다. 금의옥식(錦衣玉食)[4] 더욱 마다.
> 은금 보화, 노비 전택, 비단치마, 대단[중국산 비단]장옷, 밀화주 곁칼[5], 자줏빛 향직저고리, 딴머리, 석웅황(石雄黃)[6] 모두 다 꿈자리 같고
> 진실로 나의 평생 원하기는 말 잘하고, 글 잘하고, 얼굴 깨끗하고, 잠자리 잘하는 젊은 서방이로다.
> — 이정보 이전의 작품

> 생매[길들이지 않은 매] 같은 저 각씨님 남의 간장 그만 긋소.
> 돈을 주랴, 은을 주랴, 대단치마, 향직 당의(唐衣)[예복], 항라 속곳, 백능[흰 비단] 허리띠, 구름 같은 북도다래, 옥비녀, 죽절비녀, 은장도라 금패자루, 금장도라 밀화자루, 강남서 나오신 산호가지 자개, 천도청란 박은 순금 가락지, 석웅황 진주 당혜[비단신], 숙초혜[수놓

---

4) 비단 옷과 좋은 음식을 일컫는다.
5) 밀화주는 보석의 일종이고, 곁칼은 여자들이 장식용으로 차던 작은 칼로 은장도가 많이 알려져 있다.
6) 황색을 내는 최고급 물감 재료다.

은 신를 주랴.
저 님아 일만 냥이 꿈자리라 꽃 같은 보조개에 웃는 듯 찡그리는 듯 천금일약(千金一約)을 잠간 허락하여라.
― 이정보의 작품

앞 작품은 여성 화자, 뒷 작품은 남성 화자다. 화자는 다르지만 온갖 보화로 여성을 유혹하는 중장은 같다. 분명 이정보는 앞 사설시조의 어법을 알았던 것 같다. 시조에는 이렇게 먼저 형성된 어구나 어법을 그대로 가져다 쓰는 창작원리가 있다. 이때 누구나 가져다 쓸 수 있는 것을 '공통어구'[7]라고 한다. 이정보는 중장에 공통어구를 가져와 활용했다. 그런데 이 공통어구를 먼저 것보다 세 배나 늘렸다. 보화와 장신구가 값비싸고 구하기 힘든 것일수록 그리고 그 가짓수가 많아질수록, 남정네 마음은 타들어가고, 각씨님 진가는 높아진다.

중장을 다루는 솜씨가 곧 작가의 재능이다. 중장을 위와 같이 자유자재 다루기 위해서는 중장의 악곡원리를 알아야만 가능하다. 과연 이정보는 사설시조 창작이 가능할 만큼 사설시조 악곡을 잘 알

---

[7] '공통어구'는 오랜 세월동안 반복적으로 사용되어 상식이 된 어휘, 어법, 어구, 이미지들을 가리킨다. 예컨대 '추강(秋江)'이라는 어휘는 시조에서 거듭 사용되면서 '적막하고 조용한 강'을 나타내는 어휘가 되었다. 이제 적막하고 조용한 강을 나타낼 때, 사람들은 '춘강(春江)', '하강(夏江)', '동강(冬江)'이라 하지 않고 마치 약속이라도 한 듯 언제나 '추강'이라는 말을 사용하게 되는데, 이런 것을 공통어구라 한다. 공통어구는 공동의 자산으로 누구나 가져다 쓸 수 있는 시어(詩語)다.

았을까?

　이정보는 문하에 수많은 남녀 명창들을 길러낸 노래선생이다. 만년에 관직을 떠난 후에는 아예 음악에만 전념하기도 했다. 한강변 학여울에 정자를 짓고 찾아든 가객들을 직접 가르치며 살았다. 그의 제자 중에서 계섬(桂蟾)의 노래 공부와 성공담은 유명하다. 계섬은 어려서부터 노래기생으로 활약해오다가, 다시 이정보 문하에 들어가 악보에 따라 수년간을 더 공부하고서야 드디어 '계낭조(桂娘調)'라는 자신만의 노래스타일을 완성하기에 이른다. 이렇게 해서 장안 최고의 명창으로 거듭난다. 그녀의 명성은 전국에 알려지고, 지방의 노래기생들도 그녀에게 노래 배우기 위해 몰려드는 사태가 일어났다. 계섬은 유명한 가객 이세춘과 함께 활동하기도 한 인물이다. 이렇게 악보에 따라 체계적으로 성악을 교습하고, 명창을 배출했다는 것은 바로 이정보가 사대부 음악가였음 말한다.

　그는 "많은 악보와 새로운 가사(新詞)"를 만든 인물이라고 한다. 악보는 남아있지 않아 알 수 없지만, 새로운 가사는 각종 가집들에 수록되어 지금도 전해지고 있다. 100여 수의 평시조와 사설시조가 바로 새로운 가사이다. 명창을 가르치고, 악보와 가사를 창작했으니, 이정보의 악곡에 대한 이해는 더 이상 말할 필요도 없다. 사설시조가 처음 나왔을 때, 사대부 중에서 그가 단연 선두에 나서서 창작활동을 한 것은 너무도 자연스런 일이 아닐 수 없다.

　'사대부 음악가', 이런 상상은 우리에게 쉽게 다가오지 않는다. 그러나 18세기의 서평군, 심용[8] 같은 사대부들은 음악에 조예가 깊어, 문하에 가객들을 거느리거나 공연기획을 주도하기도 했다.

이런 사대부들을 흔히 음악좌상객(音樂座上客)이라 말한다. 그런데 이정보와 이들 음악좌상객의 차이는, 바로 그 창작에 있다. 이정보는 음악예능인들을 배출하는 한편 그 자신은 직접 악보와 가사를 만들며 새로운 음악세계를 창조했던 것이다.

'사대부 관료'와 '음악가', 우리는 이 둘 사이에는 큰 간격이 있어 한 사람이 이 모두를 하리라고는 좀체 생각지 못한다. 그러나 이정보에게 '고위 관료와 음악가'라는 경계는 달리 존재하지 않았다. 이정보가 보여준 것은 이 두 가지가 한 사람에게서 조화롭게 이루질 수 있다는 사실이다.

솔직한 너무도 솔직한 노래들

이정보는 평시조·사설시조를 가리지 않고, 중국의 고사를 소재로 하는 많은 작품을 지었다. 사대부들이 중국고사를 통해 깨달음과 교훈을 노래하는 것은 매우 일반화된 태도이다. 이정보는 이런 종류의 작품들을 그 어떤 사대부들보다 많이 지었다는 특징이 있다. 수많은 역사적 인물들을 불러내어 그에 빗대서 자기 삶을 반추하는 노래들, 이를 통해 그가 추구하는 사대부 삶의 참 모습을 찾아보는 것은 이정보 사설시조 읽기의 또 다른 재미가 될 것이다. 이런 작품들은 주로 '치국평천하'를 지향하는 관인 사대부가 지녀야 할 태도와 관련되어 있다. 반성과 다짐들을 위해 중국의 고사가 논증자료

---

8) 서평군은 왕족출신이고, 심용은 사대부로 경남 합천고을의 원님 등을 지냈다. 두 사람 모두 음악에 조예가 깊었다.

로 활용되었던 것이다.

이렇게 역사 속 인물과 마주하며 관인 사대부로써의 자기 삶을 성찰하던 이정보는 마침내 이 모든 것을 던져버리고 귀거래를 노래한다. 그런데 그의 귀거래 노래는 지금까지 보지 못했던 사대부의 모습을 하고 있어 우리를 뜨악하게 만든다.

> 대장부 공성신퇴(功成身退) — 공을 이루고 물러남 — 하여, 임천(林泉)에 집을 짓고, 만권서 쌓아두고,
> 종 시켜 밭 갈리고, 보라매 길들이고, 천금준마 앞에 매고, 금잔에 술을 담고, 절대미인 곁에 두고, 벽오동 거문고에 남풍시(南風詩) 노래하며, 태평연월에 취하여 누었으니
> 아마도 평생 하올 일은 이 뿐인가 하노라.

일반적인 사대부의 귀거래 시조들은 관직을 벗어난 후, 강호를 벗 삼아 유유자적하는 삶을 노래한다. 그런데 이정보의 귀거래에서 이에 근접하는 것은 초장뿐이다. 곧바로 이어지는 중장에는 만년을 얼마나 풍요롭게 지낼 것인지에 대한 내용들로 그득하다. 농사는 종을 시키고, 보라매 길들여 사냥하고, 천금준마를 집 앞에 매어두고, 술동이에 술을 가득 채우고, 곁에는 아름다운 여인을 두고, 거문고에 맞추어 노래하고 태평세월에 취하는 것, 이것을 최고의 생애로 꼽는다.

이렇게 화려한 귀거래를 노래한 사대부는 이정보가 처음일 것이다. 그에게는 그 흔한 안빈낙도니 자연 속 소박한 삶이니 하는 관습

적 제스처조차 없다. 그의 귀거래는 그 욕망이 지나칠 만큼 구체적이고 원색적이어서 낯설 정도다. 더욱이 40년 관직생활동안 삭탈과 원격지 방출을 거듭하면서도 꿋꿋함으로 맞섰던 그의 이력을 떠올리면, 이 작품은 뜬금없는 선회처럼 보이기도 한다.

이정보 작품의 진실은 바로 여기에 있다. 자신의 내면과 정직하게 마주하고, 노래할 수 있는 솔직함. 이런 점에서 너무도 뻔한 중국 고사를 인용한 작품을 그토록 많이 지은 것이나, 화려한 귀향에의 꿈을 여과없이 드러낸 것은 모두 솔직함에 닿아 있다. 시정인들의 역동적 삶을 응시할 수 있었던 것도 그의 솔직함과 무관치 않을 것이다.

이정보의 솔직함을 배워 아래 작품을 음미해보자.

> 일신이 살자 하니 물 것 겨워 못 견딜세.
> 피껴 같은 가랑이, 보리알 같은 수통이, 줄인 이, 갓 깬 이, 잔 벼룩, 굵은 벼룩, 강벼룩, 왜벼룩, 기는 놈 뛰는 놈에, 비파 같은 빈대 새끼, 사령 같은 등애아비, 각다귀, 버마재비, 흰 바퀴, 누런 바퀴, 바구미, 고자리, 볼이 뾰족한 모기, 다리 기다란 모기, 야윈 모기, 살진 모기, 그리마, 뾰록이, 주야로 빌 때 없이 물거니 쏘거니 뜯거니 심한 깽비리 여기서 어렵더라.
> 그 중에 차마 못 견딜손 오뉴월 복더위에 쉬파린가 하노라.

일신을 괴롭히는 물것들에 대한 노래이다. 길고 긴 중장은 단순히 물것들의 종류로만 채워져 있다. 이런 것도 노래가 될 수 있는가

의아해진다. 엄정한 대제학 출신 작품으로는 도저히 납득되지 않는다. 그래서 이 작품은 민중을 괴롭히는 탐관오리배의 풍자로 해석된다.

그런데 이 작품에서 탐학한 관리라는 비유는 어디에 들어있는가? 물고, 쏘고, 뜯는 행위를 탐관의 행악질로 보는 것은, 늘상 모든 작품들에서 굉장한 의미를 찾으려 했던 우리들의 관성에서 비롯된 것은 아닌지. 인간 누구나 꿈꾸는 물질적 부와 풍류로 가득한 귀거래를 이정보가 솔직히 노래하듯, 이 작품에서 최초로 만나는 의미를 말한다면 그래도 여전히 탐관들의 작태로 괴로워하는 민중의 모습으로 읽혀질까?

온갖 형상의 물것들, 이것들은 모두 일상생활에서 마주하는 아주 흔한 미물들일 뿐이다. 이 모두를 한자리에 늘어놓고, 그 형형색색 갖가지 물것들을 하나하나 주워섬기다 보니, 이 얼마나 많은가. 이 사실이 우리를 포복절도케 한다. 일상의 누추함이 흥취로 바뀌는 순간이다. 더욱이 이를 노래로 불렀으니, 그 재미는 더 야단스러웠을 것이다. 이렇게 읽는 것이 아무것에도 감염되지 않은 솔직함은 아닐런지.

더 생각해볼 문제들

1. 사설시조를 제대로 감상하려면, 중장에 주목해야 한다고 했다. 작가가 하고 싶은 말은 대개 중장에서 이루어지고, 중장은 정보량에 따라 얼마든지 늘어날 수 있기 때문이다. 시정 풍속도를 보여주는 작품으로 예시한 두 작품, '중

놈이' '물위에'로 시작하는 사설시조의 중장을 가지고, 이정보가 중장을 통해 시정풍속이라는 의미를 어떻게 드러내고 있는지 설명해 보자.

이 작업을 위해서는 적어도 세 가지 순서로 작품해석을 시도해야 할 것이다. 첫째, 중장의 핵심적인 의미를 찾아내고 둘째, 핵심적인 의미의 확장방법과 그 의미를 밝혀야 하며 셋째, 확장 속에 들어있는 시정인의 생활상을 이정보가 발견한 시정풍속도로 읽어내는 것 등이다. 이 작업이 끝났다면 중장에서 이정보의 시인적 탁월함도 함께 말해보자.

2. 이정보의 사설시조에는 여기서 다루지 못한 중국고사를 노래한 작품이 많다. 중국고사가 시에서 주로 사용되는 것은 역사적 인물을 통해 오늘을 위한 교훈을 얻고자 함에 있다. 그래서 그 방법은 첫째, 한 사건의 핵심 부분을 자세히 묘사하여 교훈되는 행위를 정확하게 노래하는 것이다. 둘째는 여러 고사의 예로 역사의 되풀이를 보여주어 교훈적인 내용을 강조하고 각인시키는 것이다. 사설시조는 일반적으로 중장의 확장을 통해 작가가 하고픈 말이나 정보를 전달하는 형식 특성이 있다. 그렇다면 중국고사로 노래한 사설시조들은 초·중·종장 중 어디에 어떤 방식으로 고사를 활용해 시로 완성하게 될지 생각해보자.

추천할 만한 텍스트
『해동가요』(시조학자료총서 2), 황순구 편, 한국시조학회, 1987.

신경숙(愼慶淑)
한성대학교 한국어문학부 교수.
서울교육대학, 한성대학을 졸업하고 고려대학교에서 박사 학위를 받았다.
저서로 『19세기 가집의 전개』(1994), 『조선 후기 궁중연향문화2·3』(공저, 2005) 등이 있고 주요논문으로는 「정가가객의 미학」, 「안민영과 예인들」, 「규방가사, 그 탄식시편을 읽는 방법」 등이 있다.

무산자 누구냐 탄식 마라 / 부귀와 빈천은 돌고 돈다.
감발을 하고서 주먹을 쥐고 / 용감하게도 넘어 간다.
밭 잃고 집 잃은 동무들아 / 어데로 가야만 좋을까보냐.
괴나리봇짐을 짊어지고 / 아리랑고개로 넘어 간다.
아버지, 어머니 어서 오소 / 북간도 벌판이 좋다더라.
쓰라린 가슴을 움켜쥐고 / 백두산고개로 넘어 간다.
감발을 하고서 백두산 넘어 / 북간도 벌판을 헤매인다.
　　　　　─ 일제 강점기의 민요 「신아리랑」

'아리랑'의 기원에 대하여

아리랑 노래의 기원과 어원에 대해서는 여러 견해가 제시되어 왔고 각기 나름의 타당성을 지니고 있어서 어느 하나만을 정설로 확정하기는 어렵다. 아리랑의 뜻과 내용이 그만큼 다양하다는 것은 그것을 짓고 부른 계층 또한 제한적이지 않았음을 의미한다. 하지만 18세기 이전까지는 '아리랑'과 유사한 후렴이 붙은 노래를 노동요로 활용한 계층에 의해 향유되다가, 19세기 이후 사회 전반의 변화 속에서 성장한 민중의식을 바탕으로 그 구실은 물론 향유층을 넓혀간 것으로 보는 것이 대체적인 견해이다. 특히 19세기 말부터 20세기 초에 이르는 근대적 전환기를 거치는 동안 아리랑은 일제 강점기 아래서 세태를 풍자하고 사회 모순에 항거하며 민족정신을 고취하는 근대 민요의 역할을 적극적으로 수행함으로써 전국적으로 불리는 민족의 노래가 되었다.

한편으로 함경도나 강원도, 경상도 일부에서 자기 지방의 전설이나 인물, 정서를 대변하는 지역적 아리랑도 활발한 전승과 변이 과정을 거쳤다. 현재 전하는 자료로 볼 때 강원도 「정선아라리」가 지역적 아리랑의 가장 큰 비중을 차지하면서 고유의 특색을 드러내며, 「진도아리랑」과 「밀양아리랑」 등도 일정한 담당층을 형성하고 있다.

06

장르를 넘어선 노래,
시간을 가로지른 소리
'아리랑'

조해숙 | 서울대학교 국어국문학과 교수

아리랑에 담긴 뜻

'아리랑'이란 무엇인가?

한국인에게는 자칫 본질적이거나 철학적일 수도 있는, 현상적이거나 시대적인 것일 수도 있는 이 복잡한 물음에 대한 답을 찾아가는 일은 그 용어의 뜻과 유래를 말하는 데서 시작할 수밖에 없다. 아리랑의 기원이나 어원 문제는 1930년대 연구 초창기부터 최근까지 지속적인 관심거리로, 실로 다양한 견해가 꾸준히 제기되어 왔다. '아리랑'이라는 명칭이 노래의 반복 후렴으로부터 왔다는 것은 분명하다. 그러한 노래가 불린 것은 훨씬 오래 전부터이겠지만, 기록 자료로서 가장 앞선 것은 『만천유고(蔓川遺稿)』에 실린 「농부사(農夫詞)」(1790)의 후렴인 듯하다.

신농후직(神農后稷)이 시경가(始耕稼)오니
　　자유생민(自由生民) 위대본(爲大本)이라.
　　종고(鍾鼓) 울여[려]라 종고(鍾鼓) 울여[려]라.
　　박언초아(薄言招我) 제동반(諸同伴)
　　아로롱(啞魯聾) 아로롱(啞魯聾) 어희야(於戲也)
　　사육생애(事育生涯) 노불탄(勞不憚)일세.[1)]

　어휘와 표현을 감안할 때 이 작품은 조선시대 후기 전반적인 사회 해체 과정 속에서, 농삿일을 장려하고 농민을 독려하기 위한 국문시가 창작 등 일련의 경향과 맞닿아 있다.[2)] 한시 형식은 물론 강조하는 내용도 상층 사대부의 것이다. 또한 제목이 말하는 대로 '농부의 노래'를 직접 옮겨 온 부분은 "아로롱 아로롱 어희야"라는 후렴 부분 정도이다. 이로부터 18세기 후반경에 농부들은 이미 '아리랑'과 유사한 소리를 후렴으로 하는 노래를 곧잘 불렀다는 점, 이 노래는 공동체의 생산 활동과 관련된 민중의 소망이 담긴 흙의 노래였다는 점 그리고 이것이 사회적 요구와 추세에 따라 농민을 넘어

---

1) 『만천유고』는 이승훈(李承薰, 1756~1801)의 문집이라고 전한다. 여기 실린 「농부사」는 7언절구의 한시를 우리말로 노래할 수 있도록 변형시키면서 '아리랑', '어허야'에 해당하는 후렴구를 삽입한 특이한 형태이다. 시와 함께 "경술년이농청서농기고작(庚戌年里農請書農旗故作)"이라고 창작 동기를 밝혀 놓았는데, 경술년은 이승훈이 평택(平澤)현감으로 재직한 때인 1790년일 것으로 추정된다. 소개한 시는 총 9수(首) 가운데 첫 수이다.
2) 이 시기에 농촌에서의 삶과 농삿일의 보람 등을 농민과 동등한 생활인의 시각에서 창작한 국문가사나 시조 작품들이 생산되었다.

한시 담당층으로 하여금 가창(歌唱) 형식의 한시를 창작하게까지 하였다는 점 등을 추론할 수 있다.

여기서 '아로롱'은 농부 노래의 후렴구를 음차(音借)한 것일 뿐 특별한 의미를 지닌 것으로 보이지는 않는다. 주변 사람들을 불러들여 농사일을 더불고자 하는 의도로 부르는, 농민들의 별 뜻 없는 가벼운 흥얼거림이다. 그런데 아리랑 연구자들은 크게 역사적 사건이나 사물 혹은 인물에 관련지어서 아리랑의 기원을 찾거나, 개인의 주관적인 감정의 발산에 초점을 맞추어 해석하는 두 갈래로 기원론의 방향을 잡고 있다.[3] 이를 두고 호사가적 논자들의 견강부회라고 지나치게 몰아세울 일만은 아니다. 오히려 본래는 특별한 의미 없이 구사되곤 했던 후렴구 '아리랑'이, 구한말 대원군 섭정기와 일제 강점기, 민족 해방과 한국전쟁 등 우리 근대사에서 굵직한 민족의 위기를 거쳐 오는 동안 각 시기마다 향유자들에게 나름의 절실한 소리로 수용되었던 양상을 대변하는 것으로 이해할 수도 있다. 곧 아리랑의 기원을 역사적 현실로서 의식하고 수용하려는 태도이든, 시대적 부조리로 말미암은 정한(情恨)의 노래라고 인식하든 그 다양한 견해는 그만큼이나 풍요로운 아리랑의 내용으로부터 비롯한 것이며, 다양함 자체가 아리랑의 실체인 것이다.

---

3) '아리랑'의 의미를 대원군의 경복궁 중건 때 동원된 인부들의 심정과 연결한 '아이롱(啞而聾·我耳聾)', '아난리(我難離)', '아리랑(我離娘)'설, '알영(閼英)' 혹은 '아랑(阿娘)', '樂浪〔아라〕'설 등이 전자의 대표적인 견해이며, '(마음이) 아리고 쓰리다〔疼痛〕'설, '(누가 이 마음을) 알리오'설 등이 후자 견해의 대표적 예이다.

위기와 고난의 장면에서 힘을 발휘한 아리랑 노래는 비관적인 삶을 해학적으로 전개한다는 점이 특징이다. 어느 경우에도 좌절하지 않는 것이다. 이때 해학이라는 장치는 그것을 통해 슬픔을 잊게 하는 것이 아니라 오히려 슬픔을 차단해 주제를 비판적으로 드러내는 구실을 한다. 쫓기는 이들의 쓰라리고 처절함을 표현할 때조차 절망 자체가 아니라 절망을 이기려는 굳센 각오를 동시에 표현한다. 아리랑의 생명력은 여기에 있다. 그러므로 아리랑은 고정된 하나의 텍스트가 아니라 민족·민중의식의 성장과 함께 시대사에 유연하게 대처해 온 역동적 산물이다.

민중의 노래에서 민족의 노래로

1926년 10월 1일 단성사(團成社)에서 처음 상영된 나운규의 영화 『아리랑』은 문화사적으로나 사회사적으로 충격을 던진 일대 사건이었다. 상상을 초월한 흥행을 기록하면서 이 영화는 이후 2년 6개월에 걸쳐 전국 각처에서 상영되는 전무후무한 기록을 세웠다. 이같은 흥행에 힘입어 영화의 주제곡이었던 「신아리랑」, 일명 '나운규의 아리랑'은 전국적으로 유행하게 된다.

> 아리랑 아리랑 아라리요
> 아리랑 고개로 넘어간다.
>
> 나를 버리고 가시는 님은
> 십리도 못가서 발병 나네.

청천 하늘엔 별도 많고
우리네 살림살이 말도 많다.

풍년이 온다네, 풍년이 온다네.
이 강산 삼천리에 풍년이 온다네.

산천초목은 젊어만 가고
인간의 청춘은 늙어만 가네.

아리랑 아리랑 아라리요.
아리랑 고개로 넘어간다.

앞길이 양양한 청년 영진(永鎭)은 불우한 현실 속에서 그만 정신이상자가 되었다가, 악질 지주의 수족 노릇을 하면서 동리 사람들은 물론 사랑하는 연인마저 유린하는 오가(吳哥)에게 이성을 잃고 낫을 휘두르게 된다. 상대의 피를 보고서야 문득 정신이 돌아온 영진이 일본인 순경에게 붙잡혀 수갑을 찬 채 아리랑 고개를 넘어가던 그 마지막 장면, 바로 그 순간 흘러나오던 주제가인「신아리랑」을 관객들은 뜨거운 공감의 눈물과 함께 소리죽여 합창했다. 일제의 검열을 피해 나운규가 몇 겹으로 걸쳐 놓은 영화 속 우의법(寓意法)은 나라 없는 백성의 설움을 더욱 절묘하게 파고들었고 응축된 감정은 마침내 주제가를 통해 분출된 것이다.

「신아리랑」은 이름에서도 드러나듯 그때까지 불리던 전통 민요

영화 『아리랑』의 한 장면.

의 가락이나 내용과는 다른 것이었다. 3/4박자로 편곡된 신민요로서, 그 주제 또한 본래의 것에서 멀어져 비창감이 깃든 한(恨)의 정서를 부각시켰다. 나운규의 「신아리랑」이 '아리랑'의 정신을 잘못된 방향으로 확산시켰다는 부정적 평가가 한편에서 제기되는 것은 이 때문이다. 「신아리랑」의 정조가 '아리랑'의 전부는 아니며 그 전체의 성격은 그리 단순하지 않다. 그러므로 「신아리랑」은, 19세기 이전부터 여러 갈래로 내용과 형식이 재창조되면서 성격을 형성해 온 중요한 구비문학으로서의 민요가, 일제 침탈의 시기인 20세기에 들어 영화라는 예술장르에 걸맞게 변형된 결과라고 보아야 한다. 다만 나운규의 『아리랑』이, 당시까지 일부 지역에 국한되어 그리 보편화하지는 않았던 민요 '아리랑'을 역사와 사회의 표면으로 부각시키면서 확장기와 전성기를 이끌었다는 사실만은 인정해야 한다.

그러면 나운규의 『아리랑』이 등장하기 이전의 '아리랑'의 기본 성격은 어떤 것이었을까? '아리랑'은 특정한 노래 이름이 아니고 유사한 경향성을 띠는 일군의 작품 명칭도 아니다. 그 명칭이나 가락, 후렴 등이 오랫동안 민요생활권에 내재해오다가 어느 시기에 이르러 한 지역이나 한정된 주제를 넘어 유동민요[1]로서 전파되고 성격을 형성했다. 앞서 살핀 것처럼, 18세기 이후 농민이 겪은 사회적 체험의 질적 변화와 함께 평민의식이 확산되고, 19세기 후반 민중의식이 성장하면서 근대요의 기반이 마련되었다. 과거 농업생산의 공동체로부터 이탈하여 격심한 사회변동과 긴박한 체험을 표현할 수 있는 새로운 민요 양식이 요청되었고, '아리랑'은 각 지역에 분포하는 개인적이고 소박한 노래와 더불어 보편적 사회상을 담은 유동적인 노래로서 이에 부응했던 것이다.

이렇게 19세기말 이후 20세기 초엽에 유행한 '아리랑'은 근대민요[5]의 대표격이 되었다. 근대 생활과 근대 사회의 모습을 다각도로

---

4) 어느 한 지방에서 언제나 동일한 기능과 연계하여 전승되는 '고정민요'와 대응되는 개념으로, 지역적 한계를 넘어 널리 불리고 기능이 일정하지 않은 민요이다. '유행민요'라는 용어와도 개념상 유사하다.

5) '근대 민요'라는 개념은 시기적인 유사성을 지니지만 성격은 완전히 다른 '신민요'와 구별해 사용한다. 근대 민요가 민중적 전통을 계승한 새로운 노래인 데 반해, 신민요는 상업성을 띤 완전한 창작민요를 의미한다.

조명하면서 전국적인 분포를 보인 점에서 그러하다. 또 노동과 행사, 생활 속의 의식과 직접 관련되지 않은 비기능요로서, 과거의 모습을 그대로 계승하지 않고 새로운 형식과 내용을 갖추었으며, 일상의 갈등과 고민을 구체적으로 의미화하여 현실을 총체적으로 형상화하였다. 짧고 간결한 형식으로 역설과 해학의 어조를 유지한 점도 시대적인 변화를 민감하게 반영할 수 있는 좋은 장치였다. '아리랑'은 말 그대로 "바야흐로 근대 생활의 만화경"이었던 것이다.

'아리랑'은 시대상을 단순히 반영하거나 사회 변화를 인식하기만 하는 데 그치지 않고, 비극적 현실을 형상화하거나 항거의식을 고취함으로써 사회정신을 이끄는 적극적이고 중요한 구실을 감당하기도 했다. 이렇게 되자 일제는 우리의 민족문화 내지 민족성 말살 정책 가운데 하나로 아리랑의 탄압과 변조를 일삼았다. 유흥적이고 찰나적 풍조의 잡가를 앞장서 보급하면서 '아리랑'의 가사와 곡조를 왜곡해 그 성격을 변질시키고자 한 것이다.

반면에, 일제의 의도에 맞서려는 우리의 노력도 지속적으로 전개되었다. '아리랑' 개작 운동 및 장르 확산 운동을 벌여 민족의 감정과 풍속 변화를 민요가 주도하도록 하였다. 소설과 연극, 영화 등 여러 가지 예술의 영역에서 '아리랑'이 관련을 맺게 됨으로써 '아리랑'은 민요 생활층의 범위를 넘어 더 넓고 큰 세계 속으로 들어오게 되었다.[6] 영화『아리랑』을 통해 비애와 감상주의에 젖은 무기력한 정서가 퍼져 나간 점은 이처럼 '아리랑'이 민족의 감정을 대변하는 예술운동의 중심테마로 부각되면서 나타난 일면의 한계로 지적할 수 있을 것이다.

'아리랑'의 민족적 성격이 두드러진 곳은 멀리 해외 망명지에서였다. 만주와 북간도 등지에서는 항일의식을 거리낌 없이 드러내는 개작 가사가 불렸으며, 고국을 그리면서 민족의 시련을 항일 투쟁 의식으로 집약하는 사설들이 등장했다.

요컨대 여느 민요처럼 흙의 노래, 노동요에서 시작해 민중의 개인적 회한가 내지 자탄가(自嘆歌)로 존재했던 '아리랑'은, 20세기를 전후하여 근대 사회의 모습을 반영하고 민족의 시련을 집약해 전달하면서 세태 풍자와 항거 의지를 고취하는 민족의 노래로 변모하게 되었다. 「신아리랑」을 거치면서 한편으로 상업주의의 물결을 타고 대중가요의 길을 가게 되거나 실용적 기능을 담은 사설도 출현했는데, 이는 '아리랑'의 범민족적 확산과 유행 현상에 편승한 한 예일 뿐이다. 큰 흐름으로 보면 시대적인 각성과 민족 해방의 잠재력을 지닌 채 시대적, 역사적 사명을 다하는 근대 민요로서 성장해 나갔던 것이다.

단순한 형식 속에 다양한 주제를 담아내는 구조

서울을 중심으로 한 '아리랑' 노래의 다채로운 세태 풍자가 큰 반향을 끌어오는 것과 함께 특정한 지역 내의 '아리랑' 또는 그 비슷한 노래들이 각기 발전을 보인 것도 민요 '아리랑'만이 가진 특징이다.

---

6) 나운규의 영화 『아리랑』 외에 박승희(朴勝喜)의 희곡 『아리랑고개』가 공연되었고, 현진건(玄鎭健)의 단편소설 「고향」은 아리랑 노래로 끝맺음을 했다. 유진오(兪鎭午)의 희곡 『박첨지』, 이광래(李光來)의 희곡 『촌선생(村先生)』에도 아리랑 노래 일부가 인용되었다.

사설 구성 원리나 길이, 내용면에서 근대 민요 '아리랑' 일반의 성격과 차이를 보이지만 이들 지역적 특성을 보존한 노래들도 '아리랑'에 대한 관심이 고조되는 데 힘입어 한층 성행하게 되었다. 함경도 원산 지방의 「어랑타령(=신고산타령)」도 그 일종이며, 「정선아라리」를 비롯한 강원도 아리랑, 전라도의 「진도아리랑」, 경남 「밀양아리랑」이 대표적 예들이다.

「정선아라리」가 대체로 구성지고 느린 가락에 생활의 체험을 구체적으로 노래하는 독창 방식인 데 비해, 「밀양아리랑」은 남녀관계를 소재로 한 사설을 경쾌한 가락으로 되어 있다. 또한 「진도아리랑」은 부요(婦謠)적 성격과 육자배기 선율구조를 지니고 교환창(交換唱) 내지 선후창(先後唱)방식을 따르는 점이 다르다. 하지만 모두 작업의 과정이나 특정 노동에 구속되지 않는 비기능요로 창곡이 가사나 기능보다 중시되는 개방적 성격을 지닌다.[7] 전체 비중으로 보면 「정선아라리」를 비롯한 강원도 지역의 노래가 다른 지역보다 압도적으로 많고 사설의 분화와 구성의 원리 등 내적 요소도 훨씬 복잡하다.

전국적인 전승 범위를 지닌 '아리랑' 일반과 비교할 때 이들 지역

---

7) '아리랑'이 기능요의 역할을 전혀 하지 않는 것은 아니다. 하지만 그러한 면에 있어서도 대부분 특정 노동에 노래가 구속되어 노동에 걸맞은 박자와 사설을 갖추지는 않았다. 다만 밭매기, 나물캐기, 뽕따기, 방아찧기, 나무하기, 부엌일 등 개인적인 노동을 하면서 '아리랑'을 불렀다는 점에서 기능요적 역할이 인정된다는 정도이다. 이 때 '아리랑'은 작업 진행 과정에 밀착해 노동의 효율을 높이는 역할을 한다기보다는, 흥미위주의 자기 표현적 내용으로 힘든 노동의 고통을 잊을 수 있도록 한다는 점에서 기능요적 역할을 감당한다.

적 노래에서 발견되는 가장 큰 차이점은, 연행성 혹은 유흥성에 기반한 놀이 문화로서의 성격을 다분히 지닌다는 사실이다. 지리적으로 격리되고 객관적 조건이 열악할수록 다양하고 독특한 사설을 창출하면서 놀이, 자기 표출 매체로서 '아리랑'을 활용한다.

이런 차이에도 불구하고 '아리랑' 전체에서 변함없이 공통되는 점은 그것이 언제나 짧고 단순한 두 줄 형식이라는 사실이다. 사실 이것은 기본 성격을 결정짓는 대단히 중요한 요소이다.

주재소가 멀어서 화투치기 좋고요
님의 품이 넓어서 잠자리가 좋아라.
ー「원주아리랑」

속에다 불 담는 것은 시뉘 올캐 아니냐.
내 속 풀어 주는 그대는 낭군님이 아니냐.
ー「정선아라리」

모두 2행이 한 짝을 이루는 병행체(竝行體) 형식이다.[8] 첫 번째 것은 똑같은 의미나 상황이 행 단위로 거듭되는 대등형 병행체이

---

8) 병행(竝行, parallelism)은 기본적으로 반복(repetition)의 한 형태로, 세계 거의 모든 지역에서 나타나는 가장 보편적인 시 구성 양식이다. 병행은 서로 대응되는 한 쌍으로 구성되는 것이 보통이며, 행을 기본 단위로 하여 구성되는 일이 많고, 병행되는 두 행 가운데 제2행은 제1행의 구성 요소 중 일부가 교체되어 나타난다는 특성을 지닌다.

다. 제1행에 객관적 대타(對他)의 문제를, 제2행은 창자의 관심사인 대자(對自)의 문제를 배열하여 주관적 관심사를 대타의 문제에 의지하여 일반화하려는 의도로 선택된 양식이다. 두 번째 노래는 병치된 사항들의 성격이 서로 대조적 속성을 갖는 대립형 병행체이다. 긍정적 주화제와 부정적 부화제를 한 행씩 배열해 자아와 대상 사이의 괴리/조화 관계를 비교해 드러내 보인다. 이 밖에도 제2행에서 새로운 정보를 삽입해 제1행의 내용을 보충함으로써 완결시키는 보완형 병행체도 보이지만 위의 두 유형이 대부분이다.

'아리랑'의 공식적 2행 구조를 이루는 또 하나의 유형은 연결체(連結體)이다.

아리랑 고개에 북소리 둥둥 나더니
한양성 복판에 태극기 펄펄 날리네.
― 「광복군아리랑」

만주야 봉천은 얼마나 조면[좋으면]
꽃같은 각씨 두고 만주 봉천을 가는고.
― 「진도아리랑」

백석봉 겉이두야 [같이도] 두텁던 정이
풀잎에 이슬겉이두 다 떨어지네.
― 「정선아라리」

각 행은 등가적이지 않고, 이유-상황, 주부(主部)-서술부(敍述部)의 관계로 두 행 가운데 어느 하나가 다른 하나를 논리적으로 구속한다. 첫째와 둘째 노래가 이유-상황의 관계를, 세 번째 노래는 행 사이의 통사적 관계가 굳어져 형성된 주부-서술부 관계의 노래이다.

다음으로 아리랑의 율격을 보자. "아리랑 아리랑 아라리요", "아리랑 배떠라 노다가세" 등 공식화된 후렴구에서 나타나듯이 아리랑의 기본 율격은 3·3·4조의 3음보이다.

문전의 옥토는 어찌 되고
쪽박의 신세가 웬말인가.

밭은 헐려서 신작로 되고
집은 헐려서 정거장 되네.

말깨나 하는 놈 재판소 가고
일깨나 하는 놈 공동산 간다.

아깨나 낳을 년 갈보질하고
목도깨나 메는 놈 부역을 간다.
―「서울아리랑」

3음보 내에서도 음절수의 변화는 다양하게 나타나며, 앞 음보보다 뒤 음보가 무거운 구조로 리듬감을 형성한다. 경쾌하고 가벼워 역동적인 효과를 주는 2음보 형식이나, 두 구(句) 단위의 대구를 이루며 유장하고 장중한 느낌을 내는 정통 4음보 형식을 택하지 않은 것은 노래가 담아야 할 내용과 긴밀히 관련되어 있기 때문인 것으로 보인다.[9] 고려속요를 비롯하여 대표적인 민요 가운데 상당수가 3음보 형식임은 잘 알려진 사실이다. 우리 민족의 전통적 미의식에 상응하는 가장 익숙한 음보율 그리고 짧은 두 줄 형식으로 되어 있어서 기억과 재생에 용이한 구조를 취한 점은 아리랑의 본질적인 속성이다.

요컨대 우리 민족적 리듬에 뿌리를 둔 비교적 단순한 형태로 규칙 내의 변화를 최대한 활용해온 '아리랑'은 형식 자체가 그 생명력의 원천이 되었다. 익숙하고 단순화된 형식 덕분에 가능한 모든 인간사의 내용이 수렴될 수 있었으며, 특정한 시간이나 공간에 구애받지 않고 융통성을 발휘해 새로운 노래로 변화할 수 있는 근거가 되었다. 이 안정된 정형성으로 인해 즉흥성이 더해져 누구든지 어떤 사연이라도 기능과 무관하게 노래할 수 있게 한 것이다.

'아리랑'의 전파와 전승의 원리 — 고정성과 유동성

그런데 '아리랑'이 이처럼 다른 민요와는 비교할 수도 없이 급속히

---

9) 앞에서 예로 든 「원주아리랑」이나 「광복군아리랑」 경우처럼 표면적으로 4음보에 가까운 노래들도 존재하지만, 이들 또한 한 행 내의 두 구가 대응관계를 형성해 정적(靜的)이고 장중한 느낌을 주는 전형적 4음보와는 거리가 멀다. 시조, 가사 작품들과 비교해 보면 이 점이 분명히 드러날 것이다.

확산될 수 있었던 이유는 무엇일까? 혹 '아리랑'만이 지닌 특별한 원리가 있어서 그것을 가능하게 한 것은 아닐까?

'아리랑'의 유행 과정에서 발견되는 중요한 특징은 근대 민요로서 '아리랑'이 전국적인 전승 영역을 보이면서 성행하게 된 이후에도 여전히 각 지역의 독특한 '아리랑'이 지속적으로 발전해 왔다는 점이다. 그렇다면 각 지역에 속한 '아리랑'만이 지닌 어떤 성격이 있어서 그것이 고정성의 한 요소가 되고, 반면 어떤 성격은 전국적으로 떠돌아다니는 '아리랑'에만 있는 것이어서 유동성의 중요한 요소를 이루었다고 손쉽게 말할 수 있을지 모른다. 하지만 지역 '아리랑' 가운데 어떤 것은 유동성을 지니고 전파될 가능성이 존재하기도 하고, 전국적 '아리랑'의 사설 가운데에도 널리 공감을 얻기 어려운 개인적인 경험을 담은 내용들은 탈락되어 버리기도 한다. 단지 '아리랑'의 지역적인 명칭이나 속성만으로 고정적이라거나 유동적이라고 말할 수는 없는 것이다.

고정성과 유동성은 흔히 전승의 원리와 자작(自作) ― 혹은 창작 ― 의 원리라고 규정되는 '아리랑' 사설의 지속 및 변화 개념과는 다르다. 사설 전달 면에서 전승 및 창작 원리란 가사의 변개에 관계되는 구연자 개인의 문제지만, 고정성 및 유동성은 '아리랑'의 전파나 수용 과정과 관련한 전승 집단의 문제이다. 이 같은 고정성과 유동성이란 물론 '아리랑'이 한 개인의 가창으로 끝나지 않고 지속적으로 전승될 수 있다는 가능성을 전제로 한다.

이제 '아리랑'의 고정적 요소와 유동적 요소를 몇 가지 측면에서 이해해 보자.

남천강 굽이쳐서 영남루를 감돌고
벽공에 걸린 달은 아랑각을 비추네.
- 「밀양아리랑」

무저리[10] 밑으로 들어간 윤선[11]
평난(平亂)이 되었어도 나올 줄을 모르네.
- 「진도아리랑」

이 두 노래는 모두가 전설 또는 역사적 사건과 관련이 있는 사설이다. 첫 번째 노래는 아랑전설과 관련된 내용으로 「밀양아리랑」은 동일 전설 관련 사설이 대단히 높은 비중을 차지한다. 두 번째 노래도 지역적 사건과 관련한 노래이다. 이처럼 지명이나 전설, 역사적 사건을 배경으로 한 사설들은 전승 영역을 넓히지 못하고 한 지역 내에 고정되어 버린다.

반면 인간의 평범한 일상사나 보편적 정서를 다루고 있는 사설들은 언제라도 어디서든지 재생될 수 있는 유동성을 지닌다.

세월이 갈려면 제 혼자 가지
아까운 우리 청춘 왜 데려가나.
- 「정선아라리」

---

10) 지명(地名)이다.

11) 인명(人名)이다.

「정선아라리」의 무대인 강원도 정선 지방의 풍경.

조선 팔도의 농사법은 잘두나 냈는데
젊은 과부 수절법은 누가 마련했나.
— 「강릉자진아라리」

첫 번째 노래는 늙음에 대한 한탄을 다룬 것이며, 두 번째 노래는 수절하는 청상과부의 원망 섞인 하소연이다. 이들은 개인의 일상사를 배경으로 한 것인 동시에 누구에게나 있을 법한 노래 내용으로 공감을 얻고 있는 것이다.

다음으로 가창방식 면에서 생각해 보자. 독창은 창자가 고정되어 혼자 사설을 부르지만 선후창이나 교환창은 창자가 따로 고정되어 있지 않다. 따라서 앞 사설에 이어지는 다음 사설 또한 창자에 따라 변하므로 개방적이다. 독창이 '아리랑'을 고정적인 것으로 묶어 둔다고 한다면, 선후창이나 교환창이라는 가창 방식은 보다 유동적 측면을 강화시킨다. 실제로 「정선아라리」나 「진도아리랑」은 대개 혼자서 진행하는 노동 작업과 함께 가창된다. 이와 더불어 음악적 문제로서 노래의 후렴 ― '맞음소리' 또는 '메김소리'라고도 한다 ― 을 논할 수 있다. 독창은 후렴이 있거나 없어도 무방하지만, 선후창과 교환창의 경우는 후렴이야말로 특유의 가창 방식을 가능하게 하는 필수적 요건이 된다. 후렴은 '아리랑'의 유동성과 관련이 깊다.

다음으로 기능면에서 보면, '아리랑'에는 크게 자신의 감정을 정화시키고 안정감을 찾는 자족적 기능과, 적극적으로 자신의 의사를 표출하여 노래를 통한 의사소통적 기능이 있다.

> 담 넘어 갈 때엔 큰 맘을 먹고
> 문고리 쥐고서 벌벌 떤다.
> 문고리 쥐고서 떨지를 말고
> 할 말 있거든 들어오지.
> ⋯
> 오라바님 장개[장가]는 명년에 가고
> 농우소 팔아서 날 치아주소.
> ― 「아리랑」

위의 두 노래는 사랑을 품은 남자와 상대 여자 그리고 부모에 대하여 그 딸이 각각 발화하고 싶은 내용을 노래가 대신하고 있다. 이러한 적극적인 자기 표출이 공동의 것으로 수용될 수 있다면 곧 유동성의 요소가 되는 것이다. 개인적 경험에서 우러난 행위가 집단의 공감을 얻음으로써 적극적인 기능을 발휘하게 될 때 유동적인 것으로 변화하는 것이다.

마지막으로 사설 구성의 원리에 있어서 '엮음아라리'[12]도 고정성과 관계된다.

> 아들딸을야 못 낳는다고 강원도 금강산
> 일만이천봉 팔만구암자 칠성단을 모아놓고
> 사시장천에 방차[13]
> 아들딸 달라고 산지 불공을 마시고
> 야반삼경에 오시는 님을 괄세를 마라.
> ―「정선아라리」

강원도에서 특히 두드러진 '엮음아라리'의 엮음 부분은 보통 제1행의 전반부를 비대하게 늘임으로써 이루어진다. 예에서 보듯이 엮음 부분의 내용은 사실적인 데서 벗어나 창자의 노련함과 해박함을 과시하려는 의도가 개입하여 비사실적으로 묘사되거나, 군더더기

---

12) 일반적인 경우보다 비대하게 늘어난 사설을 곡조에 맞추기 위해 촘촘하게 엮은 부분을 포함한 노래이다.

13) '방차'라는 말은 아직까지 그 의미가 밝혀지지 않았다.

를 덧붙이는 수준이다. 엮음 부분은 특히 창자에 따른 자작 사설이 많고 이 때문에 '아리랑'의 유동성과는 한층 멀어지게 되는 것이다. 엮음 아리랑이 행해지는 곳은 강원도 이외에 울릉도나 제주 우도의 '잡노래' 정도인데 특이한 것은 두 곳 모두 「정선 아라리」의 엮음 사설을 변용하고 있다는 점이다. 그렇다면 '엮음아라리'는 '아리랑'의 사설 전승이라든가 창작이 왕성한 지역에서 우수한 창자에 의해 행해지는 것으로서 고정성에 기여하는 요소가 아닌가 한다.[14]

이상에서 '아리랑'이 급속하게 전파되면서 동시에 지역 내에서 전승을 지속할 수 있었던 요소를 점검해 보았다. 노래의 유동적 측면들을 모아 보면 '아리랑'은 다른 어떤 이유로 인하여 전국적인 확산이 가능했던 것이 아니라 자체에 전파력을 발휘할 만한 요소를 내재하고 있었다. 또 전국적 확산과 더불어 시간이 지나면서 '아리랑' 일반은 자취를 감추게 되었어도 그 고정적 요소들 때문에 특정 부분은 살아남아 아직도 몇몇 지역적 '아리랑'이 존속하게 되었다고 생각된다. 이러한 고정성과 유동성이야말로 바로 '아리랑'을 존재할 수 있게 하는 내적 원리이다.

'아리랑'의 부활을 꿈꾸며

민요는 구비문학 가운데서도 가장 시대적인 변화에 민감한 갈래이다. 근대 민요로서 '아리랑'의 자취는, 민요가 위기의 현실을 반영

---

14) 이 밖에도, 율격이 정제될수록 곡조는 완만하고 느린 것보다 빠르고, 경쾌할수록 사설의 변개를 줄이고 전파를 쉽게 해 유동성이 강화될 수 있을 것이다.

하고 사회 변화를 감내하기만 하는 것이 아님을 웅변한다. 민중의식의 역사적 성장과 더불어 발전하면서 저항하고 투쟁하며 지향을 제시하는 민족의 노래로 거듭 났다.

한 사회를 둘러싼 갈등과 모순은 어느 시대에나 존재한다. 근엄하게 관조적으로 추상화하거나 냉소적으로 회피하는 방법으로는 그것을 넘어설 수 없다. 현실 한가운데 서서 구체적 의미를 유지하면서 사태를 대상화하고 총체적으로 인식하도록 깨우치되, 역설과 해학의 어조를 유지하면서 문제로부터 비판적 거리를 확보하는 민요의 역할은 여전히 절실하기만 하다. 골방에 갇힌 현대시를 불러내고 박제화한 옛노래에 숨결을 불어넣어 공동체의 욕망과 이상을 대변할 현대판 아리랑을 꿈꾼다.

더 생각해볼 문제들

1. '아리랑'이 각 지역의 노래와 전국 단위의 노래로서 보여준 속성은 어느 쪽에서나 각각 대중적 성공을 거두었다는 점에서 상호 배타적인 것이라기보다는 노래의 생명력을 지속 가능하게 해주는 보완적인 것으로 평가할 수 있다. 이 점을 노래의 유통과 관련시킬 때 실제로 어떻게 적용 가능할 것인가?

   이상에서 얻은 성과를 구체적 노래 사설에 적용하여 노래의 기능 및 전파 과정과 연동시켜 본다면, 고정적 측면을 약화시킴으로써 현재의 본바탕 '아리랑'을 전국적인 노래로 확산시킬 수 있는 여지가 있고, 특정 내용의 사설만을 전파시키기 위해 유동적 측면을 더욱 강화해 볼 수도 있을 것이다.

2. '아리랑' 노래들에서 발견되는 고정성과 유동성의 요소를 비교하여 정리해 보면 다음과 같다.

	고정적 측면	유동적 측면
사설 내용	－지명, 전설, 역사적 배경 －개인적·경험적 현실 인식 －개인적 경험 차원 －비사실성	－일상사 배경 －비판적 현실 인식 －공동의 인식 차원 －사실성
가창방식	독창 (후렴 있거나, 없어도 무방)	선후창·교환창 (후렴 필수)
기능	자족적 기능	의사소통론적 기능 공감 형성
사설구성	엮음	일반

* 율격이 정제될수록, 곡조가 빠를수록 유동적 측면이 높다.

이러한 비교 결과에서 드러난 점을 근거로 서로 동일하거나 유사한 사설을 지닌 여러 '아리랑' 노래들의 성립 과정을 설명할 수 있겠는가? 특정 지역의 '아리랑'이 인기를 얻어 전국 단위의 '아리랑'으로 확산될 경우, 혹은 한 지역에서 불리던 노래가 다른 지역으로 전이될 경우를 상정한다면 그것을 가능하게 하는 가장 근본적인 요인은 무엇이라고 생각하는가? 또 그러한 확산과 전이가 불가피하다면 원래 노래에서 손질을 필요로 하는 부분은 어떤 것일지 사설 내용이나 가창 방식의 측면에서 생각해 보자.

3. '아리랑'은 20세기 초 근대 민요로서의 성격을 분명히 하면서 세태 풍자와 민족의식의 고취, 항일투쟁의 의지 등 민중의 목소리와 갈증을 직접적이고도 신속하게 반영하는 역동적인 면모를 보였다. 구비문학의 여러 갈래 가운데서 특히 민요 '아리랑'이 이러한 역할을 수행할 수 있었던 것은 무엇 때문이라고 설명할 수 있는가?

19세기 이후 전문적인 창자인 광대의 출세와 함께 상업성과 대중성을 갖추게 된 판소리는 상층 향유층의 요구를 수렴하면서 성격을 달리할 수밖에 없었고, 역시 직업적인 소리패가 맡아 부르던 흥행 위주의 민요는 잡가라는 갈래로 구별되었다. 일제 강점기 이후에도 여전히 민중의 갈래로 남은 설화도 존재했으나 전래된 유형을 유지하면서 새로운 내용과 의미를 부분적으로 보태야 하는 설화보다는, 가락에 의한 전승이 안정적이면서 사설 변화의 진폭이 큰 민요가 시대변화에 즉각적이고 민감하게 반응하기에 유리했다.

추천할 만한 텍스트

『조선구전민요집』, 김소운(金素雲) 엮음, 동경: 제일서점, 1933.
『한국민요집』, 임동권 역음, 집문당, 1961~1980.
『아리랑』, 김연갑(金練甲) 편저, 현대문예사, 1986.

조해숙(趙海淑)

서울대학교 국어국문학과 교수.
서울대학교 국어국문학과를 졸업하고 동 대학원에서 박사 학위를 받았으며 홍익대학교 교육대학원 국어교육과 겸임교수를 역임했다.
저서로『조선 후기 시조한역과 시조사』가 있고, 주요 논문으로「농부가에 나타난 후기가사의 창작의식과 장르적 성격 변화」, 「義城 金門의 時調 落穗 11首에 대하여」, 「시조에 나타난 시간의식과 시적 자아의 관련 양상 연구」, 「근대전환기 국문시가의 장르적 변환과 근대성: '초당문답가'를 중심으로」 등이 있다.

한국의 고전을 읽는다 2 - 고전문학 中 옛소설·옛노래

지은이 | 김종철 외 12인

1판 1쇄 발행일 2006년 9월 18일
1판 1쇄 발행부수 3,000부 총 3,000부 발행

발행인 | 김학원
편집인 | 한필훈 이재민 선완규 한상준
기획 | 황서현 유은경 박태근 유소연
크리에이티브 디렉터 | 김영철
마케팅 | 이상용 하석진
저자·독자 서비스 | 조다영(humanist@hmcv.com)
스캔·표지 출력 | 이희수 com.
조판 | 새일기획
용지 | 화인페이퍼
인쇄 | 청아문화사
제본 | 정민제본

발행처 | 휴머니스트
출판등록 제10-2135호(2001년 4월 18일)
주소 | 서울시 마포구 연남동 564-40 121-869
전화 | 02-335-4422 팩스 | 02-334-3427
홈페이지 | www.hmcv.com

ⓒ 휴머니스트 2006
ISBN 89-5862-131-1 03800

만든 사람들

편집 주간 | 이재민(ljm2001@hmcv.com)
편찬 위원 | 이종묵(서울대 교수) 한형조(한국학중앙연구원 교수)
책임 기획 | 황서현 유은경
책임 편집 | 박환일
표지·본문 디자인 | AGI 윤현이 이인영 신경숙
사진 | 권태균